徽学文库（第二辑）
主　编◎周晓光
副主编◎王振忠　胡中生

教育部人文社会科学重点研究基地
安徽大学徽学研究中心基金资助

徽州文献探微

冯剑辉◎著

安徽大学出版社

图书在版编目(CIP)数据

徽州文献探微/冯剑辉著.—合肥:安徽大学出版社,2020.6
(徽学文库/周晓光主编.第二辑)
ISBN 978-7-5664-2071-8

Ⅰ.①徽… Ⅱ.①冯… Ⅲ.①地方文献－研究－徽州地区 Ⅳ.①K295.42

中国版本图书馆 CIP 数据核字(2020)第 133631 号

徽州文献探微
Huizhou Wenxian Tanwei

冯剑辉 著

出版发行:	北京师范大学出版集团 安 徽 大 学 出 版 社 (安徽省合肥市肥西路 3 号 邮编 230039) www.bnupg.com.cn www.ahupress.com.cn
印　　刷:	安徽新华印刷股份有限公司
经　　销:	全国新华书店
开　　本:	170mm×240mm
印　　张:	18
字　　数:	260 千字
版　　次:	2020 年 6 月第 1 版
印　　次:	2020 年 6 月第 1 次印刷
定　　价:	54.00 元
ISBN 978-7-5664-2071-8	

总　策　划:	陈　来　齐宏亮		
执行策划编辑:	李　君　范文娟	装帧设计:	李　军　孟献辉
责 任 编 辑:	范文娟	美术编辑:	李　军
责 任 校 对:	李　晴	责任印制:	陈　如　孟献辉

版权所有　侵权必究

反盗版、侵权举报电话:0551-65106311
外埠邮购电话:0551-65107716
本书如有印装质量问题,请与印制管理部联系调换。
印制管理部电话:0551-65106311

总 序

徽学是以徽州历史地理、徽州传统社会、徽州历史文化及其传承创新为研究对象的一门学问。尽管关于徽州自然与人文的记述与探究,历史上由来已久,但作为具有现代学科意义的徽学,则形成于20世纪80年代。已故徽学研究奠基人和开拓者张海鹏先生在《徽学漫议》一文中说:"在20世纪70年代末到80年代中期,随着'科学的春天'的到来,学术园地百花齐放,异彩纷呈。其中,'徽学'也在群芳争妍中绽开了蓓蕾,成为地域文化中的一枝新秀。"①已故著名徽学专家、原中国社会科学院历史研究所周绍泉先生在《徽州文书与徽学》一文中说:"徽学(又称徽州学)是80年代以后才出现的新学科。"②著名徽学研究大家叶显恩先生在胡益民先生编著的《徽州文献综录》一书写的序中说:"徽学在短暂的三十年间,从默默寡闻而勃然兴起,今已蔚然成大国,耸立于学界之林,成为与敦煌学、藏学相比肩的显学。"③回溯30年,正是20世纪80年代。中国社会科学院栾成显先生在《明清徽州宗族文书研究》中同样指出:"20世纪80年代徽学兴起以来,学者们利用谱牒、方志及其他文献资料,乃至进行社会调查,对徽州宗族作了较为深入的研究,成果

---

① 张海鹏:《徽学漫议》,载《光明日报》,2000年3月24日。
② 周绍泉:《徽州文书与徽学》,载《历史研究》,2000年第1期。
③ 叶显恩:《徽州文献综录序》,见胡益明:《徽州文献综录》卷首,合肥:安徽教育出版社,2014年。

显著。"① 上述关于徽学形成于 20 世纪 80 年代的观点,已是学术界的基本共识。

徽学之所以在 20 世纪 80 年代以后勃然兴起,有其天时、地利、人和等多种因素。

从"天时"来看,20 世纪 80 年代是学界处于中华人民共和国成立以来的一个学术研究重要转型期。就史学研究而言,著名史学理论与史学史研究专家、北京师范大学瞿林东先生认为:"中国史学上的第五次反思出现于 20 世纪八九十年代,其历史背景和学术背景是,20 世纪七十年代末,中国的政治形势从'以阶级斗争为纲'转向实行改革开放、以经济建设为中心;在意识形态领域则是以拨乱反正、正本清源、解放思想、实事求是为其时代特征……中国的理论界、学术界从'万马齐喑'的状态一下子活跃起来,几乎每一个学科或学术领域都在思考自身的发展道路。"②中国史学"视野开阔了,研究领域拓展了,中外史学交流日益加强了,新问题、新材料、新成果不断涌现出来"。③ 在此转型期中,文化史、社会史和区域史的研究受到高度重视。徽州因其独特的地理与历史文化秉性,吸引了海内外学者的目光,有关徽州及其历史文化的各类研究成果纷纷问世。由此,徽州成为当时区域史研究的一个重要对象。正是基于学术研究转向的这一背景,徽学因时而生。中国社会科学院卜宪群先生在《新中国七十年的史学发展道路》一文中评述这一时期的史学研究时说:"与历史文献学有密切关系的甲骨学、简帛学、敦煌学、徽学等古文书学研究取得了重要成就。徽学成为国际性学科,敦煌在中国,敦煌学在国外的状况得以根本改变。"④ 1999 年 12 月,中华人民共和国教育部设立首批 15 所人文社会科学重点研究基地,安徽大学徽学研究中心入选。它标志着经过 20 年的发展,徽学学科得到了国家层面的正式认可。

---

① 栾成显:《明清徽州宗族文书研究序》,见刘道胜:《明清徽州宗族文书研究》卷首,合肥:安徽人民出版社,2008 年。
② 瞿林东:《史学理论史研究 中国史学上的五次反思》,载《史学史研究》,2015 年第 1 期。
③ 瞿林东:《传播·反思·新的前景——新中国 70 年史学的三大跨越》,载《中国史研究动态》,2019 年第 4 期。
④ 卜宪群:《新中国七十年的史学发展道路》,载《中国史研究》,2019 年第 3 期。

从"地利"来看，它包含了多个方面的内容：

一是历史上关于徽州自然与人文的探究传统，为徽学形成奠定了基础。从南朝梁萧几《新安山水记》、王笃《新安记》，唐代《歙州图经》，北宋祥符年间《歙州图经》、黄山祥符寺僧行明《黄山图经》，南宋姚源《新安广录》、罗愿《新安志》、刘炳等《新安续志》，到元代朱霁《新安后续志》，明代程敏政《新安文献志》、程曈《新安学系录》《新安文献补》、何东序等《徽州府志》、方信《新安志补》、蒋俊《祁阊图志》、戴廷明等《新安名族志》、张涛等《歙志》、傅岩《歙纪》，清代高啍《徽州府通志》、赵吉士《徽州府志》、施璜《紫阳书院志》《还古书院志》等，以及各历史时期其他大量有关徽州的府县志、专志、纪述，都是涉及徽州山川风物、疆域沿革、风俗变迁、宗族迁徙、文教兴衰、人物事迹等自然与人文历史的记述与考察。近代以来，学者又开始有意识地关注徽州历史与文化问题，把徽州视为一个既有特殊性、又具普遍性的区域加以关注、研究。其成果为20世纪80年代的徽学成为专门学问奠定了基础。

二是源远流长且内涵丰富的徽州历史文化，为徽学形成提供了研究对象。徽州文化具有丰富的内涵，其内容包括新安理学、徽派朴学、徽州教育、新安医学、徽商、徽州科技、徽派建筑、新安画派、徽派篆刻、徽派版画、徽剧、徽菜、徽派雕刻、徽派盆景、宗族、民俗、方言，以及文房四宝等。其文化秉性既是区域个性的标签，也展现了独特的文化风采。第一，徽州文化是连续不断的文化。宋徽宗宣和三年（1121）"徽州"得名，从此开始了徽州文化的时代。在其后的800年间，徽州文化有过盛衰变迁，但它从未中断过，长期保持了高位水平发展态势且始终具有个性特征。这在其他区域文化中是不多见的。徽州文化的"连续不断"，主要表现在两个方面：一方面，宋代以降，各个时期徽州都是传统文化的发达之区，其生生不息的文化传承，构成了徽州文化的连续性；另一方面，徽州文化中的一些主要文化现象，宋代以来一直传承不息，源远流长。比如，徽州传统学术文化从新安理学到徽派朴学延续了600多年而未断层就是一个典型的事例。第二，徽州文化是兼容并包的文化。徽州文化虽有其独立的个性，但在其发展过程中，也吸收了大量的其他区域、其他学派的文化。因此，兼容并包成为徽州文化的重要特色之一。第三，徽州文化是引领潮流的文化。作为引领潮流的文化，徽州文化中的新安理学成为国家意志和国家"主流"意识；而徽州文化中的其他各种文化现象，不仅因其地域特色鲜明而在中国传统文化中独树一帜，而且能突破区域局限，引领各领域的文化潮流。第四，徽州文化是世俗生活的文化。徽州文化中无论是精神层面的文化，还是物质层面的文化和制度层面的文化，都与世俗生活息息相关。第五，徽州文化是体系完备的文化。在中国传统社会后期，随着传统文化的地域化发展，各具特色的区域文化纷纷出现，形成繁星满天的情景。这些区域文化，各擅其长，或以哲学思想影响当时及后世，或因文学流派享誉天下，或藉教育和科举形成特色，或由民风民俗传扬四方，但集各种文化现象于一身者，并不多见。徽州文化则因其具有丰富的内涵，成为别具一格的文化体系，形成鲜明的区域特色。这些文化现象，涉及徽州经济、社会、教育、文学、艺术、工艺、建筑、医学等学科，涉及中国传统文化的各个方面，也全面反映了中国传统社会后期经济、社会、生活及文学艺术等基本内容。无论是物质层面的文化、制度层面的文化，还是精神层面的文化，中国传统文化的特质在徽文化中均有典型体现。因此，徽州文化具有独特的研究价值，也成为徽学之所以形成的"地利"因素之一。

　　三是丰富的徽州历史文献和大量的文化遗存，尤其是20世纪80年代以来近百万件徽州文书的重新发现，为徽学的形成提供了坚实的资料支撑。徽学是以历史学为基础的综合性学科，史料是支撑学科成立的重要因素。历史上徽州向来以"文献之邦"著称，《新安歙北许氏东支世谱》说，江南诸郡中"以文献称者吾徽为最"。[①] 清乾隆年间编纂的《四库全书》，收录徽人著作254种（含存目类）；而道光《徽州府志·艺文志》则著录徽人著述宋504种、元288种、明1245种、清（道光以前）1295种，总数达3332种，分经、史、子、集四大类，数十门类。胡益民编著的《徽州文献综录》著录的各类徽州典籍文献逾15000种。[②] 这些历史文献成为徽学研究的重要史料，并且在20世纪80年代以后包括《四库全书》在内的大型丛书陆续影印出版，为研究者提供了便

[①] 《新安歙北许氏东支世谱》卷五《寿昌许公八秩序》。
[②] 胡益民编著：《徽州文献综录》，合肥：安徽教育出版社，2014年。

利。徽州还是物质和非物质文化遗产保存较为丰富的地区,祠堂、牌坊、古民居、古村落、传统工艺、民间艺术等数量巨大,类型多样,它们既是徽学研究的重要内容,也是支撑徽学学科的资料类型之一。值得特别强调的是,20世纪80年代以来近百万件徽州文书的重新发现,在徽学形成过程中起到了极其重要的作用。甚至有学者认为,徽州文书具有"启发性、连续性、具体性、真实性和典型性的特点",这些特点"吸引了许多研究者全力以赴地研究它,以致出现了一门以徽州文书研究为中心,综合研究社会实态、探寻中国古代社会后期发展变化规律的新学科——徽学"。[1] 丰富的历史文献、大量的文化遗存和百万件的徽州文书,成为徽学形成的重要"地利"因素。

从"人和"来看,学术界致力于徽学学科的理论与方法研究,推动了徽学的形成。20世纪80年代以来,众多学者开始自觉为构建徽学学科体系而开展了一系列的讨论,涉及的问题包括徽学的名称、徽学的研究对象和研究范围、历史时段等。张立文、刘和惠、张海鹏、周绍泉、赵华富、黄德宽等学者分别撰文,探讨徽学学科建设的相关问题。安徽大学徽学研究中心在2004年还召开了"徽学的内涵与学科建构研讨会",40余位专家围绕徽学的内涵和学科体系建构等问题展开了深入讨论,会议成果被编成论文集《论徽学》,由安徽大学出版社出版。[2] 2000年,中国社会科学出版社出版的《徽州学概论》,也是一部探讨徽学理论与方法的著述。[3] 这些有意识地构建徽学学科的研究,成为20世纪80年代以后徽学形成的重要因素。

天时、地利、人和,三者共同促成了徽学在20世纪80年代后成为一门与藏学、敦煌学齐名的"显学"。在至今近40年的发展历程中,徽学研究取得了丰硕的成果。数千篇散见于报刊的徽学相关领域研究的论文,为我们展示了徽文化的博大精深和研究者的深度思考;数百部徽学专著,为我们解读和剖析了徽文化中诸种文化现象的前因后果,以及这些文化现象在中国历史和中国文化史上的地位与作用;数十种大型徽州文书与民间文献丛刊的影印出

---

[1] 周绍泉:《徽州文书与徽学》,载《历史研究》,2000年第1期。
[2] 朱万曙主编:《论徽学》,合肥:安徽大学出版社,2004年。
[3] 姚邦藻主编:《徽州学概论》,北京:中国社会科学出版社,2000年。

版,为我们提供了徽学研究的重要珍稀资料。徽学成为一门"显学",正是立足于近40年徽学研究的成果之上。

为推动徽学研究的深入开展,集中展示最新的徽学研究成果,从2014年开始,安徽大学徽学研究中心与安徽大学出版社联手打造了《徽学文库》项目。该项目受到了国家出版基金的立项资助,第一辑共9种于2017年全部推出。《徽学文库(第一辑)》出版后,在学界产生了较大的影响。随后,我们策划了《徽学文库(第二辑)》出版项目,并再次得到国家出版基金的立项资助。《徽学文库(第二辑)》共收录徽学研究原创性著作10部,其中部分著作是省部级以上重点项目的结项成果,前后持续数年打磨而成;部分著作是学界新锐的博士学位论文,在导师指导下积数年之功形成的学术精品。作者分别来自安徽大学、复旦大学、上海财经大学、安徽师范大学、黄山学院和香港浸会大学等高校,均为长期关注徽州、从事中国史和徽学研究的学者。

《徽学文库(第二辑)》呈现了以下特色:

第一,聚焦徽学研究薄弱领域,填补学科发展空白之处。第二辑推出的10部著作,选题大多聚焦于徽学原先研究中相对薄弱的课题。比如,近年来随着徽州文书和民间文献的发现和整理,数量众多的徽州日记得以披露,但学界关于徽州日记的专题研究成果,尚未出现。第二辑中《明清以来徽州日记的整理与研究》一书,是作者20余年来深入村落田野进行调查,收集到大量散落民间的日记后,探幽发微、精心整理而成的著作,既有重要的学术价值,又填补了徽学相关研究领域的空白。徽州长期以来被视为儒学发达之区,有关徽州儒学的研究备受重视,而对徽州宗教的研究则相对薄弱。《徽州佛教历史地理研究》通过对大量徽州文书、佛教史籍、金石文字和考古资料的分析,从不同角度对徽州特定历史与地区的佛教传播、寺院分布、高僧籍贯等进行全面研究,对徽州各地区佛教发展的水平层次及其前后变化进行探讨,揭示了徽州佛教文化与其他文化的关系,以及佛教文化与徽州地理的相互作用。这一研究也是针对现有徽学研究的薄弱之处而进行的探索,具有填补空白的意义。《宋元明清徽州家谱的历史演进》《宋明间徽州社会和祭祀礼仪》等,均为徽学研究中独辟蹊径、创新领域的成果。

第二，重视徽州文书和民间文献等新资料的挖掘、整理与研究，推动徽学研究利用特色资料走向深入。大量徽州文书和民间文献存世，是20世纪80年代以来徽学得以形成的重要"地利"因素。本辑中的多部著作，非常注重利用徽州文书与民间文献开展研究。如《宋元明清徽州家谱的历史演进》立足于徽州地域社会，以时间为序，对宋元明清徽州家谱进行了细致的考察与分析，揭示其内在特质及发展规律。《明清以来徽州日记的整理与研究》分上、下两编。上编为研究编，收录作者研究明清徽州日记的最新成果，内容涉及徽州乡土社会、徽州商人的活动和徽州名人的事迹等。下编为资料编，收录《曹应星日记》《复堂日记》《习登日记》等10部日记，或为稿本，或为抄本，极具学术研究价值。《晚清乡绅家庭的生活实态研究——以胡廷卿账簿为中心的考察》对晚清时期的徽州乡村社会及民众的日常生活图景作了总体性描绘，而其主要资料来源则是胡廷卿账簿前后19年的流水记录。通过对胡廷卿一家日常生活状况的研究，结合族谱资料，分析晚清时期徽州社会民众日常生活中的空间、生计及社会关系等问题。注重对徽州文书与民间文献的挖掘、整理与利用，成为本辑多数著作的共同特色。

第三，致力于以微见著，体现徽学作为区域史研究的典范价值和宏观意义。本辑著作从题目来看，多为关于徽学领域中的具体问题或某一现象的研究，但作者往往以小见大，着眼于相关问题的宏观意义，从而凸显徽学研究在解读中国历史、社会和文化发展中的样本价值。如《多元视角下的徽商与区域社会发展变迁研究——以清代民国的婺源为中心》围绕徽商中婺源商人与区域社会之间的互动、融合、发展与变迁这一核心问题展开讨论，希望揭示的是传统社会中商人群体兴起和形成的原因、商业经营网络及其主要经营行业、商人流动迁徙及其组织形态、同乡组织及其慈善事业、乡村的人口流动与商业移民、商业移民与侨寓地的社会变迁、商人和商业与市镇之间的关系等宏观问题。《历史社会地理视野下的徽商及徽州社会——以清民国时期的绩溪县为中心》较为系统地考察了绩溪本土社会的近代化表现，而作者的立意则是剖析近代商人、商业与地方社会变迁之间的内在联系。《晚清乡绅家庭的生活实态研究——以胡廷卿账簿为中心的考察》虽是关于胡廷卿一家日常生活状况的研究,但作者的目的在于阐释晚清时期国家、社会与个人之间的相互关系。《传统职业变迁与明清徽州人口流动研究》从明清徽州的自然与社会因素出发,较为系统地考察了明清徽州传统职业观的转换与建构,而作者的意图还在于解读"四民"间职业变迁、"四民"间人口流动及其对整个明清社会的作用和影响。本辑10部著作是关于徽州区域史研究的精微力著,但其学术价值和研究意义是远远超出徽州的。

第四,跨学科方法的运用,也是本辑著作的显著特色之一。如《民间历史文献与明清徽州社会研究》首先从文献学的角度对徽州档案文书史料进行了系统的考证和研究,再立足历史学、社会学等视角对徽州民间文书所反映的各种社会关系加以阐发,深入解读并阐释徽州民间文书的形式和内涵,从而探索基层社会诸侧面,以及开展徽州区域社会的研究。《徽州佛教历史地理研究》《多元视角下的徽商与区域社会发展变迁研究——以清代民国的婺源为中心》《历史社会地理视野下的徽商及徽州社会——以清民国时期的绩溪县为中心》等作品,则侧重于采用历史学、历史地理学、宗教学、社会学等多学科方法进行综合研究。《徽州文献探微》在研究中采用了文献学、方志学、谱牒学及史学研究的方法。跨学科的研究方法,有助于多角度、多层面探讨相关问题,从而得到更为可靠的结论。

徽学作为一门新兴的学科,只有近40年的历程,未来要发展为成熟的学科,仍需学界同仁作出持之以恒的努力。我们相信,久久为功,必有大成。这次推出《徽学文库(第二辑)》,是我们为发展繁荣徽学贡献的绵薄之力,期待有助于徽学研究水平的提升和徽学学科的建设。

是为序。

周晓光

2020年5月20日于
安徽大学徽学研究中心

目 录
MULU

前 言 ………………………………………………………………… 1

第一章　徽州地方文献研究 ………………………………………… 1

　第一节　《新安文献志续编》研究 ………………………………… 1
　第二节　"程朱阙里"三志研究 …………………………………… 21
　第三节　明代徽州富户役文献研究 ………………………………… 37
　第四节　明代徽州"义男"文献研究 ……………………………… 54

第二章　徽商文献研究 ……………………………………………… 67

　第一节　《尚贤公分书》与明代中期徽州盐商个案研究 ………… 67
　第二节　明代呈坎前罗盐商家族文献研究 ………………………… 88
　第三节　罗龙文事迹研究 …………………………………………… 105
　第四节　家谱与近代徽商研究 ……………………………………… 127

第三章 徽州宗族文献研究 ………………………………………… 138

第一节 徽州胡氏家族文献中名贤争夺与冲突研究 ……………… 138
第二节 从黄氏家谱文献透视明代徽州统宗谱的兴起与文献冲突 … 156
第三节 《汪氏渊源录》研究 ……………………………………… 179
第四节 《珰溪金氏家谱补戚篇》研究 …………………………… 190
第五节 《程氏贻范集》研究 ……………………………………… 210

附 录 ……………………………………………………………… 225

程信文献与明代成化讨伐"都掌蛮"的战争 …………………… 225
黄之隽册文底稿与清高宗生母姓氏之争 ………………………… 238

参考文献 …………………………………………………………… 254

后 记 ……………………………………………………………… 264

前　言

徽州是文献渊薮之邦，徽州文献研究是学术界的重要课题。宋代以后，徽州经济文化发展迅速。特别是明代中期至清代中期的三百余年中，徽商繁荣兴盛，为徽州文化的发展提供了强大的特质基础，使徽州地区在多个文化领域的发展中居于全国前列，产生了大批的古代文献。加上徽州多山，地理环境相对闭塞，历史上战乱较少，古代文献流传与保存的条件较好，因此至今仍保存了相当数量的古代文献，价值极高，深受学术界重视。

徽州文献对学术研究的意义，体现在它的数量与质量上。就数量而言，安徽大学教授胡益民所著的《徽州文献综录》，收录历代徽州籍作者六千余人，著作一千五百余种，可谓汗牛充栋，蔚为大观[①]。就质量而言，宋元明新安理学著作和清代徽派朴学著作，影响尤其巨大。宋代婺源理学家朱熹是新安理学创始人，其著述收入《四库全书》的达三十种之多，是《四库全书》收录著述最多的作者。清代休宁学术大师戴震是徽派朴学的领袖人物，其著述收入《续修四库全书》的有十七种，在《续修四库全书》作者中名列前茅。

在众多的徽州古代文献中，典籍、方志、家谱和文书四大类最为重要。

徽州典籍文献繁富。《四库全书》《续修四库全书》《四库全书存目丛书》

---

① 胡益民：《徽州文献综录》，合肥：安徽教育出版社，2014年。

《四库禁毁书丛刊》《四库未收书辑刊》等四库系列丛书①,收录了远古至清代的中国最主要的典籍文献。四库系列丛书共收录徽州籍作者三百三十五人,去掉各丛书中重复收录部分后,依四部分类法,共收入徽州人著述计有:经部一百六十二种,一千七百四十六卷;史部八十七种,一千六百二十三卷;子部一百九十种,两千一百六十卷;集部一百九十八种,三千二百五十卷,共计六百三十七种,八千七百七十九卷②。四库系列丛书是中国古典学术的精华,徽州一府六县能有如此众多的著作收入其中,足见徽州典籍文献的学术地位和影响。

徽州方志纂修是全国最为发达的地区之一。徽州历史上有名可考的方志有一百二十种,其中佚志四十五种,存世七十五种③。徽州方志纂修不仅持续时间长、数量多、种类齐全,而且出现过具有重要影响的经典著作。南宋时期,歙县罗愿所修《新安志》,是安徽现存的唯一宋代方志,体例精当,内容丰富,文笔简洁而有法度。清代《四库全书总目提要》称赞《新安志》"叙述简括,引据亦极典核。……征引尤为该备"④,评价很高。

徽州家谱也是徽州文献的重要组成部分,同样具有很高的学术价值。《中国家谱总目》收录了徽州七十八个姓氏的一千三百三十四种家谱,数量很大⑤。徽州家谱的数量之多、质量之高,在全国各地中首屈一指。《中国家谱总目》所收各地明代家谱共五百三十四种,其中有三百六十九种出自徽州,占《中国家谱总目》明本家谱总数的百分之六十九,可以说存世的明代家谱绝大多数出自徽州。至于元代家谱,存世者更属凤毛麟角。《中国家谱总目》收录

---

① 四库系列丛书包括:《文渊阁四库全书》一千五百册,上海:上海古籍出版社,1983年影印本;《续修四库全书》一千八百册,上海:上海古籍出版社,2002年影印本;《四库全书存目丛书》一千二百册及《四库全书存目丛书补编》一百册,济南:齐鲁书社1997年、2001年影印本;《四库禁毁书丛刊》三百一十一册及《四库禁毁书丛刊补编》九十册,北京:北京出版社,2000年、2005年影印本;《四库未收书辑刊》三百零一册,北京:北京出版社,2000年影印本。
② 陈玲、汪芳:《四库系列丛书徽州人著述概况研究》,载《黄山学院学报》,2007年第2期。
③ 刘道胜:《徽州方志研究》,合肥:黄山书社,2010年,第2页。
④ 《四库全书总目提要》卷六十八,清乾隆六十年(1795年)刻本,上海图书馆收藏。
⑤ 上海图书馆编:《中国家谱总目》,上海:上海古籍出版社,2008年。

元代家谱三种,全部出自徽州。徽州家谱善本多、质量高、谱学渊源深厚,这是学术界的共识。

徽州文书是徽学研究得以建立的资料基础。二十世纪五十年代后,随着土地改革运动的开展,过去保存在徽商家族和祠堂里的大量契约文书流入社会,引起了学术界的关注。徽州文书跨越了从南宋至民国千余年的时间,涵盖了徽州社会生活的各个层面。包括商业契约在内的三十多万件徽州文书,为徽学研究提供了极为丰富的第一手资料,成为一个巨大的学术宝库,学术界将其誉为继甲骨文、汉简、敦煌文书和明清故宫档案之后的第五大发现。

由于有丰富的徽州文献资料,当代的徽州学研究已经取得了极为丰富的成果。

一、在资料整理上取得重要进展

徽州文书的整理持续进行并取得重要突破,已经出版的包括:安徽省博物馆整理编辑的《明清徽州社会经济资料丛编》第一辑点校本,中国社会科学院历史研究所整理编辑的《明清徽州社会经济资料丛编》第二辑点校本,中国社会科学院历史研究所整理编辑的《徽州千年契约文书》四十卷影印本,刘伯山主编的《徽州文书》第一至六辑共六十卷影印本,黄山学院编的《中国徽州文书》民国编二十卷影印本。已经整理并点校出版的徽州典籍文献有:安徽大学徽学研究中心整理出版的《徽学研究资料辑刊》,包括《新安名族志》《休宁名族志》《新安文献志》《太函集》等十二种。另外,《窦山公家议》《歙事闲谭》《寄园寄所寄》等文献,也分别得到点校并出版。徽州地方志中,淳熙《新安志》和万历《歙志》亦有点校本刊印。王振忠先生对清末民初婺源人詹鸣铎的自传体小说《我之小史》进行了点校整理,并附以个人研究心得,这项工作成为该领域的创举。在综合性资料工作上,前举胡益民先生的《徽州文献综录》,体例严谨,内容渊博,是徽州文献综合书目的开山之作,学术意义重大。

二、建立一批学术团体和研究机构,形成一支水平较高的研究队伍

1983年,中国社会科学院、安徽师范大学先后成立徽州文书和徽商研究

课题组。1985年,徽州地区和安徽省分别成立徽州学研究会。1992年,安徽大学创建徽州学研究所,安徽师范大学建立徽商研究中心。1994年,徽州师专成立徽州文化研究所(现为黄山学院徽州文化研究中心)。1999年,安徽大学组建徽学研究中心,并成为教育部人文社会科学重点研究基地。上述徽学研究机构召开过多次学术会议,创办了专门学术刊物,开展了大量的徽学研究工作。以上述机构研究人员为主体,包括全国多所高校和科研院所的相关徽州研究者,形成了一支具备较高水平的徽学研究队伍。

三、取得一批重要的学术成果

早在二十世纪四十年代,傅衣凌先生就依据徽州文献开始对徽商进行学术研究,开徽学研究之先河[①]。进入二十世纪八十年代,随着徽学研究的大规模兴起,以徽州文献为主的研究资料可谓汗牛充栋、难以计数。以2005年安徽人民出版社出版的《徽州文化全书》为例,包括《徽商》《徽州宗族社会》《新安理学》《徽派朴学》《徽州文书档案》《徽州土地关系》等,共二十卷,六百余万字,足见其规模之浩大[②]。

可见,目前利用徽州文献进行的学术研究已经取得极为丰富的成果。但是,学术界以徽州文献为主题的研究成果还不是很多。除了胡益民先生的《徽州文献综录》、张健先生的《新安文献研究》[③]之外,徽州文献研究的专著尚不多见。因此,进一步推进徽州文献研究仍是一项大有可为的学术事业。

笔者是徽学研究的后辈,自获得业师王振忠先生指导以来,主要从事徽州文献研究。在数年的学术探索中,惊叹于前辈学术积累的深厚,同时也为

[①] 傅衣凌:《明代徽商考》,载《福建省研究院研究汇报》,1947年第2期;见《明清时代商人及商业资本》,北京:人民出版社,1956年;见《江淮论坛》编辑部编:《徽商研究论文集》,合肥:安徽人民出版社,1985年。

[②] 关于徽学研究的发展与成就,可参见王世华:《徽商研究:回眸与前瞻》,载《安徽师范大学学报》,2004年第6期;栾成显:《改革开放以来徽学研究的回顾与展望》,载《史学月刊》,2009年第6期。

[③] 张健:《新安文献研究》,合肥:安徽人民出版社,2005年。

点滴的收获而备受鼓舞。本书所收集的,即是笔者近年来从事徽州文献工作的若干收获。这些成果,大致可以分为如下四个部分。

(一)关于徽州地方文献的研究

1.《新安文献志续编》研究。《新安文献志》是明代弘治年间著名学者程敏政编纂的徽州文献总集,后世屡有学者欲继其作,但真正成书的极为罕见。黄山学院图书馆收藏的汪世清先生遗赠的《新安文献志续编》晚明刻本一册,系该书的第七、八卷,收录了唐代至明代的徽州文献九十五篇,其中包含多篇稀见的古代文献。由于现存卷中没有关于编纂者的任何信息,确定该书的编纂者与刊行年代较为困难。通过对存世徽州文献的综合考察,该书的编者可能是晚明休宁人程廷策,刊行于隆庆末或万历初。

2."程朱阙里"三志研究。篁墩是今黄山市屯溪区屯光镇一个很小的自然村,历史上长期隶属歙县,但从元代开始,徽州人逐渐把它视为理学大师程颢、程颐和朱熹的祖籍地,明清时期此地更有"程朱阙里"之称。徽州学界编纂有三种关于篁墩的志书,即万历年间的《程朱阙里志》、雍正年间的重刻《程朱阙里志》和乾隆年间的《篁墩程朱阙里祠志》。"程朱阙里"这三种志书以其独特的体例与内容,在志书中别具一格,其纂修过程折射出明清徽州学术主流的嬗变,其纂修主旨是通过确认篁墩为"程朱阙里"来确立徽州为理学中心,篁墩也因此成了徽州的文化象征。

3.明代徽州富户役文献研究。明代洪武、永乐年间两次大规模迁徙富户到京师,这是明初统治者为巩固自身统治而采取的重要措施。徽州地区保留相当数量的与明代富户役有关的珍贵文献,从中可以看出,明初的京师富户役是为修建新都而针对特定富民群体设定的一种极为严苛的徭役,被强迁的富户为此付出了极为沉重的代价。明代中期以后,京城大规模建设业已完成,明朝统治者的治国理念和政策措施也作出一定的调整,对京师富户所服劳役进行多次的宽免。在明代中期的役法改革中,京师富户役逐渐演变为一种在原籍地摊派征收的银差,明初遗留的京师富户役本身则逐步瓦解并趋于消亡。

4. 明代徽州"义男"文献研究。明代徽州地区的"义男",是一个有着共同名称而地位却很不相同的复杂群体,以往的研究中常有混淆之处。本书依据徽州地区遗留的大量"义男"文献,认为"义男"包含异姓继承人与奴仆两类不同群体。通过对安徽省图书馆所藏明代嘉靖年间祁门主仆互控案文书的详细考察,对"义男"中的佃仆群体进行重点研究,并进而分析佃仆制在徽州长期延续的原因。

(二)关于徽商文献的研究

1.《尚贤公分书》与明代中期徽州盐商个案研究。上海图书馆藏有《尚贤公分书》一册,经考证,该是明代正德年间两淮盐商休宁人吴德振所立的分家书,其中保留了大量的明代中期徽州盐商的宝贵资料。根据其中的各类财产记录,可以有效地分析此一盐商家族的资本规模、增值速度以及土地经营等方面的特点。由于吴德振生活的时代,正是徽商在两淮盐业开始占据优势,并成为具有全国性影响商帮的关键时期,对此一个案的研究,有助于详细了解明代中期徽州盐商的基本状况。

2. 明代呈坎前罗盐商家族文献研究。呈坎前罗家族是明代中期兴起的徽州著名盐商家族之一,遗留了大量的文献,其中主要的有《罗永亨分家书》《新安呈坎罗氏宗谱》《潀川文会簿》和《潀川足征录》等。依据上述文献,结合各类存世典籍,可以详细展现此一盐商家族在明代崛起、兴旺、危机与转型的历程,对其兴衰成败的缘由可以深入分析。

3. 罗龙文事迹研究。罗龙文是明代嘉靖年间政治舞台上的重要人物,以往对他的出身来历与生平事迹多有讹误之处。经过对呈坎罗氏文献进行详细研究,可知罗龙文出身于明代歙县呈坎前罗徽商家族,很早就成为严嵩父子的心腹,在抗倭战争中立有大功,他的垮台与被杀则是嘉靖晚年激烈党争的结果,加于他的罪名大多数出于政敌的诬陷。至于罗龙文与歌妓王翠翘之间的曲折故事,虽然不无所本,但主要是文学渲染的结果。

4. 家谱与近代徽商研究。自有徽商研究以来,家谱就是建构这一研究的重要基石,其史料价值一向为学界重视。以往对近代徽商的研究相对较为薄弱,在资料收集、整理和运用中也存在着较多的困难,而晚清与民国年间的徽州谱牒正好可以弥补这一缺憾。

(三)关于徽州宗族文献的研究

1. 徽州胡氏家族文献中的名贤争夺与冲突研究。胡方平、胡一桂父子是颇有名望的徽州乡贤,在早期的宗族文献中,有较多的证据表明他们属于常侍胡氏,但从明代中期开始,明经胡氏加入了争夺。在官府为胡方平父子设立奉祀之后,两大宗族之间为其族属问题进行了长达百年的诉讼。官府的判决虽然决定了奉祀资格的归属,但不可能改变民间的自我认同,两派在家谱中依然坚持各自的立场,并围绕地方志记载产生了新的冲突。

2. 从黄氏统宗谱透视明代徽州统宗谱的兴起与文献冲突。统宗谱诞生于明代中期的徽州,黄氏则是较早兴修统宗谱的大族之一。在纂修过程中,各支派由于对家谱文献的认识不同,分裂为会通谱与正宗谱两大阵营,产生了长期冲突,直至对簿公堂。此一冲突表明,在家谱纂修过程中,客观上的文献困境与主观上的功利追求之间,存在着内在矛盾,而统宗谱本身则使矛盾进一步尖锐化,这是徽州传统家谱文化的一个重要特点。

3. 《汪氏渊源录》研究。《汪氏渊源录》是元代休宁人汪松寿所修的徽州汪氏第一部统宗谱,具有划时代的意义。从谱学的视角而言,该谱厘清了徽州汪氏的由来,明确了徽州汪氏源于中原正统,而非南方土著。《汪氏渊源录》的编修者在编纂体例上灵活机变,特别重视对宗族历史文献的收集。尽管围绕该谱也存在着某些争议,但其重要的历史地位是不容否认的。

4. 《珰溪金氏家谱补戚篇》研究。《珰溪金氏家谱补戚篇》是明代万历年间休宁珰溪金氏所修,也是迄今为止所见的唯一一部以庶母为主体的徽州家谱,这在以男性为主的徽州家谱中显得特别突出。从对该谱的详细解读中可以看出,它的出现是明代庶母社会地位提高的反映。其是晚明时期徽州社会变迁的产物,也是庶生子不断努力的结果,其独特的历史文献价值应当引起重视。

5. 《程氏贻范集》研究。《程氏贻范集》是明代著名文学家程敏政编纂的新安程氏宗族文献汇编,仅美国国会图书馆有明代成化刻本存世。该书以其独特的编纂体例和丰富的内容,在明代徽州家谱中独树一帜。书中保存了与新安程氏宗族历史和历代杰出人物事迹有关的大量文献资料,有相当数量的珍稀文献,记录了新安程氏的迁徙源流和发展壮大的历史轨迹,为研究徽州宗族社会和宗法制度提供了第一手珍贵资料。

(四)以徽州文献研究徽州之外的中国社会

徽州文献当然首先是用于对徽州区域社会的研究,这是毋庸置疑的,但是,它的价值绝非仅仅局限于此。徽州是中国的一部分,徽州文献反映的内容以徽州为主体,但绝不局限于徽州。即便是那些以徽州为主体的内容,它们反映出来的那些具有制度性变迁的内容,实际上是全国性变迁在徽州的投影。有不少徽州文献,所反映的内容与徽州并没有直接联系,却是明清时期中国社会研究的极为宝贵的资料。本书附录中收入的以下两篇文章,就是笔者以徽州文献研究徽州之外的中国社会所作的探索。

1. 从《程氏贻范集》中保存的程信文献透视明代成化年间讨伐"都掌蛮"的战争。"都掌蛮"是古代南方僰人的后裔,明代时居于四川省叙州府。从明初开始,"都掌蛮"即叛服不常,与明军产生过多次冲突。明代成化初年,明军围剿四川"都掌蛮"之战,规模巨大,影响深远。兵部尚书程信是当时的明军统帅,《程氏贻范集》中保存的程信文献是关于这场战争的重要史料。通过各类史料的综合运用,可以对战争的由来、明军的部署以及战役的经过、结局和影响,作进一步研究。

2. 黄之隽文集保存的册文底稿与清高宗生母姓氏之争。清高宗乾隆皇帝生母熹妃的姓氏,在其生前的官方文书中就已经出现了严重矛盾。徽州歙县人黄之隽文集中保存的熹妃册文底稿,进一步证实了熹妃本为汉姓钱氏,更改为满姓钮祜禄氏是清世宗为确保高宗继位采取的措施。

本书收入的这些内容,是笔者近年来挖掘、梳理徽州文献而获得的主要成果。所涉及的范围颇为广泛,若干研究的主题已经不属于通常所称的徽学研究的范围,但所有内容都是以徽州文献为主要史料依据和立论基础的,从中亦可看出徽州文献重要的学术价值。这些成果,有的曾经在若干期刊和会议论文集中发表过,有的则是首次面世,水平或许参差,但作为笔者个人研究的心得,渗透了这些年来个人的心血与精神。谨以此书求教于学界,更期盼学界同仁对徽州文献的研究能够精益求精,再创辉煌!

第一章　徽州地方文献研究

第一节　《新安文献志续编》研究

《新安文献志》是明代著名学者程敏政编纂的徽州文献总集,共一百卷,体大思精,向来被视为徽州文献渊薮。不过,该书成于弘治十年(1497年),所收文献以弘治年间为下限。弘治以后,徽州经济文化发展迅速,文人学士辈出,积累了极为丰富的文献,如万历年间李维桢所称:"今新安文日盛,即百工之技,精丽甲天下。好胜噉名,凡一切庆吊事必征文贵者、贤者,以张大之,竹帛金石汗牛充栋。迩来辞赋之业传习弥广,往往操野史权,志以文献称。"[①]因此,明清两代,不断有徽州学者立志续修《新安文献志》。不过,今天很少能见到存世的刊本。近日,笔者查阅黄山学院所藏的汪世清先生赠书,得见明代刊本《新安文献志续编》一册(以下简称《续编》),是珍贵的文献典籍,值得认真研究。

一、版本形态与主要内容

黄山学院图书馆所藏《续编》一册,白棉纸,五眼线装,板高二十七点五厘

---

① 李维桢:《新安文献续志序》,见《大泌山房集》卷十五,《四库全书存目丛书》集部第150册,第624页。

米、宽十五点四厘米，框高十九厘米、宽十二点五厘米，单边，白口，单鱼尾，每半页十二行，每行二十五字，字体为扁宋，板心标卷次、页码，但未见编纂人及刻梓人的记录。首为卷七、卷八目录，目录下有二红色印钤，为阴文"胡嗣运印"、阳文"宜生"，其后为两卷文章，文体皆为记。卷七之首有四红色钤印，为阴文"胡嗣运印"、阴文"程吉义印"、阳文"宜生"、阳文"谢刚生读书屋"，卷八之首则只钤有阴文"胡嗣运印"。书中不避清代皇帝名讳，版本形态是比较典型的明代晚期刻本。

细阅本册书，有损毁及后人重新装订的痕迹。目录中卷七共五十八条，而正文较目录所载，多出《祁城莱山堂记》一篇，共有文章五十九篇，这应该只是刊刻时校订之误。然而，目录中卷八虽只有十一条，而正文实有文章三十六篇，较目录所载多出二十五篇，显然是因为目录已经残缺。且卷七共有五十六页，较卷八多出二十页，所收文章也多出二十三篇，同一部书中，各卷篇幅相差不应如此之大。尤其值得注意的是，卷八的第二十五至二十六页为程大宾所撰的《泰塘程氏佘麓祠墓碑》，其后所接一页，版心所标卷次虽为卷八，但页码已被全部涂黑，前半页的内容与第二十六页完全不衔接，亦无篇目与作者，细核其文字，是明代婺源人江一桂的墓志铭，后半页上则有吴子玉的《东园公墓表》，内容并未完结，而接下来的第二十八页则另刊篇目，为程美的《新源俞氏孝思祠记》。据此，可断定本书卷八不但目录有残缺，正文也有损毁，第二十七页已非原来之旧，而是后人取损毁后留存的某一页插入其中，重新装订而成的。故本卷书已非全本，原来的装订形态及卷八的全部内容，已无从得知了。

依书中所载，本书的主要内容列表如下（作者称呼依原书目录所载，编号为笔者所加）：

《续编》内容简表

编号	篇目	内容简介	作者
1	重修渔梁坝记	渔梁坝久废,隆庆年间,徽州知府段朝宗重修。	宫保赵贞吉
2	龙津记	休宁龙湾黄启元,挟赀客于吴楚之墟,回家后筑龙津别业。	程珠溪
3	石泉记	休宁浮潭许通微,自扁曰"石泉"。	游辑之
4	求志亭记	休宁约山汪原一,选为广西灵川县丞,不仕归隐,筑求志亭。	东峰汪玄锡
5	竹溪八景记	汪原一筑亭台苑囿,号"竹溪八景"。	黄学古
6	有政楼记	汪原一筑有政楼,作《家训十要》。	江桂山
7	登第桥重建大圣殿阁记	嘉靖乙卯冬,江泽溥重建歙县登第桥大圣殿,为忠烈汪公祠。	胡环溪
8	正伦堂记(二篇)	弘治乙丑冬,歙县东宝潭鲍天悦建正伦堂,自为记二篇。	鲍南峰
9	双寿楼记	歙西竭田程显爵挟赀往来白下、姑苏,归筑楼以养双亲。	斗城凌琯
10	静观楼记	程显爵筑静观楼,吟咏情性。	汪周潭
11	棣华园亭图记	程显爵治苑囿,绘《棣华园亭图》。	宗有瓠
12	光复楼记	许通微贾于武林十六载,嘉靖乙卯仲冬,回乡筑光复楼。	陈肖竹
13	远峰记	歙县城北吴翁,识高一世,自号远峰,记撰于嘉靖三十九年。	洪竹所
14	蓼莪馆记	嘉靖丙申,歙县方正,在其母葛氏墓侧立蓼莪馆。	胡承菴
15	节孝堂记	歙县方岳妻葛氏,夫死守节,弘治庚申获表彰。	郡守彭幸菴
16	休汪溪金氏族义亭记	休宁汪溪金氏聚居五百余年,族众繁衍,构亭议族务。	陈六水
17	慕菴记	歙县黄村黄守厚双亲过世,建菴安放神主。	唐新菴
18	休宁新屯十景记	新屯戴氏聚居百年,房旁之景层见叠出。	确斋程曾
19	新屯戴氏萝山精舍记	戴氏于黄萝山葬其亲,在居南建屋瞻望,号曰"萝山精舍"。	汪 思
20	新屯戴仲文慎斋记	戴仲文质淳而肃,行悫而谨。	汝南黄省曾
21	程几山记	歙县托山程公,自号几山。	游醇卿
22	止善堂记	唐元和末,范传正迁居休宁博村,建止善堂。	洪经纶
23	墓田记	嘉靖壬寅,博村范氏重建祖墓,立墓田备祭祀之用。	林肖泉

续表

编号	篇目	内容简介	作者
24	绩怀竹记	歙县程格,因其父孝感瑞竹,故别号怀竹。	许谷
25	歙上路口永丰新堨碑记	洪武年间,歙县胡寿卿筑永丰新堨,溉田三千七百亩。	县令李珊
26	双节堂记	绩溪中正坊程裕妻戴氏,其子程伯春妻胡氏,夫死守节。	章白山
27	节寿堂记	歙县溪南吴睿德妻汪氏,夫死守节,抚养三子成人。	黄黄潭
28	忠爱堂记	徽州胡璨,先后为延安、南康二府同知,归乡后建忠爱堂。	乐平程楷
29	唐竹山记	歙县唐约之,性爱竹,别号竹山。	渔石唐龙
30	赠言记	休宁黄文卓,任山东福山知县,离任时,县学子弟赠言。	郭宗皋
31	绩溪潭桥记	绩溪涧洲当交通要冲,富商许栋捐数百金建桥。	荀峰汪进卿
32	唐侯去思碑记	歙县唐仕,任福安知县,颇有政绩,县民立碑纪念。	肖云林爱民
33	积善堂记	休宁阳村程氏阖族共建积善堂,为族中会聚之所。	刘定之
34	四乐园记	休宁阳村程克诚喜树艺,筑四乐园。	吴瓒
35	芹水记	休宁阳村程宗泮,号芹水,弃儒业商。	汪筍峰
36	耕乐轩记	休宁鬲山程月友,于庑东筑耕乐轩。	月友程逸夫
37	重筑凌家塘记	洪武丁巳,休宁阳村程远甫捐百金,重筑凌家塘。	贞斋程远甫
38	望淮楼记	歙县溪南吴德润,其父商殁于淮,筑望淮楼以展孝思。	王十岳
39	重修琶塘坑路记	琶塘坑为歙县交通要道,崎岖难行,胡思泽父子出赀修路。	月东胡岐
40	桂初轩记	休宁程栖构小轩,自颜其楣曰"桂初"。	宾华程应征
41	湖隐草堂记	休宁洋湖汪少廉,筑湖隐草堂,嘉靖己未自为记。	汪古矜
42	小樵山人榻记	嘉靖己未,友人下榻湖隐草堂,汪少廉自为记。	汪古矜
43	分甘楼记	嘉靖庚申,汪少廉筑分甘楼,居其母,自为记。	汪少廉
44	枫墩记	休宁程用达,居后有枫墩,风景秀丽。	程宾华
45	休宁珠塘吴竹轩翁记	休宁珠塘富商吴翁,晚岁自江湖归隐,自号竹轩。	立山吴奖
46	休宁杨川十景记	吴氏世家休宁杨川,吴溥祖父取其名胜为十景,吴溥为记。	双松吴溥
47	湖山记	歙县黄墩汪宥,所居有湖山之胜,自号湖山。	曾渐泉

第一章　徽州地方文献研究

续表

编号	篇目	内容简介	作者
48	洽阳姚双溪记	休宁洽阳为两溪分流地,有姚公,自号双溪。	广淮汪之翰
49	祁城善里记	祁门谢金,居崇善里,自号善里以明志。	龙潭李叔和
50	祁郑松崖清隐记	祁西洪山郑琏,号松崖,经商创赀盈积,晚年归隐故乡。	郑维诚
51	祁城永思堂记	祁门方善,于县城南门创宇基,命名"永思堂"。	王　珣
52	祁城莱山堂记	祁门方元美,退居故乡,筑莱山堂。	方秋崖
53	祁西方勿菴记	祁门城西方俪,力学不倦,自号勿菴。	周季麟
54	祁西方古山记	祁门城西方连,号古山,弃儒业贾。	和溪程昌
55	祁城中山世家记	祁门中山谢氏,元代以来,名人辈出,号称"文献世家"。	方　谦
56	钓月轩记	豫章南浦许廷珪,隐居钓月轩,祁门谢复撰记。	谢西山
57	雷溪记	宋淳祐己酉,休宁草市孙吴会易其村名为雷溪,自为记。	霁窗孙吴会
58	东原书屋记	休宁程本中,读书于东原书屋。	古冲李默
59	金兰堂记	休宁古林黄克纯,构金兰堂,为讲学之所。	钱塘茅瓉
60	堨川朱氏祠堂记	歙县堨田朱氏建祠堂,称"紫阳世家",自为记。	朱翠屏
61	静斋记	汪鉴好程朱之学,以"静"名其斋。	汪凤山
62	宝善堂记	歙县沙溪汪立之筑宝善堂,轮奂甲一宗。	黄学古
63	托山程氏水月双清亭记	歙县托山程公,辞官归隐,构水月双清亭。	汪鹿冈
64	岩镇汪氏重节堂记	歙县岩镇闵氏、吴氏婆媳,夫死守节,获旌表。	邹　凤
65	古松记	歙县岩镇方爱,号古松,为乡里闻人。	我塘汪春时
66	溪南吴双松记	歙县西溪南吴尚泽,自号双松,悃愊诚悫,不从流俗。	方陶山
67	双松吴先生记	吴尚泽擅贾,享名齐鲁燕赵之间,富而好行其德,晚年归乡。	北津汪来
68	德庆堂记	西溪南吴君撂继承其父商业,致于素封,归乡后构德庆堂。	采山方弘静
69	闲止斋记	元末歙县槐塘吴静观,曾为嘉定教谕,其斋名"闲止"。	唐白云
70	眉轩记	歙县辣塘黄钟,号眉轩,大徽商,年将八十,好礼不倦。	方陶山
71	修职郎荆墩吴君孺人黄氏寿藏记	歙县莘墟吴楷,号荆墩,选授江西瑞昌王府典膳,掌教授事,敕授修职郎,与妻黄氏寿过七旬。	方石岩

续表

编号	篇目	内容简介	作者
72	听松轩记	元代歙县长龄郑子明,劬书工诗,有听松轩。	唐白云
73	郑彦昭读书巢记	元代歙县长龄郑潜,字彦昭,才干优余,识见明远。	郑师山
74	祁白石峰记	祁门邑治之南有白石峰,方公讲学其中。	休阳谢志道
75	饶木峰记	祁门饶国用,号木峰,自少行蹠于江淮间,富称于乡。	和溪程昌
76	尊德堂记	祁门城西方彦清,端谨冲淡,读书尊德堂。	汪回显
77	孝思楼记	休宁山斗程文正,赘于汪氏,后回宗,建孝思楼。	陈　□
78	筼窗记	休宁程梦吉,号筼窗,工诗,擅书法。	程珠溪
79	中洲记	歙县徐村徐世宝,号中洲,商游江湖,归老故乡。	谢一墩
80	东溪记	休宁约山黄氏,屡与皇室结亲。族中有都尉黄镇,号东溪。	程珠溪
81	绩涧洲许氏宗祠记	绩溪涧洲许金,出赀拓地为宗祠。	甘泉湛若水
82	绩涧洲义塚记	涧洲许氏出赀,在石山下营建义塚二亩,供穷民安葬。	古闽洪珠
83	绩涧洲节孝堂记	许杰妻章氏,夫死守节。	白山伦以训
84	泰塘程氏佘麓墓祠碑	嘉靖年间,休宁泰塘程氏在佘山祠墓侧立祠,岁时祭祀。	心泉程大宾
85	江一桂墓志铭	婺源江一桂,曾任建宁知县。	
86	东园公墓表	休宁阳湖吴福恺,号东园。	吴子玉
87	新源俞氏孝思祠记	婺源新源俞元亨,笃志孝行,卜地建祠,历时四年完工。	韭峰程美
88	城南殷公井碑文	殷恂由润州迁歙,在城南建井。	
89	四川参政叶公墓碑	婺源环溪叶天球,正德九年进士,官至四川参政,政绩卓著。	姑苏顾璘
90	邻竹记	休宁洋湖孙永,于居旁植竹千百,有淇园之风。	汪东峰
91	慈节堂记	婺源方溪方璁玉妻张氏,夫死守节。	质斋程文
92	静轩记	祁门西山方廷圭,号静轩,贾豫章十余年,家业富饶。	南昌姚朴
93	霞阜木斋胡公寿藏记	休宁霞阜胡思三,号木斋,家世业商,见义必为。	吕泾野
94	霞阜胡氏族谱记	嘉靖二十一年,胡思三出赀,由其子胡孺道修成族谱六卷。	吕泾野

按：表中所列，自《重修渔梁坝记》至《东原书屋记》（编号1～58，以下凡列出编号，只单列号码）为第七卷，其中《正伦堂记》(8)有两篇；自《金兰堂记》至《霞阜胡氏族谱记》(59～94)为第八卷。两卷共有文章九十五篇，合计约五万字。作者的人名字号，目录所载与正文略有出入，表中据目录列出。《江一桂墓志铭》(85)无篇目与作者，表中篇目为笔者所拟；《城南殷公井碑文》(88)未列出作者；《孝思楼记》(77)作者有姓无名，但从内容看，这三篇都是明代人的作品。其他各篇作者皆有迹可寻，其中洪经纶为唐代人，孙吴会、方岳（号秋崖）为南宋人，郑玉（号师山）为元代人，唐桂芳（号白云）为元末明初人，其余作者都是明代人。姓名可考的八十位作者中，徽州人与外地人都有，其中既有赵贞吉、郑玉、湛若水（号甘泉）、吕柟（号泾野）、顾璘这样的高官硕儒，也有声名不显的中下级官员和乡土儒士。大部分文章是明代作品，有明确写作时间的，以嘉靖年间居多。篇目的排列顺序也有一定的讲究，按世家大族集中排列的倾向比较突出，歙县堨田程氏、休宁新屯戴氏、阳村程氏、绩溪涧洲许氏、祁门城西方氏等大族，都有多篇文章收入，与《新安文献志》相比，这是一个相当突出的特点。

二、文献价值刍议

（一）《续编》保存了相当数量的稀见文献

《续编》虽非全本，但现存部分的内容基本完整，字迹清晰，保存了多篇稀见的古代文献，这是它最重要的价值。

以传世典籍而论，《续编》可考的八十位作者中，有十七位在四库系列丛书中收录有著述。其中黄训（字学古，号黄潭）所收录为子部、史部文献[①]，陈有守（号六水）、王寅（号十岳山人）、许谷所收录为诗集[②]，彭泽（号幸菴）所收

[①] 黄训：《名臣经济录》，见《文渊阁四库全书》第443～444册；《黄潭先生读书一得》，见《四库全书存目丛书》子部第103册。

[②] 陈有守：《徽郡诗》，见《四库全书存目丛书》补编第22册；王寅：《十岳山人诗集》，见《四库全书存目丛书》集部第79册；许谷诗：《省中稿》《二台稿》《归田稿》，见《四库全书存目丛书》集部第104册。

录为弘治《徽州府志》,而没有收录个人的文集,以上五位作者的七篇记文在四库系列著述中亦未曾见到。其余十二人在四库系列丛书中均有文集收录,《续编》中保存的文献在其文集中的刊载情况如下:

方弘静有记文一篇(68),已刊入文集①;方岳有一篇(52),已刊入文集②;李默有一篇(58),已刊入文集③;顾璘有一篇(89),已刊入文集④;黄省曾有一篇(20),文集中未见⑤;刘定之有一篇(33),文集中未见⑥;吕柟有两篇(93、94),文集中未见⑦;唐桂芳有两篇(69、72),文集中未见⑧;吴子玉有一篇(86),文集中未见⑨;湛若水有一篇(81),文集中未见⑩;赵贞吉有一篇(1),文集中未见⑪;郑玉有一篇(73),文集中未见⑫。

以上十二人在《续编》中共有记文十四篇,其中四篇已刊入传世文集,十篇未见刊载。已刊入的记文,与《续编》所载,往往有少量文字上的出入,如方弘静所撰的《德庆堂记》,堂主姓名在文集中作"吴君某",《续编》则作"吴君君揹"。

在传世徽州家谱中,各大家族在《续编》中的记文,可考者情况如下:

休宁汪溪金氏有记文一篇(16),已刊入家谱⑬;休宁博村范氏有一篇

---

① 方弘静:《素园存稿》卷十一,见《四库全书存目丛书》集部第121册,第184～185页。
② 方岳:《秋崖集》卷三十六,见《文渊阁四库全书》第1182册,第580～581页。
③ 李默:《群玉楼稿》卷三,见《四库全书存目丛书》集部77册,第638～639页。
④ 顾璘:《顾华玉集·息园存稿文》卷六,见《文渊阁四库全书》第1263册,第535～537页。
⑤ 黄省曾:《五岳山人集》,《四库全书存目丛书》集部第90册。
⑥ 刘定之:《呆斋稿》,《四库全书存目丛书》集部第23册。
⑦ 吕柟:《泾野先生文集》,见《四库全书存目丛书》集部第60～61册。
⑧ 唐桂芳:《白云集》,见《文渊阁四库全书》第1226册。
⑨ 吴子玉:《大鄣山人集》,见《四库全书存目丛书》集部第141册。
⑩ 湛若水:《湛甘泉先生文集》,见《四库全书存目丛书》集部第56～57册。
⑪ 赵贞吉:《赵文肃公集》,见《四库全书存目丛书》集部第100册。
⑫ 郑玉:《师山文集》,见《文渊阁四库全书》第1417册。
⑬ 金弁:《新安休宁汪溪金氏族谱》卷五,明嘉靖三十二年(1553年)刻本,上海图书馆收藏。

(22),已刊入家谱①;休宁草市孙氏有一篇(57),已刊入家谱②;绩溪涧洲许氏有四篇(31、81、82、83),其中一篇(81)已刊入家谱③,其余三篇未见;

祁门城西方氏有六篇(52、53、54、74、76、92),其中两篇(52、74)已刊入家谱④,其余四篇未见;

歙县岩镇汪氏有邹凤所撰的《岩镇汪氏重节堂记》(64),在家谱中未见,但家谱另收有杨彦谧的《重节堂记》一篇⑤,所记载事迹与前文完全一致;

歙县竦塘黄氏有方信(号陶山)所撰的《眉轩记》(70),记录徽商黄钟事迹,其家谱中未见,但家谱中收有《眉轩黄君辞》一篇⑥,所记事迹与前文基本一致;

休宁约山黄氏有程桄(号珠溪)所撰的《东溪记》,记录黄镇事迹,其家谱中未见,但家谱中收有《明故东溪居士黄公墓志铭》一篇⑦,所记事迹与前文基本一致;

歙县西溪南吴氏有五篇(27、38、66、67、68),其家谱中未见⑧,专收该家族文献的《丰南志》中亦未见⑨;

休宁孚潭许氏有两篇(3、12),其家谱中未见⑩,专收该家族文献的《孚潭志》中亦未见⑪;

---

① 范涞:《休宁范氏族谱》卷五,明万历三十三年(1605年)刻本,上海图书馆收藏。
② 孙信杰:《新安孙氏重修宗谱》不分卷,明成化四年(1468年)刻本,上海图书馆收藏。
③ 许汪生:《涧洲许氏宗谱》卷一,1914年木活字本,黄山学院图书馆收藏。
④ 方兰芬:《关西方氏宗谱》卷一,清道光二十一年(1841年)木活字本,黄山学院图书馆收藏。
⑤ 汪道昆:《岩镇汪氏家谱》不分卷,明万历二十七年(1599年)刻本,河北大学图书馆收藏。
⑥ 方信:《竦塘黄氏统宗谱》附录,明嘉靖四十一年(1562年)刻本,中国国家图书馆收藏。
⑦ 黄铨:《新安休宁约山黄氏开国宗谱》卷九,明嘉靖二十八年(1549年)刻本,中国国家图书馆收藏。
⑧ 吴元满:《新安歙西溪南吴氏世谱》,明万历三十年(1602年)刻本,中国国家图书馆藏;吴元照:《新安歙西溪南吴氏世谱》,清嘉庆二十年(1815年)抄本,河北大学图书馆收藏。
⑨ 吴吉祜:《丰南志》,见《中国地方志集成》乡镇志专辑第17册,南京:江苏古籍出版社,1992年。
⑩ 许大定:《续修孚潭许氏族谱》,清康熙六十一年(1722年)刻本,中国国家图书馆收藏。
⑪ 许显祖:《孚潭志》,见《中国地方志集成》乡镇志专辑第27册。

休宁古林黄氏有一篇(59),其家谱中未见①。

以上十一个家族在《续编》中共有记文二十四篇,其中有六篇已刊入传世家谱,其余十八篇未见刊载,已刊入家谱的记文,与《续编》所载,有少量文字出入。

关于典籍和家谱中未见的众多记文,考虑到传世典籍和家谱众多,难以穷尽,因此,不能断定这些记文一定属于佚篇,但至少可以说明其属于稀见文献。从上述典籍和家谱可资验证的记文刊载情况可以推断,《续编》中所载文章,稀见文献不在少数。另外,笔者还核对了多部明清两代徽州府志和各县县志②,未能找到《续编》所载记文,这也从一个侧面表明《续编》所载稀见文献是相当多的。

(二)《续编》对研究明代徽州社会有重要的史料价值

1.《续编》收录徽商文献颇多。以徽商为记叙主体的文献(2、9、10、11、31、38、45、50、54、66、67、68、70、79、93)有十五篇,还有的虽未明言为商贾,但称颂其修桥补路、见义勇为一类的篇章,多数应该是为徽商所作,与《新安文献志》相比,这是一个相当重要的变化。程敏政所纂的《新安文献志》成于明代中期的弘治年间,当时徽商虽已兴起,但官绅、学者和社会大众对经商的态度,受"重农抑商"的传统观念影响仍然很大。因此,《新安文献志》收录的徽商文献很少③。程敏政的《篁墩文集》中,为徽商所撰碑铭墓记不少,但在多

---

① 黄文明:《古林黄氏重修族谱》,明崇祯十六年(1643年)刻本,安徽省图书馆收藏。
② 笔者核对过的明清徽州府、各县县志如下:彭泽:《徽州府志》,明弘治十五年(1502年)刻本;何东序:《徽州府志》,明万历三年(1575年)增刻本;赵吉士:《徽州府志》,清康熙三十八年(1699年)刻本;马步蟾:《徽州府志》,清道光七年(1827年)刻本;谢陛:《歙志》,明万历三十七年(1609年)刻本;刘大櫆:《歙县志》,清乾隆三十六年(1771年)刻本;李乔岱:《休宁县志》,明万历三十五年(1607年)刻本;廖腾煃:《休宁县志》,清康熙三十二年(1693年)刻本;蒋灿:《婺源县志》,清康熙三十三年(1694年)刻本;余士奇:《祁门县志》,明万历二十八年(1600年)刻本;周溶:《祁门县志》,清同治十二年(1873年)刻本;吴甸华:《黟县一志》,清嘉庆十七年(1812年)刻本;较陈锡:《绩溪县志》,清乾隆二十一年(1756年)刻本;席存泰《绩溪县志》,清嘉庆十五年(1810年)刻本。
③ 《新安文献志》很少收录徽商文献,这一点可以从一个侧面得到验证:《明清徽商资料选编》从二百三十余种著述中辑录各类徽商文献资料一千五百一十三条,其中出自《新安文献志》的仅一条。参见张海鹏、王廷元:《明清徽商资料选编》,合肥:安徽人民出版社,1985年。

数情况下往往不直接点明其商人身份①,这也是当时社会风气的反映。《续编》成书晚于《新安文献志》六七十年,期间徽商持续发展,出现了前所未有的繁荣景象,社会风气也发生了相当大的变化,传统"抑商""贱商"的观念受到一定的冲击,出现了"良贾何负闳儒"②这样的新观念。《续编》收录了众多的徽商文献,正是徽商繁荣和社会观念变化的生动体现。

2.《续编》中的一些篇章,对考证徽州典故极有帮助。如《城南殷公井碑文》(88):

> 余读《易》,至"改邑不改井,往来井井",而知井之系民生者博,其利泽更千亿载无穷极也。……乃若事以传而渐越,名缘久而混真,则丁舍二人之骇,夔形一足之讹,盖必有贤哲君子明征文献,而后足以核其实焉。以今观于城南殷氏之井,殆兹类乎?按殷家乘及宋新安郡志:"殷先有讳恂者,尝以偏将入新安,留家城之南地。又尝掘泉,鏊八窍井,深可数十余丈,通今铜井、釜底二名潭。岁旱,诸皆涸竭,而惟此汲不竭。众利其德,佥思永其惠,表之曰'殷公井',以志勿谖。"波润之流,迄今有攸自矣。奈何世历逾远,鲁鱼承袭,而乌聊浮屠遂假修浚之缘,托殷、应之叶,潜移旧美,掠为他功。人心且疑,而复信天运有废而必兴。于是今宪长石汀公、先封谏议东崖公,追前功之永弃,同射鲋之无闻,后先执志请正于先太守汲泉李公、今华河段公,查府志讹板改正,文献参伍,明征不二,而后数十年之惑一时洗释。殷将军在天之眷眷于兹井者,永其用休……

殷公井今日尚存,位于歙县县城南门内,为徽州古井之最。关于此井的来历,在北宋初年的《太平寰宇记》即有记载:"殷公井,在县南罗城内。井底有二斜穴,一通县北石壁潭,一通县南釜底潭,每石壁潭失物,则于此井得之,

---

① 程敏政:《篁墩文集》,明正德二年(1507年)刻本,中国国家图书馆收藏。
② 汪道昆:《诰赠奉直大夫户部员外郎程公暨赠宜人闵氏合葬墓志铭》,见《太函集》卷五十五,明万历十九年(1591年)刻本,上海图书馆收藏。

不以淘溱,水常清洁。初为殷氏凿焉,因此为名。"①南宋淳熙年间,罗愿撰《新安志》,所记与此相同,故明代府、县志多以此井为殷氏先人所凿。然而清代道光年间,徽州知府马步蟾在井壁发现两块石碑:"其一剥落,存字无几。其一名应公井,元大德改元岁次丁酉,石壁庵主卢普正所修,云:'《图经》未载,不知凿于何时?宋宣和汪政重修,历今一百七十五年。'若果殷恂修治,何以此碑不载?要之,殷、应同声,为殷、为应,莫可征信,姑志于此以备考核。"②马步蟾见井壁元代僧人碑文称其为应公井,"殷""应"声相近,因此不知何者为确,并对殷惟建井之说产生疑问。民国年间,许承尧纂修《歙县志》,依元代碑文,径称此井为"应公井":"应公井,土名八眼井,在府城,不假淘漤,自然澄清。应公,旧志作殷公,兹据井内石刻字改。"③受此影响,现在介绍徽州古迹时多称此井为"应公井"。然而,据《城南殷公井碑文》所记,此井名称在明代已有波折。碑文称该井确为殷氏所建,后有乌聊山僧人在重浚时,假借殷、应同声,"潜移旧美,掠为他功",以至有府志据以载入,引发数十年争议。殷氏后人殷正茂(号石汀,时任右佥都御史、广西巡抚)等先后向徽州知府李天庞(号汲泉)、段朝宗(号华河)提出申诉,获得支持,将府志中提及"应公井"的"讹板"加以改正。据碑文内容,殷氏后人所立的此一明代石碑,应该就是道光年间马步蟾所见剥落的那一块,可补方志之缺。至于这段公案本身,平心而论,以元代碑文推翻宋代志书实有不妥,称"殷公井"更为恰当。

3.《续编》中的某些篇章,对明史研究有参考价值。如赵贞吉的《重修渔梁坝记》(1)一篇,今传《赵文肃公集》中未载,主要内容可摘录如下:

> 徽治临新安江,江合扬之水及黄山、鄣岭诸泉,以达歙浦,漩涡流坎,其滩之险有三百六十。距治而南,抵紫阳山麓,峭岈粼粼,湍射益驶。先是,郡多熛焱,川无汇泽,以时钟洩,郡人患之。……迨

---

① 乐史:《太平寰宇记》卷一百四,中国古代地理总志丛刊点校本,北京:中华书局,2007年,第2062页。
② 马步蟾:《徽州府志》卷十六《杂记》,清道光七年(1827年)刻本。
③ 许承尧:《歙县志》卷二《营建志·水利》,1937年石印本。

我朝弘治戊午,张君祺会帑羡,仍故址亘石为底,达于两涯,水平布其上,流若织文,响若悬瀑,民攸利焉……。庚申,洪水大至,彭君泽悉取方石,缮完表里,而增垒之。后守欲创桥上流,而难于基,乃剥石洩去壅水,竟不复理,其废圮且垂四十余年。郡守段君至,父老以请,君曰:"未也。"独皇皇申徽谕,仁域礼防,庶几善教得民心矣。由是郡之士、氓者、饶者相率各致其赀力,惟贤守左右,以沿一方之利。君随建议,请质于巡抚林君、巡按冯君,爰命官董若事,择耆民有行能者纠若役。其规画一如张君之旧,而环级以舒喷薄,穿坳以遏瀰滤,视昔尤加密焉。经始于戊辰年十月,阅期年,坝成。延袤五百尺,广三十五尺,高半之,凡潴水四五里,泊漓洄洑,膏渟黛蓄,为城南巨浸。夫吏治先水土之宜,节宣阴阳,用和于上下,以毋逢其灾害。故郑国多火,子产祀玄冥以胜薛煨。王仲舒隄松江路,则苏绝辉浸。君政成,因民心以导利上下,其知道乎? 尝闻段成式在宣宗时刺处州,有水浗,忽为安流,民名之曰"好溪",今君役民力而民勤之如此,吾意君之所以感人心而顺及天地,当更有神于回斡者。而是役也,果其所恃者耶? 是为之记,以谂来者。段君讳朝宗,字公见,西安人。

渔梁坝是徽州重要的水利工程,历代屡有兴替,2001年被国务院列为第五批全国重点文物保护单位。据此记所载,弘治年间,知府张祺、彭泽曾两次兴建,但不久之后被毁,废圮四十余年。隆庆二年(1568年)十月,徽州知府段朝宗重新修筑,次年功成,这是有关渔梁坝兴废的重要记录。但是,万历年间所修的《歙志》对此仅记载:"国朝弘治中,郡守张祺始出帑葺之,加石为九层,高丈余,遂成巨浸。其后复圮,郡守彭公泽命用表里一色方石,节为梯级,以杀水势。迨万历间,又复倾圮,知县方公承郁重建。"①在彭泽和方承郁之间,未载入有关段朝宗重建的史实,此后历代府、县志均抄录万历县志,以至

---

① 谢陛:万历《歙志·考》卷二《建置》,明万历三十七年(1609年)刻本。

今日有关渔梁坝的各类记载中,很少提及段朝宗,赵贞吉此记有助于更准确地了解渔梁坝的历史。

不仅如此,此记对了解段朝宗其人以及隆庆年间的政局也很有帮助。段朝宗是陕西西安府朝邑县(今陕西大荔县)人,据《朝邑县志》记载,他是嘉靖三十八年(1559年)进士,先后任兵、礼二科给事中,多所建白。隆庆元年(1567年),段朝宗出任徽州知府,"治渔梁坝以兴水利,设关老竹岭,平治羣岭,皆便民,民歌乐其事。郡故有二贤祠,祀金城彭泽、岐山王继礼,遂以朝宗参之,名三贤祠。忌者劾其好名,左迁山东盐运司。然徽人思之,卒以并祀。后数十年,邑人李河滨楷尝至齐云山,犹相传段太守诗,爱慕不衰云"①。据此,段朝宗在徽州任内政绩出色,口碑颇好。另据乾隆《歙县志》记载:"惠政祠,祀宋郡守宋济、袁甫、明知府张芹、彭泽、段朝宗、梁应泽,在紫阳门外。"②在清代徽州还有祭祀段朝宗的祠宇,足见《朝邑县志》所言不虚。然而,这样一位才干、操守、政绩都不错的官员,在时任首辅高拱发动的惩贪运动中,竟以贪赃之名被罢官。隆庆五年(1571年),直隶巡按御史刘世曾参劾段朝宗,"欲要将原任徽州府知府今降山东都转运盐使司同知段朝宗罢斥",当年八月三十日,高拱起草吏部题覆:"段朝宗先该本部考察,才力不及,已经降用,今既赃迹败露,难以复留。……合侯命下,将段朝宗冠带闲住。"③九月十日,明穆宗隆庆皇帝下旨批准。值得注意的是,当时被参贪官甚多,高拱在题奏中都列出了他们贪赃枉法的详细证据,而此题覆中虽称段朝宗"赃迹败露",却没有列出他的任何贪赃事实,而他此前被降级的理由则是所谓的"才力不及"。实际上,段朝宗很有作为,更不是贪官,否则,明清两代徽州人岂会为一位贪官列祠祭祀?显然,他遭罢斥另有原因,这与当时的政局密切相关,而赵贞吉为他写的这篇《重修渔梁坝记》极有可能是直接的导火索。

---

① 王兆鳌:《朝邑县志》卷六《人物》上,清康熙五十一年(1712年)刻本。
② 刘大櫆:乾隆《歙县志》卷二《秩祀》,清乾隆三十六年(1771年)刻本。
③ 高拱:《高文襄公集》卷十九《覆直隶巡按御史参官疏》,见《四库全书存目丛书》集部第108册,第260页。

据史料记载,赵贞吉于隆庆三年(1569年)八月入阁,以文渊阁大学士兼掌都察院,成为内阁辅臣之一。当年十二月,高拱重新入阁,以武英殿大学士兼掌吏部。赵贞吉是嘉靖十四年(1535年)进士,由于其在当时阁臣中资格最老,遂以前辈自居,轻视同僚,"每语,恒曰:'非而少年所解'"①。加以政见各异,赵贞吉与高拱很快发生了尖锐矛盾。隆庆四年三月,在考察科道官员时,矛盾激化,两人互相摒斥对方所厚之人:"拱欲去贞吉所厚者,贞吉亦持拱所厚者以解。"②事后,高拱唆使门生弹劾赵贞吉,赵贞吉上疏自辩反击,高拱则去相争。斗争白热化的结果是,隆庆四年十一月,赵贞吉被迫致仕,黯然隐退,而高拱则专横更甚。高拱性格刚烈,睚眦必报,赵贞吉下野后,被视为赵系的官员难免遭到报复。赵贞吉记中称渔梁坝重修始于隆庆二年(1568年)十月,"期年而成",则此记撰于隆庆三年(1569年)十月以后,正在他入阁之后。记中对段朝宗的操守和才具都相当赏识,甚至称赞他在徽州"感人心而顺及天地",评价很高,由此可见两人关系密切,段朝宗属于赵贞吉阵营无疑,对高拱来说,则是务必除去。段朝宗被加的那些罪名,"好名""才力不及""赃迹败露",相当牵强,显然是当时政治斗争的牺牲品。段朝宗的结局是"冠带闲住",即罢官之后仍然保留了官绅身份,也说明高拱阵营没有抓住他什么把柄,而只能以"莫须有"的方式将他罢官了事。《续编》中保存的这篇赵贞吉佚文,有助于从侧面进一步细致地考察明代隆庆年间的政局变幻。

另外,《续编》中有关兴建祠堂、贞烈守节一类的大量记载,则是当时徽州宗族社会与宗法制度的真实反映,对研究明代徽州的社会状况与变迁历程,也有一定的价值。

三、关于编纂者和成书年代的推测

明清两代,有志续修《新安文献志》者甚多,情形也相当复杂。由于《续编》存卷中没有任何关于编纂者的记载,在此仅作一粗略的推测。

---

① 黄景昉:《国史唯疑》卷八,见《续修四库全书》第432册,第130页。
② 张廷玉:《明史》卷一百九十三《赵贞吉传》,北京:中华书局,2000年,第3414页。

有志续修者中,有的未能成书。如明代歙县黄训,"尝欲修《徽州府志》,续《新安文献志》《黄氏统宗会谱》。……俱赍志未就"①;明末清初歙县许楚,"尝欲与汪溥续《新安文献志》,未就"②。他们应该与《续编》无关。

有志续修者中,有的不知是否有成书,需分别考察。清代休宁汪文柏,"徽郡事文,明学士程敏政汇为《新安文献志》,至是二百余年,掌故阙略,文柏尝欲续其书,有征成化以后六县诗文启"③。汪文柏虽有征文之举,不过,他生活的时代上距成化(1465年－1487年)已有二百余年,属清代康熙年间,《续编》不避清代帝讳,因此他不可能是编纂者。

休宁人赵吉士的情况与汪文柏类似,他的文集中有《征刻〈续新安文献志〉启》。不过,据朱彝尊所撰墓志铭,赵吉士"年七十有九,终于京师,卒之岁康熙四十五年二月朏也"④,则赵吉士生于崇祯元年(1628年),卒于康熙四十五年(1706年),明朝灭亡时他不过十七岁,难成此巨著。而且赵吉士在启中称"问成弘之代,已在二百年前"⑤,显然作于康熙年间。因此,他也不是编纂者。

有志续修者中,有的明确记载已有成书。如明代休宁程瞳,道光《休宁县志》中称:"程瞳,字启曈,号莪山,富溪人。……年八十卒,祀乡贤祠。所著有《闲辟录》《阳明传习录考》《朱子晚年定论考》《朱子早年定论》《新安学系录》《新安经籍志》《紫阳风雅》。"⑥《新安名族志》记载为:"著有《富溪集》,及编

---

① 黄臣槐:《潭渡孝里黄氏族谱》卷九《文献录》上,清雍正九年(1731年)刻本,上海图书馆收藏。
② 马步蟾:《徽州府志》卷十一《人物志·文苑》。
③ 马步蟾:《徽州府志》卷十一《人物志·文苑》。
④ 朱彝尊:《朝议大夫户科给事中降补国子监学正赵君墓志铭》,见《曝书亭集》卷七十七,清康熙四十七年(1708年)刻本,上海图书馆收藏。
⑤ 赵吉士:《万青阁全集》卷一《征刻〈续新安文献志〉启》,见《四库全书存目丛书》集部第220册,第243页。
⑥ 何应松:《休宁县志》卷十二《人物志·儒硕》,清道光三年(1823年)刻本。

《新安学系录》《闲辟录》《紫阳风雅》《休宁县后志》《新安文献志补》。"①《紫阳书院志》则称:"所著有《续新安文献志》《程氏贻范订补》《程氏统宗谱辨考》。"②程瞳的生卒年,据《还古书院志》记载:"先生与元配孺人吴氏同生于成化庚子正月二十六日,并登八旬。"③而《休宁县志》中称他"年八十卒",可知程瞳生于成化十六年(1480 年),卒于嘉靖三十八年(1559 年)。而《续编》中有隆庆三年(1569 年)文章,这已是程瞳辞世十年后的事了。因此,他也不是《续编》的编纂者。

在排除上述众多有志续修者之后,依管见所及,《续编》编纂者可能性较大的是明代休宁人程廷策。程廷策的传记资料存世尚多,有汪道昆所撰传记、王世贞撰墓志铭和吴子玉撰诔词④,因文长不录,读者可自行参考。万历《休宁县志》中有他的简传:

> 太守程廷策,字汝扬,临溪人。性颖敏,十岁以奇童试,受知廖学士道南,补邑诸生,试辄高等。尝掩遗骼,率里人御山寇。成进士,授户部主事。监象房,抗陆锦衣炳冒边饷。监漕江西,劾罢方岳。已,丁内外艰,阕,进员外郎中,尚书建白悉倚办。壬戌,虏入,分守都城。时不谙军兴,约束独严。虏却,朝议重之。已,出守辰州,持守清介,爱民民怀,抚苗苗格,有去虎、禳火、祈晴雨诸异政。寻忤抚台,疏调郡,即日引归。林居十年,抚按两荐,皆不起,论高焉。性孝友,事父母欢,友爱兄弟,缌功族属睦厚有加。天性朴茂,绝机心,与人交洞见底里。属诗若文,援笔立就,而尤长于星官家

---

① 戴廷明、程尚宽:《新安名族志》前卷上,朱万曙等点校本,合肥:黄山书社,2007 年,第 49 页。
② 施璜:《紫阳书院志》卷九,清雍正三年(1725 年)刻本,黄山学院图书馆收藏。
③ 施璜:《还古书院志》卷七,清乾隆七年(1742 年)刻本,黄山学院图书馆收藏。
④ 关于程廷策的传记资料,可参见王世贞:《弇州四部稿》续稿卷一百十八《明中顺大夫辰州府知府石峰程公墓志铭》,见《文渊阁四库全书》第 1283 册,第 659~662 页;汪道昆:《程辰州传》,见《太函集》卷三十七;吴子玉:《大鄣山人集》卷五十三《程辰州公诔》,见《四库全书存目丛书》集部第 141 册,第 847 页。

言。所著有《高言》《忠孝经订注》《读易琐言》《中星图说》数十卷行世。祀名宦、乡贤。①

关于程廷策的著述,除了县志中所载外,道光《徽州府志》中记载前人书目有:"程廷策,《续新安文献志》四十五卷。"②可见,程廷策续修过《新安文献志》,并有成书传世。道光《徽州府志》中还引用了《续新安文献志》资料四条:《职官志·歙县》"知县"条下有:

> 陈宾,会稽人。见《续新安文献志》卷十三《殷氏兄弟冠带序》。③

《人物志》"忠义"条下有:

> 汪周,休宁城西人。元末官提领,壬辰兵变,愤死,作诗曰:"提领官卑气自雄,破家养士未成功。精魂遥合冲星剑,双射虹光照暮空。"见《续新安文献志》。④

《人物志》"列女"条下有:

> 郑门三节,双桥郑昌龄妻洪氏,名转娘,年二十六,夫亡无子,守节。至顺二年,年八十八,诏旌以"高年耆德"之名,寿九十六。从子璇卒,遗四孤,妾王氏,名禅,年二十七,矢志抚育。避红巾乱,入山遇贼,以死拒之,贼不能犯。璇从弟翰林待制玉,以明兵至,自缢死,妻程氏亦死,别见节烈门。妾何氏,名萱,抚孤不二。洪武三十一年,族里以王氏之节举,御史韩某重其事,躬帅郡守陈彦回、教授江某诣其乡勘实,并以何氏之节上闻,双旌其门。事详《续新安文献志》。⑤

---

① 李乔岱:《休宁县志》卷六《人物志·宦业》。
② 马步蟾:《徽州府志》卷十五《艺文志》。
③ 马步蟾:《徽州府志》卷七《职官志·歙县·职官》。
④ 马步蟾:《徽州府志》卷十二《人物志·忠义》。
⑤ 马步蟾:《徽州府志》卷十三《人物志·列女》。

> 郑玉妻程氏,郑贞白里人,官翰林待制,明兵压境,自经死,氏属其孤于妾何氏,亦经以殉。见《续新安文献志》。①

可见,道光《徽州府志》作者确曾见过《续新安文献志》,称其为程廷策所著应无舛误。

问题在于,道光《徽州府志》所引程廷策《续新安文献志》,书名与《续编》不同,是否为同一部书? 令人不无疑问。从内容看,道光《徽州府志》所引内容与《续编》存卷,既不能互相引证,亦不能相互否定。不过,古人著书,封面、卷端、目录、序跋等处,题名往往互异,前举程曈续修之书即有《新安经籍志》《新安文献志补》《续新安文献志》三种不同名称,而道光《徽州府志》书目中则作《新安文献志补》。因此,程廷策所纂的《续新安文献志》与现存的《新安文献志续编》,为同一部书的不同名称,此种可能性不能排除。

另外,据吴子玉所撰程廷策诔词称:"万历五年正月辛亥,公以疾卒于勋贤里第,春秋五十有七。"②则程廷策生于正德十六年(1521年),卒于万历五年(1577年),而《续编》所存两卷,收录文章最晚为隆庆三年(1569年),与程廷策的卒年若合符节。因此,程廷策所纂《续新安文献志》与《续编》为同一部书,这种可能性是存在的。若此推测不误,则其书刊行当在隆庆末或万历初。然而,由于《续编》存世的只有不完整的一册,在没有挖掘出直接证据的情况下,此一"无头公案"着实难断。本书所作《续编》可能是程廷策《续新安文献志》的推论,只是基于现在所能接触资料的一种推测,绝非定论,此书编纂者与刊行年代仍有待进一步深入研究。在此,深盼学界同仁能在此问题上取得进展,以解笔者后学之困惑。

四、关于《续编》的著录与流传

《续编》成书后,虽流传不广,称引不多,《中国古籍总目》中亦无收录③,

---

① 马步蟾:《徽州府志》卷十三《人物志·列女》。
② 吴子玉:《程辰州公诔》。
③ 《中国古籍总目》编纂委员会编:《中国古籍总目·集部》,北京:中华书局,上海:上海古籍出版社,2012年。

但仍有若干书目著录过。康熙年间,黄虞稷的《千顷堂书目》载有"续新安文献志□□卷"①,所录可能与《续编》有关。近代学者邵友诚续录的《四库简明标注》称:"曾见新安文献志续编,只存七八两卷,文字已有嘉靖纪年,未知何人所辑,十二行二十五字,密行细字,刻亦工雅。"②傅增湘的《藏园群书经眼录》云:"新安文献志续编,存卷七卷八,一册,皆记也。明刊本,十二行二十五字,白口,左右双栏。不知何人所辑,凡若干卷,然文中已有嘉靖年号,自非篁墩所续也。"③邵氏、傅氏所见,与今存《续编》应该是同一部书。

除了道光《徽州府志》之外,在一些徽州民间文献中,也有引用《续编》的。如乾隆年间歙县呈坎罗氏家谱中,记载祖先事迹有:"《司训穷斋罗先生行状》载云:'先生讳傅,字君辅,后改讳傅岩,守先。……'载《新安文献志续编》第二十六卷中行状部。乾隆元年三月从孙兴锃式万识。"④可见,《续编》在徽州民间一直有流传,故道光年间重修府志得以参考。

黄山学院图书馆所藏的《续编》,是汪世清先生遗赠的。汪世清先生是徽州歙县潜口人,中央教育科学研究所资深研究员、物理教育和物理学史研究专家,热心弘扬乡邦文化,对明清时期徽州文学艺术研究作出了重要贡献。汪世清先生生前对各类徽州文化典籍极为关注,他虽收入不丰,但仍竭力收集。他在为《歙事闲谭》点校本撰写的序言中提到:"嘉靖间有《新安文献志续编》之刻,但今可见到的只有卷七、第八十一册,所收文体为'记'。惜辑录者为谁以及全书卷数,均已不可知,其书的全貌更无从得见,真是千古憾事。"⑤

---

① 黄虞稷:《千顷堂书目》卷六,上海:上海古籍出版社,2001年,第166页。
② 邵懿辰、邵章、邵友诚:《增订四库简明目录标注》卷十九,上海:上海古籍出版社,1979年,第910页。
③ 傅增湘:《藏园群书经眼录》卷十八,北京:中华书局,1983年,第1558页。
④ 罗兴陞:《新安罗氏族谱》不分卷,清乾隆二十二年(1757年)稿本,安徽省图书馆藏复印件。
⑤ 汪世清:《歙事闲谭》序,见许承尧:《歙事闲谭》点校本,合肥:黄山书社,2001年,序一第3页。此处刊印的汪世清先生序言称所见《新安文献志续编》为"卷七、第八十一册",文意颇有难明之处,似当作"卷七、卷八一册","十"或为衍字,不知是汪先生原稿如此,还是编辑有误所致。因未见汪先生序文原稿,不敢妄自揣测,俟考。

2003年5月,汪世清先生不幸病逝。当年11月,家人遵汪世清先生遗嘱,将收藏的全部徽州文化图书资料无偿捐献给黄山学院,现已收入黄山学院图书馆"世清先生捐赠特藏书室"。笔者翻阅汪先生赠书,《续编》一册赫然在列,虽仅两卷,然吉光片羽,弥足珍贵,值得学术界重视。

第二节 "程朱阙里"三志研究

篁墩是今黄山市屯溪区屯光镇一个很小的自然村,历史上曾长期隶属歙县,但从元代开始,徽州人逐渐把它视为理学大师程颢、程颐和朱熹的祖籍地,明清时期更有"程朱阙里"之称,并编纂有三种志书,即万历年间的《程朱阙里志》,雍正年间的重刻《程朱阙里志》,乾隆年间的《篁墩程朱阙里祠志》。"程朱阙里"三志以其独特的体例与内容,在志书中别具一格,有学者认为其地位不亚于甚至是超过县志和府志地位的,"它所要表达的意义,在徽州人的心目中,没有任何一部志书和著作可与之相比"①。笔者以为,"程朱阙里"三志内容及其特点值得认真分析,而徽州人在编纂三志过程中折射出的区域象征的确立和学术主流的嬗变,更应引起学术界的重视。

一、"程朱阙里"的由来

篁墩原来被称为黄墩,据北宋《太平广记》引唐代《歙州图经》称:"歙州歙县黄墩"②,足见唐代以来即有黄墩之名。南宋时期歙县人罗愿所纂的《新安志》以及朱熹的文集中,也都称之为黄墩。然而,明代成化年间,休宁人程敏政独创新说,认为黄墩本名为篁墩:

> 考诸谱及郡志,莫知墩之所以名者。近得一说云,黄墩之黄本为篁字,以其地多产竹故名。至黄巢之乱,所过无噍类,独以黄为己姓,

---

① 刘伯山:《〈程朱阙里志〉与朱熹二程出自徽州考》,载《中国地方志》,2004年第12期。
② 李昉:《太平广记》卷一百十八,见《文渊阁四库全书》第1043册,第651页。

凡州里山川以黄名者辄敛兵不犯,程之避地于此者因更黄以求免祸。①

程敏政遂将黄墩更名为篁墩,他亦以篁墩为别号,并将考证成果收入他编纂的《新安文献志》和个人文集《篁墩文集》中。虽然程敏政的更名依据是薄弱的,并引发了长期的争论,但他是明代中期的著名学者,文集传诵颇广。因此,他的考证影响很大,弘治《徽州府志》依其说载入篁墩之名。此后官方文书皆用篁墩,沿袭至今,除了徽州黄氏文献之外,黄墩之名已经逐渐淡出了。

篁墩之所以能够最终被确立为"程朱阙里",是因为它与"二程"和朱熹家族建立了重要的历史联系。这其中,篁墩作为朱熹家族的祖居地证据较为明确。淳熙三年(1176年),朱熹回婺源故乡扫墓,大会族人,纂修《婺源茶院朱氏世谱》,撰序自述先世云:

> 熹闻之先君子太史吏部府君曰:吾家先世居歙州歙县之黄墩(旧谱云长春乡呈坎人)。相传望出吴郡,秋祭率用鱼鳖。……唐天祐中,陶雅为歙州刺史,初克婺源,乃命吾祖领兵三千戍之,是为制置茶院府君。卒,葬连同,子孙因家焉。②

朱熹所称的"先君子太史吏部府君"是他的父亲朱松,而朱松告诉朱熹祖上出自黄墩,实际上来源于朱熹的高祖朱振。朱松的文集中保存了朱振撰于嘉祐五年(1060年)的一篇诗序,记其先世事迹云:

> 唐人陶雅为歙州,初克婺川。天祐中,吾祖以雅之命主婺川输赋,总卒三千戍之,邑屋赖以安,因家焉,是为婺川吴郡朱氏之始祖。……盖初来于歙之黄墩,今歙民有朱氏秋祭用鱼鳖者,皆族也。③

虽然朱熹所见的朱氏旧谱称祖上为歙县呈坎人,而朱家祖先又反复称初

---

① 程敏政:《篁墩文集》卷十三。
② 程敏政:《新安文献志》卷十八,明弘治十年(1497年)刻本,上海图书馆收藏。
③ 朱松:《韦斋集》卷十,见《文渊阁四库全书》第1133册,第525页。

居于黄墩,二者似有抵牾,或许朱氏家族初居黄墩之后、迁居婺源之前,曾经在呈坎居住过一段时间,亦未可知,但朱熹自称祖先出于黄墩却是千真万确的。朱熹生于福建,一生也主要生活在福建,但他对故乡徽州婺源有强烈认同,为文撰序一般都自称"新安朱熹"。朱熹曾三次回家乡扫墓,在家乡广招弟子,他们与朱熹兼有师友与乡党的双重关系,情投意合,关系牢固,从而形成了以朱熹为核心的、包括一大批徽州籍学者的强大学派——新安理学①。新安理学崇仰朱熹的人格修养,奉行朱熹的理念,传播朱熹的学说,在南宋晚期至清代初期的中国思想文化学术界中影响甚大,在确立篁墩为"程朱阙里"的过程中发挥了重要的作用。

与朱熹家族相比,篁墩与"二程"家族的关系则晦涩难明,从宋代开始即聚讼纷纭,引发了长期的复杂争论②。就"二程"二人来说,其文集中收录有二人为家族成员所撰的传记、墓志等文献十篇,另有《家世旧事》十三条,主要记录高祖程羽和族叔程琳的逸事,文集中还收录了"二程"之父程珦的《自撰墓志铭》一篇。依据这些文献,"二程"祖先是由河北中山博野迁至河南洛阳的,并未提及与徽州程氏有任何关系③。唯一提及中山程氏与徽州程氏关系的,是欧阳修为程琳之父程元白所撰《宋宜春县令追封冀国程公元白神道碑》,其中有这样一段铭文:

> 远矣程侯,颛顼之苗。始自重黎,历夏商周。惟伯休父,声诗孔昭。世不绝闻,盛于有唐。程分为七,三祖安乡。广平、中山,以暨济阳。中山之程,出自灵洗。实昱裔孙,仕于陈季。陈灭散亡,播而北迁。公世中山,为博野人。④

---

① 关于新安理学的研究,可参见周晓光的研究成果:《宋元明清时期新安理学》,载《中国典籍与文化》,1993年第4期;《南宋徽州人文环境变迁与新安理学的形成》,载《江淮论坛》,2003年第6期;《新安理学》,合肥:安徽人民出版社,2005年。
② 关于"二程"与徽州的关系,可参见拙稿:《二程家族与徽州关系考》,载《史学月刊》,2011年第3期。
③ 程颢、程颐:《二程文集》,见《文渊阁四库全书》第1345册。
④ 程敏政:《新安文献志》卷六二上。

欧阳修碑文中肯定中山程氏"出自灵洗",是在陈朝灭亡后迁居北方的。欧阳修此处提到的"灵洗",即程灵洗(514年—568年),是南朝梁陈时期新安郡(即后来的徽州)人,为陈朝开国功臣之一,谥"忠壮",在徽州程氏宗族历史上有非常重要的地位,被后世尊为"显祖"①。欧阳修的碑文是应程琳之邀所作的,说明程琳认可祖先出自徽州。由于程琳与"二程"系出同族,"中山之程,出自灵洗"一语,成为"二程"家族出自徽州的重要证据。

"二程"生平遭遇坎坷,朱熹也曾遭"庆元党禁"之祸,但身后的地位都扶摇直上。绍定三年(1230年),宋理宗追封朱熹为太师徽国公,淳祐元年(1241年),又下诏以"二程"、朱熹从祀孔庙。这表明,由"二程"开创并经朱熹集大成的宋代理学,在南宋晚期得到了朝廷的认可,理学开始成为国家政权的官方哲学,其地位一直延续到清末。咸淳五年(1269年),宋度宗为婺源朱子祠赐额"文公阙里"。阙里,本为孔子在曲阜所居里名,起初并非尊称,后来由于孔庙兴建于此,逐渐发展为孔庙乃至儒学的代称。以婺源为朱子阙里,表明徽州作为理学中心的地位得到了国家的认可,这也是"程朱阙里"得以出现的先声。

从元代开始,新安理学家开始强调"二程"与徽州的联系。首先这样做的是婺源人胡炳文,泰定元年(1324年),他在徽州乡贤祠中供奉程颢、程颐牌位,并为撰记云:

> 歙婺源为子朱子阙里,亦既有专祠矣,州学乡贤祠复并祀二程夫子者何?孔子之先宋人,孟子鲁公族,河南实吾新安黄墩忠壮公后也。忠壮公讳灵洗,仕梁陈赠镇西将军……谨按:程叔子撰明道纯公行状,河南之程出自中山博野。又按:欧阳公撰程文简公父冀国公元白神道碑铭,中山博野之程出自灵洗。文简公讳琳,与太中公讳珦为兄弟。如此,则新安为河南所出何疑哉?……近有为道统

---

① 关于程灵洗的研究,可参见章毅:《宋明时代徽州的程灵洗崇拜》,载《安徽史学》,2009年第4期。

之说者曰:"圣贤之生,天地气化,相为循环。冀在北,岐周在西,鲁在东,舂陵新安在南。"夫斯道绝续,天也,自北而南,迭生圣贤,以续道统之传,非偶然也。方今程朱之学行天下,薄海内外遐陬僻壤犹有学其学者,况兹大好山水乃其云之泰山、河之昆仑也哉。此乡贤祠之所由作也。诗不云乎:"维岳降神,生甫及申",吾新安以之。又不云乎:"高山仰止,景行行止",吾新安之士当之。①

胡炳文以理学极为重视的道统说立论,认为"二程"和朱熹都是出自徽州的理学先贤,徽州乃程朱理学的泰山、昆仑,为道统所系,关系重大。因此,徽州人崇祀"二程"和朱熹乃是天经地义的。

明代,徽州理学家开始正式将篁墩确立为"程朱阙里"。正德三年(1508年),休宁学者程曈编纂《新安学系录》一书,进一步强调"新安为程子之所从出,朱子之阙里也"②。嘉靖元年(1522年),歙县人赵时勉撰《考新安程朱三夫子源流记》,进行大量的文献考证,认为程朱先世俱出于歙县黄墩,"新安为程朱夫子所自出,历历可据矣。溯流于源,生其乡者可无崇祀之思哉"③? 倡议建立程朱三夫子祠,歙县县城里也树立起了"程朱阙里"坊④。篁墩作为"二程"和朱熹先世的祖居地,受到了徽州士绅的特别重视,万历四十年(1612年),歙县知县刘申在徽州各界的支持下,将距篁墩十五里的湖田古圣堂改为程朱三夫子祠,并由徽商吴养春等人捐资建立"程朱阙里"石坊一座。在知县刘申的支持下,赵时勉之孙滂开始纂修专门志书,《程朱阙里志》遂由此问世。

---

① 胡炳文:《云峰集》卷二,见《文渊阁四库全书》第1199册,第749~750页。
② 程曈:《新安学系录》,王国良、张健点校,合肥:黄山书社,2006年,第5页。
③ 赵滂:《程朱阙里志》卷三,清雍正三年(1725年)吴廷彦增刻本,安徽省图书馆收藏。
④ 明弘治十五年(1502年)汪舜民纂《徽州府志》卷一"坊市"条下,记歙县城内坊表甚多,无"程朱阙里"坊,嘉靖四十五年(1566年)何东序纂《徽州府志》亦无相关记载,但万历四十年(1612年),歙县知县刘申撰《程朱阙里志序》称他在歙县期间,"见程朱阙里坊,窃窃然喜之"。据此,则歙县城内的"程朱阙里"坊当建于隆庆或万历年间。

二、"程朱阙里"三志的纂修及内容剖析

(一)万历《程朱阙里志》

万历四十三年(1615年),在徽州官绅的支持下,赵滂编成《程朱阙里志》八卷(以下简称《万历志》)。据查询各类古籍目录和国内主要图书馆的结果,国内目前尚未发现《万历志》的完整刊本,笔者所知为中国科学院图书馆有残本一册,为卷一至三;安徽省博物馆称有残本二册,然未知其保存状况。不过,由于雍正重刻的《程朱阙里志》保存了《万历志》的全部内容,从雍正刻本中仍可获悉《万历志》的基本情况。

《万历志》卷首有歙县知县刘申和徽州士绅范涞、毕懋康、汪应蛟、鲍应鳌的序言,鲍应鳌复邀无锡高攀龙为序。各卷下均题有:"明古歙后学赵滂编集,同邑后学鲍应鳌纂次,洪世俊、汪元功、毕懋良、方道通、毕懋康参阅,鲍观光、汪自沽、程鸣瑞、赵有成、赵浚、曹应鹤同校。"卷一为地灵志,有图十幅,介绍篁墩的自然与人文地理状况,重点强调程朱两家祖墓皆在篁墩,使世人明了"程朱三夫子,以旷代真儒,其先世并在歙之篁墩"①。卷二为崇祀志,有程珦、程颢、程颐、朱松、朱熹画像五幅并附各人像赞,歙县湖田程朱阙里祠的基址、图式和祭祀礼仪。卷三为世考志,收入赵时勉的《考新安程朱三夫子源流记》和多人的跋文。为了证实"二程"、朱熹与篁墩的历史渊源,还抄录了大量程朱祖上的碑记、世录、墓志、序文等历史文献。卷四为实录志,收录反映"二程"和朱熹生平的年谱、年表、墓志、行状。卷五为道统志,介绍理学从"二程"到朱熹的学术渊源与发展脉络,并收入了"二程"和朱熹弟子的生平简介。卷六为锡典志,收入了多份宋、元、明三朝褒扬、追封"二程"和朱熹的诏敕。卷七为艺文志,主要是新安理学家追奠、崇敬程朱的诗文。卷八为识余,主要为程朱阙里祠的田地经理字号、留存经费,赵滂修复朱熹祖墓的过程,为建祠捐赀的徽商名录等。

---

① 赵滂:《程朱阙里志》卷一。

从《万历志》的内容来看,它与一般的地方志有明显的区别,它不是一部关于篁墩的村镇志。一般的村镇志往往会详细记录当地的建制沿革、风土人情、名流逸士,但是一般方志应有的此类内容在《万历志》中寥寥无几。《万历志》是围绕"二程"与朱熹为中心展开论述的,又收录了大量的程朱家族传记资料。因此,清代《四库全书总目提要》将其列入史部传记类名人之属①,但是细究全书,似乎又难以称其为传记之书。《万历志》的纂修有两方面的考虑:

1. 突出强调"二程"、朱熹家族与徽州的历史联系。篁墩为"程朱阙里"是晚起之说,刘申是福建人,初任歙县县令时,对此曾有相当疑虑:

> 余始令郓城,得伊洢尼山,已迁歙邑,见程朱阙里坊,窃窃然喜之,谓不佞何修得承乏先贤汤沐也。顾朱产新安,未闻为歙,程则胡称邑产?事不经见,后世毋乃滋疑。会有乡约之役,巡行里党,得太常赵生滂出其家武城公所遗考,余受而卒业,乃知三夫子之先其孕精启秀而产此一丸土者,其地同。程自梁将军忠壮公灵洗暴兴,再徙而中山而醴泉,朱以唐刺史陶雅命戍婺,自婺而之闽中者,其迁同。②

显然,确立程朱与篁墩的历史联系,是"程朱阙里"能够确立的前提,书中收录的大量资料,都是为这个目的服务的。除了各类历史文献之外,《万历志》中还收录了歙县人方弘静提供的一项新证据:

> 余昔参知江藩,时南昌唐氏金院尧臣者,其先世遗一笼,封识甚固。金宪开之,中间皆元祐诸公墨迹,其诫子孙勿开者,惧党禁之严也。余与藩臬诸公往观之,明道先生有"忠壮公裔"之章。诸公皆不知所谓,余为言其故。③

---

① 《四库全书总目提要》卷六十。
② 赵滂:《程朱阙里志》序。
③ 赵滂:《程朱阙里志》卷二。

所谓"忠壮公裔",即程灵洗的后裔,果如此,则程颢本人已经承认自己出自徽州程氏了,因此方弘静感叹:"千载之疑,而一朝决之也!"①既然篁墩确为"程朱阙里",那当然是徽州人值得骄傲的大事,这在高攀龙的序文中体现得淋漓尽致:

> 程夫子生洛,朱夫子居闽,人知三夫子洛闽相去之遥,不知两姓之祖同出歙,又同出黄墩之撮土也。天地之气,山川之灵,钟为圣贤,或发于一时一地,或培其先世而发于异地异时,盖上下千古不能几见,然则黄墩者,固千古灵异所钟而歙之最胜事也。②

2. 尊崇程朱理学,抗衡王派心学在徽州的扩张。徽州是程朱理学的故乡,但从明代中期开始,其独尊地位便遭到王派心学的严重冲击。正德年间,王守仁在陆九渊心学的基础上,创立了王派心学,并以雷霆万钧之势横扫全国,徽州亦未能例外。嘉靖年间,心学在徽州传播甚广,很快在学术界占据了上风。万历二十年(1592年),休宁知县祝世禄(心学信徒)在万安古城岩创建了还古书院,先后邀请焦竑、简凤仪、邹守益、谢汝栋等心学高足主讲,"当明季之末,还古主会所请者无非姚江高弟,所讲者无非阳明秘旨","自祝侯腾说,山阴主教,重衍新建,其时环听千人,辨难不生,满堂若琴瑟之专一,佥谓心学复明,一扫支离也"③。陆九渊曾经讥讽朱熹的治学之道为"支离事业竟沉浮",遂使"支离"一词成为攻击理学的专门用语,晚明的徽州竟然"一扫支离",足以说明当时心学的盛行④。

王派心学在徽州的扩张,在程朱理学的信徒中激起了严重的危机感,因此阐明程朱与徽州的历史联系,强调徽州的理学中心地位就成为徽州理学界

---

① 吴士奇:《绿滋馆稿》卷三,见《四库全书存目丛书》集部第173册,第661页。
② 高攀龙:《高子遗书》卷九上,见《文渊阁四库全书》第1292册,第543页。
③ 施璜:《还古书院志》卷十二。
④ 关于明代心学在徽州的流传情况,参见李琳琦:《明中后期心学在徽州的流布及其原因分析》,载《学术月刊》,2004年第5期;周晓光:《徽州学术文化理念的历史变迁》,载《安徽师范大学学报》,2005年第5期。

的当务之急。赵时勉撰《考新安程朱三夫子源流记》时,就认为程朱先世俱出于歙县黄墩,"新安为程朱夫子所自出,历历可据矣。溯流于源,生其乡者可无崇祀之思哉"①?倡议建立程朱三夫子祠。鲍应鳌在为《万历志》所撰序文中更公开抨击王派心学,强调尊崇程朱:

> 独诧夫世之君子舍其家而观他人之室,忽其宗祧而称异人之支,未为得也。居敬穷理之学,本以开博约之左藏,令天下之学者各自得其家珍,乃反以瓦砾视之,而驾言于当下,虚谈夫直指,则庠序之教不行,而新说日炽。彼见三夫子之学详密严整,不便于时情,而别开一户牗,别筑一堂奥,自以为简易直截,托于一彻永彻,曰:"吾以见性也。"遂可任情驰骋。而不知夫便于情即远于性,其弊至于荡检逾闲,不爓乱天下不止!此正学问之大关,而今日阙里之创,所裨学术人心不小也。夫邹鲁隔壤,孟氏犹以自幸曰:"近圣人之居。"若此其甚也,而私淑诸人者独亟。今三夫子先世皆吾乡之所自出,紫峰练水,触目羹墙,高山之仰,可独后乎?②

显然,在鲍应鳌看来,徽州学子若舍程朱而从陆王,不但是数典忘祖,而且将"荡检逾闲,不爓乱天下不止"。这些言论,点破了《程朱阙里志》的纂修宗旨,那就是为了反击属于"异人之支"的王派心学,激发徽州士人对"吾乡之所自出"的程朱理学的向心力,确保理学在徽州的独尊地位。然而,在明末战乱中,湖田的程朱三夫子祠毁圮,重建"程朱阙里"遂成为清代徽州人的任务。

(二)雍正增补《程朱阙里志》

明清易代之后,王派心学衰落了,而程朱理学曾一度复兴。清初统治者推崇理学,康熙五十一年(1712年)五月,康熙皇帝下诏褒扬朱熹,将朱熹在孔庙中的位置由东廊升至大成殿十哲之次,成为孔孟之后儒家学者的第一人。清初徽州理学界也出了一批人才,施璜、汪佑、吴曰慎等理学家先后制定

---

① 赵滂:《程朱阙里志》卷三。
② 赵滂:《程朱阙里志》序。

了一系列的书院规约、鳌讲规约,一切以尊朱为宗旨:"凡讲学之区,皆当祀朱子以定道脉之大宗也,况我新安为朱子桑梓之邦,紫阳为朱子不忘之地,尤当祀而不可缓乎?"①康熙三十一年(1692年),施璜、吴曰慎等争取到休宁知县廖腾煃的支持,决定在还古书院供奉朱子牌位,将这个曾经的心学堡垒改造为程朱理学的讲坛。官府的提倡与民间学术主流的嬗变,对重建"程朱阙里"是极为有利的②。

为重建"程朱阙里"奔走最为积极的当数吴廷彦。吴廷彦,字燦文,歙县南溪南人,恩贡生。康熙四十七年(1708年),他得到赵滂所编《程朱阙里志》,依据志中所载,在篁墩找到了程朱两家的祖墓,遂以兴复"程朱阙里"为己任,但在资金筹集上遇到了困难,未能实现。为了扩大重建活动的影响,雍正三年(1725年),吴廷彦决定重新刊刻《程朱阙里志》。

吴廷彦重刻的《程朱阙里志》(以下简称《雍正志》),除了包括赵滂纂修的《万历志》全部内容之外,还增加了卷首和汇增两卷。卷首部分包括康熙皇帝为程朱御书的"学达性天"匾、褒扬朱熹的诏书、程朱两家谢恩的诗文。汇增部分的主要内容包括:徽州理学界在篁墩重建"程朱阙里"祠的文稿、恢复朱氏祖墓的经过、程朱家族徽州先祖的传记、捐助者名单,等等。除徽州籍学者和官员外,还邀请到了一批名人为其作序。从新增部分的内容来看,《雍正志》在保留《万历志》基本内容的同时,有着自己的特色。

1. 强调应在篁墩重建"程朱阙里"。"程朱阙里"在篁墩而非他处,则程朱三夫子祠当建于篁墩,这本是顺理成章的。但是万历年间建祠时,因为经费不足,因此将湖田原来的佛堂古圣堂征用改建成祠,那不过是权宜之举。清初徽州重建"程朱阙里"之议兴起后,在篁墩建祠成为各界的共识,《雍正志》增加部分中包括了几篇强调篁墩建祠的专论,如汪学圣《三夫子祀事又议》云:

---

① 施璜:《还古书院志》卷十三。
② 关于清初徽州理学研究,参见李自华:《清初徽州学术界对理学传统的重建》,载《兰州学刊》,2006年第5期。

维黄墩扼歙休之接壤,为各邑之要冲,三夫子发祥肇基于斯,迄今忠壮之庙貌,官民同钦;紫阳之先茔,碑表在望。宜乎昔之名公巨卿考源流而议典礼,谓黄墩乃千圣万贤之黄墩,生斯地者能奋起而继往开来,皇天后土将默相之矣。……惜建置祠宇不在黄墩,而僻壤私营,终湮荆莽。今日而有孕川岳之灵,膺时地之望者,计故典而重申之,就黄墩里地,清理墓址,合祀祠规,使三大儒之堂构,同昭亿兆人之观感有自,则林泉志士得勤讲习而励躬修黉序,英流咸遵传注,以正文艺。黄墩为天下万世之黄墩,寻源不二,瞻仰同归,事半而功倍,孰有大于此者?①

又如吴曰慎的《复邑宰建程朱阙里祠于篁墩书》云:

屡承足下问以歙邑所当兴起之事,某再三询访,反复熟思,有地至近,事至易,名至正,功至大,迹至久者,莫如程朱阙里一事。篁墩者,程朱之祖基也。……然则篁墩宜建程朱阙里以祀三夫子,因使有志于学者得以讲习其中,所以上尊先贤以明道统,下作人才以正学术。……前此,亦有建程朱阙里于他处者,然非其地,程朱之灵未必凭依,故荒废颓败,今以其祖墓为阙里,则名实相副,程朱在天之灵当必有以默相之矣。②

2."程朱阙里"重建活动得到了官府的有力支持。吴廷彦曾多次联合地方士绅,上书县、府和省学政,希望在篁墩重建"程朱阙里"。吴廷彦还曾到两江总督尹继善、安徽布政使冯景夏等高官处游说,希望他们支持重建,"具呈求介,颇蒙优礼"③,在《雍正志》的书名页上钤有"学宪开大宗师鉴定""上江抚台程、两江制台尹、上江藩台冯鉴阅"红色印记。书中保存了多份徽州士绅要求在篁墩建祠的呈文,并有歙县、休宁县、徽州府和安徽布政司、学政以及

---

① 赵滂:《程朱阙里志》汇增。
② 赵滂:《程朱阙里志》汇增。
③ 赵滂:《程朱阙里志》汇增。

两江总督的多次批示,都表示支持建祠。如徽州府儒学的批示为:

> 看得有宋大儒程纯公、正公、朱文公,系出新安,而皆发源于歙之黄墩,二氏祖墓班班可考,毓瑞钟灵,诚胜地也。歙西旧有程朱阙里祠,而处非其地,故不久颓废,今议欲重建于黄墩旧里,俾祠墓相依,烝尝世守,揆之祀典,可谓合宜。①

徽州知府的批示为:

> 看得程朱三夫子学宗洙泗,道接唐虞,源远流长,先世之贻谋既裕;开来继往,后人之仰止弥殷。黄壤实始发祥,二姓之佳城并郁;阙里由于赐锡,三贤之祠庙应隆。今也,众志腾欢,若恐鸠工之或后;舆情踊跃,咸思协力以争先。伫见香绕几筵,栋宇与丰碑共固;月明华表,翚飞同鹤唳俱清。兹据该县申详前情,拟合加看,申详宪台核示遵行。②

安徽布政使的批示为:

> 程朱三夫子道统渊源,古今敬仰。该衿等踊跃建祠,实为美举。③

3. "程朱阙里"重建活动也得到了程朱家族的全力配合。与明代相比,清代篁墩兴建"程朱阙里"另一大助力来自"二程"后裔与朱熹后裔的支持。《雍正志》中保存了婺源朱熹后裔、翰林院世袭五经博士朱廷锡致吴廷彦的信件,对吴廷彦查复朱熹祖墓并有意建祠表示感谢。

尤其重要的是,康熙五十三年(1714年),程颐后裔、翰林院世袭五经博士程佳璠携其孙至徽州祭祖扫墓,认祖归宗。程佳璠受到了徽州程氏宗族的热烈欢迎,《雍正志》中收录了休宁率口程氏族长程瑞禴为此所作的

---

① 赵滂:《程朱阙里志》汇增。
② 赵滂:《程朱阙里志》汇增。
③ 赵滂:《程朱阙里志》汇增。

《篁墩纪事》云：

> 余家自东晋太守公肇迹新安后，因迁徙不一，而程氏几遍寰区矣。河南二夫子为忠壮灵洗公支裔，其先世官楚之黄陂，因转判开封府事，遂以嵩阳萃中州之秀而卜居焉。今翰博鲁玉先生乃伊川夫子二十一世孙也。以七旬老人不惮数千里，携文孙伯服来故土，谒祠拜墓，可谓曲尽水源木本之思。①

"二程"是否为徽州程氏所出，本来是模糊不清的，明代徽州学者为证实此种关系曾经费尽笔墨。因此，"二程"后裔公开承认祖上出自徽州，对说服那些对此存疑的人，是特别有意义的。湖北云梦人、时任徽州儒学教授的黄师琼即是其中之一，他初到徽州之时，看到郡中有程朱阙里坊，"因思朱子每自称新安，而称两程夫子为河南。程氏夫子兹合题于坊，心窃疑焉"，但亲眼见到程佳璠来徽认祖归宗后，疑虑顿释：

> 岁在甲午，河南翰博公佳璠来徽谒始祖元潭公、显祖灵洗公墓，叙其世系，实本新安，自两夫子祖羽公为元潭公三十一世孙，始迁居河南，今虽七百有余载，而水源木本之思，依然嫡派相承也。始知三夫子阙里并称有由来矣。②

据《雍正志》所载，在篁墩重建"程朱阙里"的条件已然成熟，所欠缺的只有经费了，这个任务最终在乾隆年间由实力雄厚的徽商完成了。

（三）乾隆《篁墩程朱阙里祠志》

歙县傅溪徐氏是清代初期兴起的著名盐商家族之一，徐景京及其子徐士修、徐士业、长孙徐麒牲皆富甲一方。傅溪距篁墩不过十余里，徐景京自少往来其地，慨然有兴复之志。徐士修作了重建规划，但未及动工即辞世，此一重任遂落在徐麒牲身上。乾隆二十三年（1758年）八月，徐麒牲向官府提交《捐

---

① 赵滂：《程朱阙里志》汇增。
② 赵滂：《程朱阙里志》汇增。

建呈状》,经歙县、徽州府层层上报至江南布政司。为弄清"二程"、朱熹祖上是否确为篁墩所出,江南布政司行文程朱两家的翰林院世袭五经博士,获得肯定的答复后,批准动工。乾隆二十七年(1762年)三月完工。二十八年秋,徐麒甡族叔、河南学政徐光文邀集在乡士绅原福建学政吴华孙、原顺天府尹程盛修等举行盛大的开祭典礼:"祭之日,程大京兆风沂先生主祀,吴督学翼堂先生分献,钟鼓铿锵,衣冠缉绨,环观者不下万人,乡之老成以为自程朱阙里崇祀以来未有盛于今日者也。"①

祠宇完工后,徐麒甡委托徐光文重编《程朱阙里志》。徐光文制定义例,命其学生程世锡搜访资料,在乾隆三十四年(1769年)编成《篁墩程朱阙里祠志》(以下简称《乾隆志》)。徐麒甡称:"爰取前后两志,采其大要,增其未备,事加于旧而文省于前,名之曰《篁墩程朱阙里祠志》,以稍别乎前名,各为一书,并行于世。"②《乾隆志》除序、跋外,分为八卷,每卷下均题有:"吴翼堂先生鉴定、徐光文杏池编辑、程世锡我蕃分纂"及校订人姓名。卷一宸翰,载康熙、乾隆二帝所题匾额。卷二地理,有图八幅,载篁墩山川、古迹与丘墓。卷三祠宇,有图十三幅,详载篁墩程朱三夫子祠基址庙貌,以备观赏。卷四祀典,载祠中供奉的程朱三夫子、程朱祖先、新安理学先贤及建祠有功人员牌位,备述祠中祭祀礼仪,并收录祠规二十五条,对篁墩祠宇的祭祀、礼仪、祠务、财产、司事等各方面作了详细而严格的规定。卷五祀产,详载程朱三夫子祠所有的田地山塘所在方位和亩步经理字号。卷六纪传,为祠中供奉的理学先贤和建祠有功人员的传记。卷七章疏,载徽州官绅修祠期间的呈状、详文和奏疏。卷八艺文,主要是明清两代徽州理学家主张在篁墩兴建"程朱阙里"的有关文献,并收入了《万历志》和《雍正志》的序、跋。从内容和体例上看,《乾隆志》有不少值得注意的地方。

1. 国家最高统治者承认篁墩是"程朱阙里"。在徐麒甡建祠的同时,为了使篁墩"程朱阙里"的地位能够获得朝廷的认可,徽州官绅各界进行了大量的

---

① 徐光文:《篁墩程朱阙里祠志》序,清乾隆三十六年(1771年)刻本,上海图书馆收藏。
② 徐光文:《篁墩程朱阙里祠志》序。

活动。《雍正志》中保存了乾隆二十六年(1761年)十二月三日歙县人光禄寺少卿吴炜的奏疏,请求乾隆皇帝为篁墩祠堂赐以御书:

> 我朝光显程朱里居,乃为当代之盛典。况恭值我皇上以作君而兼作师,以治统而承道统,俯念程朱为理学之宗仰,而篁墩又为程朱祖父之渊源,且篁墩为六邑要冲,其间两旁设有书舍,又置有学田,为士子造就人才之地,可否仰邀皇恩,敕赐四字,发安徽巡臣悬于篁墩坊表,则较之有宋褒崇更为千古道脉之光,而地以贤传,贤又以宸翰传矣。①

十二月六日,乾隆皇帝准许吴炜所奏,"赐安徽篁墩二程子、朱子祖居祠御书扁曰'洛闽溯本'"②。《雍正志》卷首宸翰中即有乾隆帝所题"洛闽溯本"匾额。"二程"居于洛阳,其学派称为"洛学",朱熹居于福建,其学派称为"闽学","洛闽溯本"即是指"二程"与朱熹本源皆可上溯至篁墩。乾隆皇帝的这一御赐匾额,说明篁墩"程朱阙里"的地位得到了国家最高统治者的认可,实现了徽州理学界几百年来的夙愿。

2.徽商的支持是"程朱阙里"建设得以完成的物质基础。篁墩祠宇的建设、志书的刊布都是需要大量经费支持的。万历年间筹建者未能建祠于篁墩,康熙、雍正年间试谋在篁墩建祠而未果,经费不济是主要原因。乾隆年间篁墩祠宇最终能够完成,则是因为得到了大盐商徐氏家族的鼎力支持。建成之后的篁墩祠宇规模宏大:

> 祠倚富仑山若扆,前带九曲之水,地当孔道,人士所观瞻也。祠前为石坊,恭勒御书以志不朽。祠基自石坊起至后殿簷墙止,南北计深二十五丈七尺,两旁学舍略杀于中。正祠宽五丈,祠左学舍宽二丈六尺五寸,祠右学舍宽三丈,东西其宽十六丈六尺五寸,祠后略

---

① 徐光文:《篁墩程朱阙里祠志》卷七。
② 《清高宗实录》卷六五〇,乾隆二十六年(1761年)十二月庚午,北京:中华书局,1985年,第282页。

杀于前。祠右官厅西有余地,为南北轩各一。书堂前余地并以墙围之。祠外置有余屋二所。①

据两江总督尹继善、安徽巡抚讬恩多和工部的奏疏,徐麒甡建祠时光工料就用银一万七千二百四十八两,这是一笔巨款,非寻常人所能承担。乾隆年间,徽州盐商处于极盛时期,徐家在乾隆帝南巡期间曾经接驾,徐士修、徐士业、徐麒甡都因恭办大差有功而受赐奉宸苑卿,是典型的亦官亦商、亦贾亦儒的盐商大家族,也只有这样的大徽商才有能力和意愿出力兴建"程朱阙里"。徽州持续几百年的"程朱阙里"建设能够得以最终完成,徽商的支持是其物质基础。

3.《乾隆志》在体例上作了重大调整,叙事严谨而有法度。《万历志》中,为证明程朱确为篁墩所出,对程朱家族源流考辨极多,还抄录了大量的"二程"和朱熹传记资料,连篇累牍,以至于《四库全书总目》将其列入了传记类而不是地理类。《雍正志》除了完全照刊《万历志》内容外,增加的部分多有累赘,甚至将吴氏家族的始祖长沙王吴芮的碑记也附入其中。《雍正志》中还称吴廷彦查复朱熹祖墓时曾"梦朱子之神相为感召"②,并记录了多次梦见朱氏家族祖先等内容,梦话连篇,语涉不经,实为全书之赘。

《乾隆志》成书时,时空背景发生了重大变化。篁墩"程朱阙里"的兴建,不但得到了程朱后裔的认可,还获得了官府的支持,最终由乾隆皇帝赐匾予以承认。因此,《乾隆志》已经无需在程朱世系源流上多作文章了,所以将前两志中大段的考辨文字悉数删除。主持修志的徐光文也颇具眼光,决定不再抄录二程和朱熹的传记资料:"三夫子本传、年谱、行实、褒崇、锡典在他志自宜全录,此为三夫子祖里,只须引用旧文证明三夫子渊源确在此处而已,本传等篇与祖里无涉,无庸多赘。"③卷六中的人物传记,只记生平大略及其与程朱阙里的关系,简明扼要。即使是捐赀修祠刊志的徐氏家族,也只有徐士修

---

① 徐光文:《篁墩程朱阙里祠志》卷三。
② 赵滂:《程朱阙里志》汇增。
③ 徐光文:《篁墩程朱阙里祠志》凡例。

一人立传,全文不过三百零七字,与《雍正志》滥载吴氏家族文献,恰成鲜明对比。从总体上看,《乾隆志》体例严谨,内容简洁,叙述流畅,刊刻精密,其水平在万历、雍正二志之上。

"程朱阙里"三志,无论是纂修背景还是体例、内容,与通常方志迥然不同,但贯穿于其中的主旨则是统一的:通过确立篁墩为"程朱阙里",以确立徽州为理学中心。从元代胡炳文首倡"二程"祖先出自徽州,到明代赵时勉考证"二程"、朱熹先祖皆为篁墩所产,至清代吴曰慎、汪学圣明确要求建"程朱阙里"于篁墩,贯穿其中的就是徽州理学界持续不断的努力。万历、雍正、乾隆三志的纂修,则是此一努力的集中展现。新安理学所追求的理学中心地位,通过"程朱阙里"三志的编纂获得了整个理学界承认。如张师载所称:"千载而上,道在邹鲁;千载而下,道在新安。"① 从这个意义上说,三志的刊刻和传播,也使篁墩这个原来的小山村,以"程朱阙里"之名流传天下,成了整个徽州的区域象征。

第三节　明代徽州富户役文献研究

明代洪武、永乐年间,曾两次大规模迁徙天下富户到南北二京服役,这是当时国家生活中的一件大事,不但官修《明实录》中多次提及,更为后世学者所瞩目。明末清初人谷应泰在《明史纪事本末》中认为,明太祖"猜疑豪杰,迁徙富民","微类汉高"②。清代乾嘉时期的史学家赵翼也认为明太祖"行事多仿汉高"③,所以有徙富户实京师之举。当代学者对明代京师富户役的研究则早已超越了简单的历史现象比较,深入到了这一政策的起源和演变。二十世纪五十年代,著名史学家吴晗认为,明初迁徙富户到京师,是朱元璋对地主

---

① 徐光文:《篁墩程朱阙里祠志》卷八。
② 谷应泰:《明史纪事本末》卷十四《开国规模》,北京:中华书局,1977年,第224页。
③ 赵翼:《廿二史札记》卷三十二《明祖行事多仿汉高》,北京:中国书店,1987年,第463页。

阶级两面性政策的表现,既繁荣了首都,又削弱了地主在各地方的力量①。傅衣凌则认为明代迁徙富户较重要的是两次,以江南地区为主,但它对富户的打击只是暂时性的②。洪沼则认为明太祖迁徙江南富户共有五次,是富户与皇权矛盾的必然结果,对富户的打击一直延续到永乐以后才逐渐缓和下来③。李龙潜则认为洪沼的观点值得商榷,认为明代迁徙富民共有三次,即吴元年(1367年)徙富民实中都、洪武二十四年(1391年)徙富民实南京和明成祖永乐元年(1403年)徙富民实北京。迁徙富民是明初加强专制主义中央集权统治的重要措施,富户徙京后,主要承担坊厢徭役,宣德以后逃亡日甚,最终以银代役,名存实亡④。日本学者仓持德一郎详细梳理了明代富户役的由来和演变,认为明初迁徙富户具有充实京师和加强控制的双重目的,富户成为里甲制下的一种职役,最终以纳银代役而结束⑤。佐藤学则对永乐年间徙富户实北京进行了详细探讨,认为迁移后的富户主要居住在北京德胜门和安定门周边地区,有许多人从事工商业经营。富户的后人则发生了两极分化,有的彻底衰败,也有一定数量通过科举进入了仕途⑥。值得注意的是,在资料运用上,除了《明实录》、方志和其他史书之外,佐藤学还运用了明代进士题名碑录、登科录和大量的墓志铭类史料,使研究更加扎实、深入,启发了中国学者的研究。

虽然明代京师富户役的研究已经取得了相当多的进展,但最近二十余年来,新的成果不多。除高寿仙曾对富户充任厢长以承当北京城市基层组织首

---

① 吴晗:《朱元璋传》,天津:百花文艺出版社,2000年,第193页。
② 傅衣凌:《明代江南富户经济的分析》,载《厦门大学学报》,1956年第1期。
③ 洪沼:《明初的迁徙富户与粮长制》,载《中国社会经济史研究》,1984年第1期。
④ 李龙潜:《明初迁徙富户考释——兼论京师坊厢徭役制度》,载《中国社会经济史研究》,1988年第3期。
⑤ [日]仓持德一郎:《明初における富民の京師移徙——所謂"富戶"の設定》,见石田博士古稀纪念事业会编:《石田博士颂寿纪念东洋史论丛》,东京:石田博士古稀纪念事业会,1965年,第239~251页。
⑥ [日]佐藤学:《明初北京への富民層強制移住について——所謂"富戶"の軌跡を中心に》,载《东洋学报》,1983年第64卷第1~2号。

领的说法进行过辨析外①,其他涉及此一问题的各类著述中基本重复了前述研究者的主要观点②。这种状况的出现,与史料发掘有密切关系,推动研究的深入需要在史料发掘中取得突破。近来,笔者在整理徽州文献时,发现了一批尚未被引用的与明代京师富户役有关的重要史料。以这批文献为基础,结合其他传世史料,可以对明初京师富户役的由来、实质、演变经过及其原因进行探讨。

一、明初强制迁徙富户实京师的徽州文献考论

洪武年间,徽州已有富户被强制迁徙到南京的记载:休宁张文虎,"国初以富民奉役南京,甘死王事而不以累后人"③;歙县吴长,"明洪武间金举富户,赴南京应天府填实京师"④;歙县江清,"以富户供役金陵,劳瘁致疾而卒,宗族惜之"⑤;江清的族人江偕寿,"多才能,善会计,富甲郡邑。……洪武初,征取天下富户……公奉诏建水西门及西门大街廊房,工费数十万。工成,旌为博士"⑥。

永乐年间,徽州富户被强迁到北京的记载更多:歙县方怡,"永乐间以富户举充实京师,第三子福师公往焉,其处者称富户门"⑦;歙县许都福,"富甲

---

① 高寿仙:《明代北京城市管理体制初探》,见《明清论丛》第5辑,北京:紫禁城出版社,2004年,第273～274页。
② 王瑞平:《明代洪武永乐年间的迁民及其影响》,载《中州学刊》,1991年第2期;《明朝政府对明初迁民的安置与管理》,载《史学月刊》,2000年第5期;董倩:《明代永乐年间移民政策述论》,载《青海社会科学》,1998年第6期;张和平:《粮长之役与明中前期社会风气的崇俭黜奢》,载《中国社会经济史研究》,2001年第3期。
③ 曹嗣轩:《休宁名族志》,胡中生、王黎点校本,合肥:黄山书社,2007年,第365页。
④ 吴永滋:《北岸吴慎德堂族谱》前编《系谱》,1921年木活字本,黄山学院图书馆收藏。
⑤ 江维椿:《歙北江村济阳江氏族谱》卷九《明处士清传》,清乾隆四十三年(1778年)刻本,徽州文化博物馆收藏。
⑥ 江维椿:《歙北江村济阳江氏族谱》卷九《明恩奖博士偕寿公传》。
⑦ 方怀德:《方氏族谱》卷首《环山方氏分门考》,清康熙四十年(1701年)刻本,中国国家图书馆收藏。

郡县……因应宛平县富户,二子死于王事,曾无怨语"①;歙县洪善祖,"以富户填实京师,常病瘖"②;歙县江以泽,"富甲乡邦,辟之充实京师,尝沐异宠"③;歙县胡希亮,"以殷硕闻,永乐初佥富户,编籍北京"④;前举歙县吴长,洪武间曾充南京富户,永乐间又充北京富户,"永乐二年,本县奉例保充北京宛平县德胜关惜新司第五厢富户"⑤;婺源詹健,"家业最厚,时称八大房富户之家,秋米三百余石,富达金台,名传郡邑,又当北京宛平县富户,置田百亩以备充应,造宅数十间于德胜关"⑥;绩溪周世杰,"永乐间举充富户,尝捐地数亩以广学宫"⑦。

尤为难得的是,在绩溪周氏族谱中保存了明政府征发周世杰家族前往北京的公文,是反映明代京师富户役的珍贵资料,虽原文较长,仍全引如下:

> 永乐元年八月二十五日,钦奉圣旨:"比先太祖皇帝曾于各处起取富户来实京师,如今北京人少,户部差人与同内官、监察御史,分头前去浙江、江西、湖广、福建、四川、两广、陕西、海南这几布政司,与直隶苏、松、常、镇、扬州、淮安、温州、庐州、太平、宁国、安庆、徽州,著落府州,拣选无田粮及有田粮并田粮不及五石殷实大户一千户,做富户名头,分房起取,送顺天府,附籍为民住坐,免他五年差役。若是军役、马头、灶匠户役的,不动。比先发去人数。不曾做军的人,如今已遇赦了,中间有这等殷实大户,全家取他来实京师,也一般家免他五年差役。都教他永乐二年秋成后到北京。所司敢有

---

① 许可复:《续修新安歙北许村许氏东支谱》卷一《世系》,明隆庆三年(1569年)刻本,徽州文化博物馆收藏。
② 洪业远:《桂林洪氏宗谱》卷五《世系》,1923年木活字本,上海图书馆收藏。
③ 江万象:《歙北岑阳江氏宗谱》后集《江湖胜览序》,清康熙十七年(1678年)刻本,黄山学院图书馆收藏。
④ 戴廷明、程尚宽:《新安名族志》前卷上,朱万曙等点校本,第295页。
⑤ 吴永滋:《北岸吴慎德堂族谱》前编《系谱》。
⑥ 詹华盛:《新安庐源詹氏合修宗谱》卷二《世系》,清乾隆四十九年(1784年)木活字本,中国国家图书馆收藏。
⑦ 较陈锡:《绩溪县志》卷八《人物志·尚义》。

作弊,将为头的殷实大户卖放,却将次等的户起来,不问几年,但事发时,将那买嘱并受财卖放都拏来废了,钦此。"除钦遵施行外,今奉前因,云云,永乐七年闰四月初四日晚,本都官于右顺门里提奏一节,该奉圣旨:"且起二千户,钦此。"备本覆奏外,合行移启本部,须将起富户数多照依所拟去人户多寡,斟酌分派,差人与同监察御史,分头前去著落所属当该官吏,照依前项事理,于所属点选完备,依限起赴北京住坐,移咨到部。查得永乐元年起取富户一千户,坐派浙江等布政司并直隶苏、松等府,分作六路,每路差御史一员,本部差办事官一员、监生二员、锦衣卫官一员,分头前去起取外,今照前项该起富户,除来启不开锦衣卫官不差外,亦合将各司的富户多寡斟酌分作一路,行移都察院,每路差御史一员,本部于国子监取拨监生,每路差官一员、监生二名,与同前去,从公点选遣发。缘系起取富户开坐,永乐七年六月初三日早,本部署部事刑科右给事中王高午门左门题启,奉皇帝、太子令旨:"是,钦此。"除钦遵外,拟合就行除外填勘,合会本部主事陈纯齐捧前去本府,著落当该官吏钦遵施行。

全印

永乐七年六月　日

直隶徽州府绩溪县为起取富户事,永乐元年十月二十五日,奉本府帖文,该奉户部徽字二百六十九号勘合札付内一件,前事,内开:钦奉圣旨:"民家有田粮殷实大户者,定为富户,起来填实京师,以助国用,给与执照,免其差役,不许作弊卖放,钦此。"钦遵。勘得本县民人周世杰,田连阡陌,粟帛陈因,委的殷富,堪充富户,等因。永乐七年九月初三日,又奉本府帖文,该奉户部催促起送富户,等因,行取通县里排人等结勘相同,为此给文,起送周世杰第三子周德文,连当房家小,赴部听拨应用施行。计起送富户一名:周世杰户丁周德文,见年三十二岁,中等身材,面尖,微须,系绩溪县西隅住人。

永乐七年十月十五日知县陈昭　承①

综合各类资料,对明初迁徙富户入南北二京,可略作考论。

(一)关于明初迁徙富户的主要目的

曾经有学者将其解释为地主阶级内部矛盾的发展或者皇权加强控制的结果,但是认真分析各类史料,可以看出,明初迁徙富户,尤其是迁入北京的富户,主要是为了充实京师。北京及其附近地区在元末明初的战争中,特别是在靖难之役中,遭到了严重的摧残。据《明实录》所载,洪武二十四年(1391年),"北平布政司户三十四万五百二十三"②,北平城内人口则在十六万左右③。到了永乐元年(1403年),经过靖难战火之后,"行部言顺天八府所属见在人户十八万九千三百有奇,未复业八万五千有奇"④,即北直隶地区的户数在十二年中下降了47%,如果除去那些不曾复业的户数,则在业的户数下降了四分之三。以一户五口人约算,永乐初年整个北直隶地区人口不过五十余万,街道残破不甚,不但不能满足充当王朝首都的政治需要,更无法应对北方蒙古势力的威胁,充实京畿地区的实力确为当务之急。明朝在永乐年间向北直隶

---

① 周之屏:《梁安城西周氏宗谱》卷首《公文》,清光绪三十一年(1905年)木活字本,中国国家图书馆馆藏。公文中提及布政司中有"海南",直隶所属有"温州",然明代布政司有河南而无海南,温州也不属于直隶。其他文字中,也有令人费解之处。据《明会典》记载,永乐元年迁徙富民地域为:"永乐元年,令选浙江、江西、湖广、福建、四川、广东、广西、陕西、河南及直隶苏、松、常、镇、扬州、淮安、庐州、太平、宁国、安庆、徽州等府无田粮并有田粮不及五石殷实大户,充北京富户。"(《明会典》卷二十一《户部六》,见《文渊阁四库全书》第617册,第256页)显然,此件公文自永乐七年下发,至光绪三十一年(1905年)载入家谱,间隔近五百年,历代传抄过程中,讹误之处,实所难免。考虑到此类公文罕见,因此将其照原文全数录入,由笔者标点,而对文字本身则不作任何改动,并附考证于此。
② 《明太祖实录》卷二百十四,洪武二十四年(1391年)十二月壬午条,台北:"中央"研究院历史语言研究所,1962年校印本,第3167页。
③ 此处北平城人口数依据高寿仙的估算,其他学者估算更低。参见高寿仙:《北京人口史》,北京:中国人民大学出版社,2014年,第229页。
④ 《明太宗实录》卷二十下,永乐元年(1403年)五月癸卯条,台北:"中央"研究院历史语言研究所,1962年校印本,第374页。

进行了大规模的移民,迁入的各类军、民、匠、官绅,人口总数达百万以上①。如此众多的人口涌入,需要相当的财力支撑,除了明朝本身的赋税收入外,强制迁徙富户是一项重要的措施。正如万历年间吕坤所称:"京师者,朝廷腹心之地也。祖宗时尝徙富户以实京师,以富民者,贫民依以为命者也。"②因此,永乐年间迁徙富户入京的根本目的,在于利用富户的经济实力以充实京师,即明成祖所称的"如今北京人少","有这等殷实大户,全家取他来实京师"。至于加强控制或打击富民阶层中的不法势力一类的政治目的,并非本意所在。

正因为迁徙富户的目的在于充实京师的财力,所以选取富户主要依据经济标准,即明成祖所称的各类"殷实大户"。从徽州被迁的富户来看,他们大都"富甲乡邦""富甲郡县","田连阡陌,粟帛陈因",完全符合明成祖的标准,这也说明当时的地方官吏确曾认真履行选取职责。

(二)关于永乐年间北京富户役的几个具体问题

1. 永乐年间迁徙富户的具体时间和次数。从周世杰户公文来看,永乐年间迁徙富户有两次,第一次是永乐元年(1403年)八月下旨,当年十月各地奏报应役富户名册,次年秋入北京,共一千户,这一次去的是周世杰本人;第二次是永乐七年(1409年)闰四月下旨,当年十月奏报富户名册,共二千户,这时周世杰已经去世③,由他的三子周德文带领家小入京。《明实录》记永乐元年(1403年)八月下旨迁徙富户只称"简直隶苏州等十郡、浙江等九布政司富民实北京"④,并未提及户数。至嘉靖二十九年(1550年)三月,阮鹗上疏称"永乐间徙浙江、南直隶富民三千户实京师,充宛、大二县厢长"⑤,其时已在

---

① 关于永乐年间向北直隶迁入的人口总数,不同研究者的估算各有不同,此处依据董倩的估算,参见董倩:《明代永乐年间移民政策述论》,载《青海社会科学》,1998年第6期。
② 黄仲羲:《明文海》卷五十八《忧危疏》,北京:中华书局,1987年,第492页。
③ 《梁安城西周氏宗谱》卷一《世系》载周世杰生于元后至元四年(1338年)八月,殁于明永乐三年(1405年)。
④ 《明太宗实录》卷二十二,永乐元年(1403年)八月甲戌条,台北:"中央"研究院历史语言研究所,1962年校印本,第415页。
⑤ 《明世宗实录》卷三百五十八,嘉靖二十九年(1550年)三月辛未条,台北:"中央"研究院历史语言研究所,1962年校印本,第6416页。

永乐后一百五十余年,所谓"三千户"是统括两次而言。由于史料缺乏,后人往往以为永乐元年一次即迁三千户入北京,今得此文书,对徙富户入北京的时间与次数可以有更清晰的理解。

2. 明朝采取了极为严厉的政策措施,确保富户入京服役。从公文中可以看出,周德文被迁入京时,"连当房家小,赴部听拔应用施行",即是其妻子儿女都要随同入京。拖家带口,千里迢迢入京服重役,富户的抵触和逃避在所难免。为了确保富户入京,除优免五年差役外,明成祖倚重严刑峻法,对敢于营私舞弊的官员和富户,"都拏来废了"。在周世杰户公文中,为了保证富户不致被"调包",官府对富户的姓名、年龄、住址以至体貌特征,都作了相当详细的描述,对奏报起解也作了非常细密的规定,由都察院、户部、地方政府和锦衣卫共同派人押送起解。如此严密的法网,迫使富户除恭顺听命之外,别无其他出路。

3. 京师富户役的具体内容。对富户入京后的具体职役,《明实录》与正史皆未详言。由于阮鹗疏中称富户入京后,在宛平、大兴二县充当厢长,万历年间,顺天府尹施笃又称"厢户之设,始自永乐初,钦取江南富民三千户填实京师,分派宛大两县寄籍"①,因此以往研究者多认为明初徙京富户主要是应厢长之役。明代厢长职役与里长相同,其正役为"催办钱粮、勾摄公事"②,另外尚须承担各类不时杂役,即"祭祀鬼神、接应宾旅,官府有所征求,民间有所争斗,皆在见役者"③。然而,徽州文献中记载的明初京师富户役,绝不止普通的厢长职役而已,其服役范围要广泛得多。前引歙县江偕寿,洪武年间入南京后,"奉诏建水西门及西门大街廊房,工费数十万";婺源詹健,"当北京宛平县富户,置田百亩以备充应,造宅数十间于德胜关";绩溪周世杰,"永乐间举充富户,尝捐地数亩以广学宫"。这些都不是厢长本身的职役,而是参与新都城的大规模建设。周德文更曾奔波于全国各地,据家谱中传记记载:

---

① 《明神宗实录》卷十九,万历元年(1573年)十一月甲申条,台北:"中央"研究院历史语言研究所,1962年校印本,第533~534页。
② 《明会典》卷一百三十四《刑部九》,见《文渊阁四库全书》第618册,第360页。
③ 丘濬:《大学衍义补》卷三十一《傅算之籍》,北京:京华出版社,1999年,第288页。

公生而岐嶷,迥异群儿。九岁入乡校,便有志举子业。余二十时,文庙都燕,公以赀雄一方,举充富户,著于大兴、宛平二县,安定、德胜二关营膳,聚十三省豪右,以实京师,业遂废。用是偕弟宗孟公洎兄子孟礼,东走浙,西走蜀,南走湘、闽,舟车无暇日,积贮无余留,一惟京师空虚、百职四民不得其所是忧,劳费不计。凡五六过门,妻孥不遑顾。当时共事者推其贤,执国者嘉其能,不数年,万间翚飞,百尔条秩,将赏功以官。遘寒疾,不汗,知不可为,喟然曰:"吾忠不能终于事君,孝不能终于事亲,慈不能终于爱子,奈何?吾弟其继吾志!"遂卒于宛平之德胜关。①

虽然关于明初京师富户役具体内容的史料尚不多见,然而,从徽州文献中可以看出,明初京师富户的主要职役是参与新都城的建设,包括兴建城门、房屋、衙署,等等。从周德文"东走浙,西走蜀,南走湘、闽"的记载,可以推测,他主要是为新都建设充当买办,到外地进行物料采买和押运。按前述明成祖规定,被迁入京的富户属于"无田粮及有田粮并田粮不及五石殷实大户",即除了大地主以外,还包括那些占地不多却财产丰厚的商人,如前举江偕寿"多才能,善会计,富甲郡邑",就是一位富商。由商人为都城建设充当买办,也算因才施用②。从各类记载来看,京师富户承担了巨大的经济压力,有的需要准备数百亩田地,乃至数十万工费。正因为如此,有不少富户在重役之下,

---

① 周之屏:《梁安城西周氏宗谱》卷十七《明高祖宗道公传》。
② 明代迁京富户中从事商业的甚多,前引佐藤学、李龙潜著述中都曾举出多例加以说明。此类事例中,以明宪宗时期知名大臣韩雍回忆其父亲韩贵经商的事迹最为生动:"先考讳贵,字公显,世家苏之长洲人。……先考生于洪武乙丑十月十日。……永乐初,以富民徙京师,遂占籍顺天府宛平县,卜居于德胜关。时京民徭役繁重,先考极力支持,备尝艰苦,勤俭治生,用成厥家。……尝诲不肖孤曰:'吾家祖宗以来累世业农,吾乔居京师,经营度时。率天性诚实,凡事不解与人较计,数为人侮,恒产货利多被奸谋吞占。家计日衰,尔宜勤力向学,图进身,光显门户。'……上谷商人侯信尝以白金来懋迁,误计秤权,纳金过于货直之数,而其人已去,先考随觉悟,即遣家童追其人回付还之。有比邻李姓者,先考尝以白金二百两附合行商,及归,其人悉匿其本利,诒以被盗,先考实知其欺蔽,隐忍不言。或劝以讼官,先考太息曰:'我之力不能争,然凡事任天理,吾何讼之有。'既而李氏举家随亦疾灭。此皆不肖孤目击,乡人所共知者。"(韩雍:《襄毅文集》卷十三《先考行实》,见《文渊阁四库全书》第1245册,第778~779页)

"积贮无余留",以至损身殒命,周德文即是一例。

明初的京师富户役不但是终身的,而且是世袭的,一旦入京富户亡故,还要从其同一户头中找人替补。如前举歙县富户吴长,他在正统九年(1444年)去世,他的儿子吴庆宗"承袭北京宛平县富户"①。又如歙县许都福被定为富户,由长子许海童入北京服役,永乐十六年(1418年)死在北京,次子许雨童前往替补服役,宣德八年(1433年)也死在北京。直至三子许庆得入京后,才想尽办法摆脱了富户役,"痛二兄继亡于京役,虑双亲悲戚于家庭,不惮驰劳,终役归省"②。富户难当,这是从徽州文献中得出的明确结论。

4. 关于入京富户是否仍应本籍差役。前引明成祖迁徙富户圣旨明言入京富户免五年差役,《明会典》所载亦同③,然而《明史》又称:"成祖时,复选应天、浙江富民三千户,充北京宛、大二县厢长,附籍京师,仍应本籍徭役。"④记载中的矛盾显而易见。已有研究者注意到此一矛盾,但究竟是从来不曾有过五年优免?还是优免五年后恢复本籍徭役?有研究者虽未能得出结论,但认为富户仍应本籍徭役是事实⑤。关于此点,首先应该注意的是,明代户籍与里甲差役制度有其自身的特点,概括地说,户籍确立之后,会以最初户主的名义一直存在下去,其子孙后代都是这一户下的户丁⑥。前举绩溪周氏中,周

---

① 吴永滋:《北岸吴慎德堂族谱》前编《系谱》。
② 许可复:《续修新安歙北许村许氏东支谱》卷一《世系》。
③ 《明会典》卷二十一《户部六》,见《文渊阁四库全书》第617册,第256页。
④ 张廷玉:《明史》卷七十七《食货志一》,第1255页。
⑤ 李龙潜:《明初迁徙富户考释》,载《中国社会经济史研究》,1988年第3期。文中引明代宛平知县沈榜《宛署杂记》有关记载,认为迁京富户仍需在原籍当差。《宛署杂记》成书于万历二十一年(1593年),其原文为:"五方之民,各挟所长,以游京师,典买田园,因而贾富十百千万,其所受宛之廛也,而彼则曰:吾偶寄居耳,不可以丁。其名曰流寓,久之长子孙,有亲戚,墓坟或渐增地至顷亩,则既食宛土之毛矣,而彼则又曰:吾故土尚未脱籍,固自有丁差在焉。"(沈榜:《宛署杂记》卷六《力役》,北京:北京古籍出版社,1980年,第54页。)此段记载反映的是万历年间的情况,其中提及的富户是指各地在京经营的富商巨贾。所谓"故土尚未脱籍,固自有丁差在",则是富商逃避在宛平服役的托词,他们与明初被强制迁徙入京服役的富户并无关系,不宜作为明初迁京富户仍需在原籍服役的证据,附考辨于此。
⑥ 关于明代户籍与里甲制度的特点,可参见栾成显:《明代黄册研究》(增订本),北京:中国社会科学出版社,1998年。

世杰是最初的户主,他的子孙后代,除非因为极为特殊的情况脱户或另外立户,应役时通常都被称作周世杰户丁,如迁徙周德文时,虽然周世杰本人已经去世,但公文中仍称为"周世杰户丁周德文",即是其例。笔者以为,明初迁入北京的富户已经占籍顺天,并已在当地从事极为繁重的徭役,因此不会再承担本籍的徭役。从前述绩溪周氏和歙县许氏的情况来看,他们除在京应富户役外,有的还需奔波于全国各地,直至去世也未能返乡,在这样的情形下,他们也不可能在本籍应役。所谓的优免五年差役,应当是针对原籍的户主而言,并不是指在京应役的富户本人,就是说在周德文本人应役北京的情况下,他在原籍所属的周世杰户下某一户丁(应当是这一户的家长)可以优免五年的差役。或者,如歙县许都福,其子在北京应富户役,则其在歙县可以优免五年差役。当然,这只是笔者个人的推测,是否确实可靠,仍有待于史料挖掘和解读能够取得进展。不过,从周世杰户公文中可以看出,当时优免差役的圣旨是载在公文中直接发给富户本人的,相当于诏告天下,并且颁发了相关执照,在没有直接的证据证明永乐年间迁入京师富户仍需承担本籍徭役的情况下,不宜否定有过五年优免。至于《明史》所言富户"仍应本籍徭役",并非明初的实际情形,而是明代中期以后才有的现象,关于此点,将在下文中说明。

二、明代中期京师富户役的徽州文献考论

洪武、永乐年间的京师富户役是非常繁重的,因而不断出现富户逃亡的现象。对此,官府起初曾坚决打击。宣德三年(1428年)六月,礼部尚书胡濙奏称:"南北二京富户、仓脚夫等役于京城居住者,多有逃回原籍及避他处,应天、顺天二府即查究挨捕。"①朝廷接受了他的建议,规定逃亡富户的亲邻举首或自首的可免罪,知情不举的依法治罪,富户被抓获后发口外充军。同时,还对规定逃亡、身故的富户在原籍进行佥补,以保持足额。

徽州文献中也有一定数量的永乐之后佥补富户的记载:

---

① 《明宣宗实录》卷七十七,宣德六年(1431年)三月丙子条,台北:"中央"研究院历史语言研究所,1962年校印本,第1790页。

休宁汪崇祖,"正统戊午,召为富户"①;休宁孙彦正,"正统中,郡举大家实京师,处士当行"②;休宁黄铁柱,"天顺戊寅,佥充北京富户"③;歙县罗佛相,其传记中记载:"君讳佛相,字天辅,一字盟辅,号素庵。……考曰慧师,祖曰善应……景泰中,尝以富民徭京师者,盖君于是年六十余矣,诸子若孙争代行。君曰:'吾闻庶人召之役则往,上方以是召佛相,佛相虽老,犹矍铄善饭,当力办此,且非若等名,弗可代也。'卒役而归。……子男四人,弥久、弥秀、弥富、弥仕。"④

从家谱记载中可知,罗佛相及其诸子均为大徽商,富甲乡间。关于罗佛相被佥补应北京富户役的具体情况,上海图书馆收藏有成化二年(1466年)罗佛相所立分家书一册,其中与富户役有关的内容摘录如下:

祖善应朝奉。……父慧师朝奉。……予娶室许氏,有男四人,长弥久,次弥秀,三弥富,四弥四。……景泰二年,点充富户。天顺四年,送赴北京应天府宛平县着役,安顿妥帖。次年回家经营屋宇,装饰将完,事颇稍遂。自叹碌碌浮生,骎骎晚景,今予年老,倦于支吾,四子俱各成人,遂命各爨成家,谨身节用,毋令怠惰,以绍前人。除将各男自置田产不载分书外,所有承祖并续置产土,高下眼同品搭,作元亨利贞分书四本,拈阄为准,各收为照。仍将四分内抽出育、退字号田四十三亩零,田租作应当富户差役支用,其田日后富户得脱,仍照分书管业。……

一、富户差役,四子轮流应当,每十年人管办二年半,周而复始。每岁收租之际,眼同称租二百五十秤,交与轮当之人,前去自行支解

---

① 戴廷明、程尚宽:《新安名族志》前卷上,朱万曙等点校本,第217页。
② 程敏政:《篁墩文集》卷四十六《溪东孙处士及其配吴孺人墓志铭》。
③ 黄一宾:《新安休邑由潭黄氏支谱》不分卷,明嘉靖三十四年(1555年)稿本,河北大学图书馆收藏。
④ 罗斗、罗所蕴、罗大章:《溪川足征录》献部卷三《素庵处士墓碣》,清康熙三十八年(1699年)抄本,中国国家图书馆收藏。

夫役季钱。余剩租谷,众收以备应用,其轮当之人如有推调不去及虚费盘缠,并系自行管办,不干众人之事。倘有重役外事,俱系众认。①

依各类文献所载,对明代中期京师富户役亦可略作考论。

(一)与洪武、永乐年间相比,正统年间以后京师富户役发生了较大的变化

1. 对富户的起解、服役的要求大为放宽。依罗佛相自述,他在景泰二年(1451年)被佥补北京富户役,直至九年之后,即天顺四年(1460年),方到北京应役,而次年即返回家乡了。此种情形,与永乐年间的严厉催解、长期重役相比,差别巨大。

不仅如此,明代中期以后,不少富户以各种方式摆脱了京师之役。如周德文的儿子周孟华,"正统间,宛平县马俊请檄取周德文后……百计营免,业寖销削"②。又如汪崇祖进京后,"奏父功,遂免,锡以冠带"③;孙彦正进京后,"上言母老缺侍状,获释归"④。这些富户脱役过程中也付出了经济上的代价,但与宣德年间许庆得在两位兄长命丧黄泉之后方得解脱相比,这个代价低多了。

明代中期,趁机脱役的富户究竟有多少呢?以歙县为例,永乐年间富户洪善祖的后人洪文衡,为另一位富户江以泽的后人江静山所撰寿序称:

> 昔成祖文皇帝定鼎燕都,控御西北,彼地瘠凉,民憔悴,诏迁东南之殷者往实之。维时,当事于歙者汇比闾之翘,得八族,予先公善祖、江先祖以泽处二焉,则著姓于歙,奚俟言欤!⑤

从此序中可知,永乐年间迁北京的富户有八家。但是到了嘉靖年间,载入府志征收银赋的"额编富户"却只有三名⑥,较永乐年间减少了一半以上。

---

① 《罗永亨分家书》,明成化二年(1466年)写本,上海图书馆收藏,馆藏编号线普563790。
② 周之屏:《梁安城西周氏宗谱》卷十七《明曾祖子实公传》。
③ 戴廷明、程尚宽:《新安名族志》前卷上,朱万曙等点校本,第217页。
④ 程敏政:《篁墩文集》卷四十六《溪东孙处士及其配吴孺人墓志铭》。
⑤ 江万象:《歙北岑阳江氏宗谱》后集《寿静山次公六褎序》。
⑥ 何东序:《徽州府志》卷八《食货志下》,见《北京图书馆古籍珍本丛刊》第29册,北京:书目文献出版社,1998年,第197页。

在洪、江两族的家谱中，找不到成化以后服役或纳银代役的记载，可能都摆脱了富户役。这说明，当时脱役的富户是相当多的。

2.京师富户役的负担较明初大为减轻，允许以银代役。宣德年间以后，文献中再未见到徙京富户大规模参与京城建设的相关记载。同时，有许多记载表明，明代中期以后的京师富户承担的职役与一般厢户无异，如万历元年（1573年）十一月，顺天府府尹施笃奏称：

> 厢户之设，始自永乐初，钦取江南富民三千户填实京师，分派宛、大两县寄籍。至弘治间，止存二百余户。……后因春秋陵祭、乡会武闱及各衙门取用物件等项，两县里甲供应不前，暂令各厢户备办，遂沿习为常。①

可见，明代中期的京师富户不仅数量上大大减少了，而且承担的只是一般厢户的职役，不再从事京城的大规模工程建设了。

另外一个显著变化是，徙京富户允许纳银代役。弘治五年（1492年）十月规定，对北京逃回富户，"每岁征银五两解部，给付宛、大二县，以备原设衙门雇役之用，庶免清勾扰人"②。弘治七年（1494年）十月，又减为征银三两③。纳银代役在当时被称为"银差"，较之亲身服役的力差而言，负担也大为减轻了。

3.明朝对京师富户的重视程度也大为降低，京师富户役最终趋于瓦解和消亡。从上述明代中期的官府规定中还可以发现，前期那样急切追比、严密押解的政策措施几乎见不到了。每年三五两的银赋，较之以前"积贮无余留"的巨大压力，不啻天壤之别。这种情况的产生，原因很多，其中最重要的一条是，明朝对京师富户职役的兴趣和重视程度大大降低了。正因为如此，嘉靖二十九年（1550年）三月，朝廷同意御史阮鹗的建议："其逃户故绝者，止行原

---

① 《明神宗实录》卷十九，万历元年（1573年）十一月甲申条，第533～534页。
② 《明孝宗实录》卷六十八，弘治五年（1492年）十月丙辰条，台北："中央"研究院历史语言研究所，1962年校印本，第1300页。
③ 《明孝宗实录》卷九十三，弘治七年（1494年）十月己卯条，第1714～1715页。

籍征银二两,未绝者即于本户征银,无复累及他甲。"①嘉靖年间以后的徽州方志中,富户役被放在徭役类中的杂项银差下,整个徽州的富户数为十三名,其中歙县三名,休宁八名,婺源、祁门各一名,并不提及富户的具体姓名,检验嘉靖以后的各地明代方志,大多如此②。可见,由于各地富户纷纷以各种方式谋求脱籍成功,很难再从本户征收,官府对按户追比亦无兴趣,每人二两的富户银实际上成了原籍地摊派的一种杂项银差。至于京师宛平、大兴两地的残存富户,据万历元年(1573年)十一月顺天府府尹施笃的奏报,"见存五户,惟余残喘"③,可见到了明代晚期,明初遗留的北京在役富户几乎不存在了。

(二)明代中期以后京师富户役瓦解与消亡的原因

综合各类资料可以看出,明代中期以后,京师富户役在不断地弱化,逐步成为原籍地的一种杂项银差,到明代晚期实际上已经瓦解并趋于消亡,这一演变的原因是多方面的。

首先,在各地富户的参与之下,明初京畿地区的建设已经取得了巨大成就,明朝迁富户以充实京师的政策目的已经实现了。以北京为例,经过永乐年间的大规模移民,到洪熙元年(1425年),北京城的人口已经达到七十万以上,较洪武年间有了大幅度的增长④。正统年间,石亨称:"京师官、旗、军、民、匠作人等不下百万。"⑤北京城也日渐繁华,永乐十九年(1421年),金幼孜称北京:"闾阎栉比,阛阓云簇。鳞鳞其瓦,盘盘其屋。马驰联辔,车行击毂。纷纭并驱,杂沓相逐。富商巨贾,道路相属。百货填委,丘积山蓄。"⑥到了弘

---

① 《明世宗实录》卷三百五十八,嘉靖二十九年(1550年)三月辛未条,第6416页。
② 何东序:《徽州府志》卷八《食货志下》。参见李乔岱:《休宁县志》卷三《食货》;张涛:《歙志》考卷三《户赋》;李默:《宁国府志》卷六《职贡纪》,明嘉靖十五(1536年)年刻本;栗祁:《湖州府志》卷十一《赋役》,明万历四年(1576年)刻本。
③ 《明神宗实录》卷十九,万历元年十一月甲申条,第534页。
④ 高寿仙:《北京人口史》,北京:中国人民大学出版社,2014年,第231页。
⑤ 《明英宗实录》卷一百八十一,正统十四年(1449年)八月庚午条,台北:"中央"研究院历史语言研究所,1962年校印本,第3520页。
⑥ 金幼孜:《金文靖集》卷六《皇都大一统赋》,见《文渊阁四库全书》第1240册,第678页。

治十二年(1499年),吴宽称:"都下生齿益繁,物货益满,坊市人迹殆无所容。"①由于城内已无余地,到了嘉靖年间又修建了外城,迅速成了新的商业中心。万历年间,蒋一夔称北京外城:"天下士民工贾各以牒至,云集于斯,肩摩毂击,竟日喧嚣,此亦见国门丰豫之景。"②既然京师已经充实,原本需要驱使富户进行的大规模城市建设的任务已经完成,明朝统治者对京师富户役的需求也就大大降低了,对它的重视和兴趣也随之消失了,原先严厉的起解、追比政策也就逐步放弃了。

其次,明代中期以后,治国方略和政策措施发生了重大转变。明太祖、成祖以马上得天下,推崇严刑峻法。到仁宗、宣宗时期,由于明朝立国根基已稳,开始推行宽仁之政,轻刑罚、薄赋役,史称"仁宣之治"③。这种治国方略上的重大变化,体现在京师富户役上,就是不断地实行宽免,这个过程大致是从英宗时期开始的。明英宗在宣德十年(1435年)九月,下令将京师富户在原籍的徭役优免扩大为二丁④。正统七年(1442年)五月,下令由原籍地对在京逃亡富户进行取勘,"年老无依放回者,准令除豁"⑤。明宪宗继位后,在登基诏书中下令对在京富户,"今后如有事故,不必佥补"⑥。至明孝宗弘治五年(1492年)十月,对逃亡富户改为在原籍征银五两,佥补富户入京此后就停止了。这个过程,就是一个不断宽免的过程。当然,这种宽免能够实行,其前提是京师已经足够充实。

再次,明代京师富户役的演变也是明代役法改革的结果。明初的京师富

---

① 吴宽:《家藏集》卷四十五《太子少保左都御史闵公七十寿诗序》,见《文渊阁四库全书》第1255册,第406页。
② 蒋一夔:《长安客话》卷一《皇都杂记》,北京:北京古籍出版社,1982年,第11页。
③ 关于仁宣之治的研究,参见朱正彦:《明代"仁宣之治"述论》,载《史学集刊》,1985年第3期;郭厚安:《论仁宣之治》,载《西北师范大学学报》,1992年第2期;姜玮、夏汉宁:《明朝仁宣之治与地方治理结构的调整》,载《江西社会科学》,2011年第5期。
④ 《明英宗实录》卷九,宣德十年(1435年)九月庚午条,第168页。
⑤ 《明英宗实录》卷九十三,正统七年(1442年)六月癸卯条,第1880页。
⑥ 《明宪宗实录》卷一,天顺八年(1464年)正月乙亥条,台北:"中央"研究院历史语言研究所,1962年校印本,第20页。

户役,属于差役中的力差,必须富户本人亲力完成。但进入明代中期以后,由于京师富户职役已与平常厢户职役无异,于是出现了雇人代役的现象。前举歙县富户吴长,到他的孙子吴茂这一代,"天顺四年庚辰,同三男性、孙人力、程社、旺,往北京交纳富户只应银两",其曾孙吴侃,"成化庚寅年,同叔志仲、武仲往北京上缴富户甲首均徭军需襟银两,在京立有合同存证"①,这显然是花银雇人代役。前引罗佛相分家书中对子孙承担富户役做的安排是:"每岁收租之际,眼同称租二百五十秤,交与轮当之人,前去自行支解夫役季钱。"也是雇人代役。可见,这种花钱雇役在天顺之后已然合法化了。既然这些富户本人并不在京城应役,最多只是短期内到京城安排雇役而已,因此他们在原籍的差役也就不会得到优免,《明史》所言京师富户"仍应本籍徭役",应该是天顺年间雇役盛行以后的情形。从罗佛相分家书中记载的情况来看,他确实需要在原籍地承担各类瑶役。此外,明代中期役法改革的一个重要内容是实行均徭制,将原有的各类杂项徭役,以丁粮多寡为基准,设定户则,进行均派,于弘治元年(1488年)正式向全国推行。从弘治以后徽州方志的记载来看,京师富户役在徽州被纳入了均徭,记载在均徭的杂项银差目类下②,其他各地明代地方志记载的情况与徽州一致。这样一来,富户役的银两征收与原来的京师富户彻底脱钩了,成了原籍地摊派的杂项银差中的一种,这离京师富户役起初的设立宗旨也就越来越远了,它的最终瓦解和趋于消亡也就不难理解了③。

---

① 吴永滋:《北岸吴慎德堂族谱》正编卷四《世系》。
② 何东序:《徽州府志》卷八《食货志下》。
③ 关于明代役法中的力差折银和均徭制改革问题,涉及极为复杂的役制变革进程,限于论述主旨,本文难以对此进行展开论述,相关研究可参见梁方仲:《论明代里甲法和均徭法的关系》,载《学术研究》,1963年第4期;万明:《白银货币化视角下的明代赋役改革(上)》,载《学术月刊》,2007年第5期;《白银货币化视角下的明代赋役改革(下)》,载《学术月刊》,2007年第6期;赵毅、丁亮:《从银、力差的变迁看明代均徭法的演化路径》,载《社会科学辑刊》,2013年第4期。

第四节 明代徽州"义男"文献研究

明代徽州的"义男",是一个极为复杂的社会群体。二十世纪八十年代初,明清徽州农村佃仆制研究方兴未艾,彭超最早注意到徽州的"义男"问题,列举了多份安徽省博物馆所藏的明代徽州"义男"买卖文书,认为"义男"就是变相的奴仆①。叶显恩赞成彭超的观点,认为徽州"义男"即奴仆②。此后,开始有学者注意到,在"义男"这一共同名称之下,实际上包括了几类不同的社会群体。蒿峰引用万历年间《大明律》中的《新题例》,认为明代"义男"中,除了奴仆之外,还有雇工③。许文继运用徽州契约和黄册资料进行研究,指出"义男"具有双重性,兼有养子与奴仆的双重身份④。汪庆元通过对徽州黄册底籍上登记的"义男"资料进行分析,认为其地位有义子、雇工、奴仆之别⑤。栾成显关注与"义男"有关的徽州宗族异姓承继问题,认为明清时期徽州的异姓承继相当普遍,政府的相关法规也在调整,宋代以后的宗族既有发展的趋势,也有从内部开始瓦解的趋势⑥。

从上述研究状况可以看出,明代徽州"义男"的研究已经取得了一定的进展。"义男"这一共同名称下,实际上包含几类不同的社会群体,这是近年来研究中的一项重要突破。但是,仍然遗留了许多尚未解决的问题:区分不同的"义男"群体固然重要,但却忽略了这种区分实际上并非是界限分明、一成不变的;作为佃仆的"义男",其社会与法律地位的论述仍有模糊不清之处;在史料的发掘和运用上也有需要加强之处。

---

① 彭超:《谈"义男"——安徽省博物馆藏明清徽州地区契约介绍之一》,载《安徽文博》,1980年试刊号。
② 叶显恩:《明清徽州农村社会及佃仆制》,合肥:安徽人民出版社,1983年,第241页。
③ 蒿峰:《明代的义男买卖与雇工人》,载《山东大学学报》,1988年第4期。
④ 许文继:《"义男"小论》,载《中国社会经济史研究》,2002年第4期。
⑤ 汪庆元:《明代徽州"义男"考论》,载《中国社会经济史研究》,2004年第1期。
⑥ 栾成显:《明清徽州宗族的异姓承继》,载《历史研究》,2005年第3期。

笔者在阅读叶显恩著作时，注意到叶先生曾简略提及安徽省图书馆所藏的明代徽州府祁门县《田邻报数结状》，将其作为说明徽州佃仆来源和身份地位的史料之一①。《田邻报数结状》中的事例具有典型意义，受到学界的瞩目。然而，该件在二十世纪八十年代以后被作为珍贵文物庋藏，近年来更被列入国家第三批珍贵古籍名录。因此，学界很难有机会借阅，这使得国内外学者在引用该件时，多转引叶先生书中的有关内容②。近来，笔者得到该件的一个复印件，内容基本完整，细阅之下，发现该件其实是明嘉靖年间祁门县十一都二图主仆互控案中的一件司法文书，确为明代徽州"义男"的重要史料，值得深入探讨。因此，本书将在简略论述徽州两类不同的"义男"基础上，以这一司法案件为中心，重点考察"义男"中的佃仆，并对徽州佃仆制长期延续问题作进一步的探讨。

一、明代徽州"义男"中的两类不同群体

明代万历十六年（1588年）正月修订的《大明律》，对"义男"的法律地位有如下规定："其财买义男，如恩养年久，配有室家者，照例如同子孙论。如恩养未久，不曾配合者，士庶之家，依雇工人论，缙绅之家，比照奴婢论。"③即"义男"有异姓继承人、雇工和奴婢三种不同的法律地位。不过，目前尚未发现明代徽州有名为"义男"而实为雇工的相关史料，但"义男"作为异姓继承人和奴仆的史料则不少见，以下作一简要论述。

（一）作为异姓继承人的"义男"

前引汪庆元、栾成显论文中，均引用安徽省博物馆所藏的万历年间徽州

---

① 叶显恩：《明清徽州农村社会及佃仆制》，合肥：安徽人民出版社，第241、272页。
② 笔者检索后，发现李龙潜、许文继和中岛乐章都曾以《田邻报数结状》作为论述明代徽州佃仆制的史料来源之一，不过，全都是从叶显恩先生书中转引的。参见李龙潜：《明清经济史》，广州：广东高等教育出版社，1988年，第47页；许文继：《"义男"小论》，载《中国社会经济史研究》，2002年第4期；[日]中岛乐章：《明代乡村纠纷与秩序——以徽州文书为中心》，郭万平、高飞译，南京：江苏人民出版社，2010年，第220页。
③ 《大明律》，怀效锋点校本，北京：法律出版社，1999年，第420页。

府休宁县二十七都五图黄册底籍文书,说明"义男"作为异姓继承人,可以继承义父的财产,这在当时已经是一种常见的现象,尤其以自耕农家庭为多。"义男"所继承的义父财产得以载入官府黄册,也表明他们作为异姓继承人的法律地位,得到了国家法律的承认。

笔者认为,在探讨作为异姓继承人的"义男"时,应该看到,尽管从唐代至明初的国家法律基本上不承认异姓继承,通常只允许收养三岁以下的异姓幼儿,对违法者还规定了相当多的处罚措施,但在实际生活中,异姓继承早已屡见不鲜,徽州的一些强宗大族就是由异姓继承而来的。如婺源明经胡氏,其始祖昌翼公自称为李唐皇室后裔,因遭朱温之难,认胡三公为义父,"因冒其姓,名昌翼,寻以明经举进士,隐居考川"①;如休宁黄村黄氏,其始祖可愿公本属泰塘程氏,"南宋宁宗嘉定庚午,迁黄川……继黄氏万公后也"②;又如休宁瓯山金氏,其祖先出自率口程氏,"元至元中,始祖眉公自率口入赘瓯山,子以甥代舅,补军戍伍,遂承其姓,是为金氏始祖"③。上述异姓继承分别发生在唐末五代、南宋中期和元代晚期,其后裔都载入了《新安名族志》,足见徽州异姓继承由来已久,且不乏由此成为强宗大族的。

在明代徽州,"义男"成为异姓继承人已经相当常见。隆庆年间,休宁人金瑶称当时族中成员,"无子者往往以立嗣为讳……一有所讳,则取异姓赘婿、乞养随母、收遗弃、买带娠"④。宗族精英修谱时,对此颇为苦恼,其态度亦各不相同。有的秉持宗法观念,不予承认,不准入谱:"异姓来继者,书'具本宗谱'而止"⑤;"异姓来继者,不准入谱"⑥。有的虽对异姓继承持否定态

---

① 胡陆秀:《考川明经胡氏宗谱》序,清道光九年(1829年)木活字本,黄山学院图书馆收藏。
② 黄以辉:《黄川黄氏族谱》序,明成化二十二年(1486年)稿本,上海图书馆收藏。
③ 金锦荣:《瓯山金氏眉公支谱》序,清道光十二年(1832年)刻本,黄山学院图书馆收藏。
④ 金瑶:《珰溪金氏族谱》卷十八,明隆庆二年(1568年)刻本,中国国家图书馆收藏。
⑤ 程敏政:《新安程氏统宗谱世谱》凡例,明成化十八年(1482年)刻本,上海图书馆收藏。
⑥ 汪奎:《重修汪氏家乘》凡例,明正德三年(1508年)刻本,中国国家图书馆收藏。

度,但仍然允许入谱:"若异姓来继者,则曰入绍,示不当入也"①;"以异姓之子为后,则书曰纳某氏某为后,讥其乱宗也"②。但也有某些宗族对此持相对宽容的态度,如休宁隆阜戴氏,"异姓之子则名上必加戴字,以见来袭我也,不明著其原姓者,为人亲讳也"③,不但允许入谱,而且不著出其原来之姓,对异姓继承人的感情有所照顾。

以往学术界在论述明清徽州宗族时,比较多地强调其宗法观念浓厚的一面。清初休宁人赵吉士称:"新安各姓,聚族而居,绝无一杂姓搀入者。……父老尝谓新安有数种风俗,胜于他邑:千年之冢,不动一抔;千丁之族,未常散处;千载之谱系,丝毫不紊。主仆之严,数十世不改,而宵小不敢肆焉。"④这段话常为学界引用。从今天遗留的众多徽州"义男"成为异姓继承人的史料来看,赵吉士所称"绝无一杂姓搀入",颇有夸大之处,并不完全符合明清徽州社会的实际情况,这是引用时应当注意的。

(二)作为奴仆的"义男"

明代徽州"义男"中的另一类群体是奴仆,这在安徽省博物馆所藏的明代多件"义男"买卖文书中体现得非常清楚:

万历七年(1579年)四月,程普庵将自己讨养的"义男"可旺转卖与同都三图程姓;

万历八年(1580年)八月,汪滔将"义男"天保转卖与十九都三图程姓;

万历十七年(1589年)七月,郑黑儿因"今妻又死,又过荒年,日食难度",所以将自己出卖于同都三图程姓名下为"义男";

万历三十八年(1610年)六月,叶进德将原先卖与程姓为"义男"的长子

---

① 曹嗣轩:《休宁曹氏统宗谱》卷五,明万历四十年(1612年)刻本,中国国家图书馆收藏。
② 毕济川:《新安毕氏会通谱》凡例,明正德四年(1509年)刻本,黄山学院图书馆收藏。
③ 戴尧天:《休宁戴氏族谱》凡例,明崇祯五年(1632年)刻本,中国国家图书馆收藏。
④ 赵吉士:《寄园寄所寄》卷十一,清康熙三十五年(1696年)刻本,安徽省图书馆收藏。

应祥赎回,以后每年仍需为程姓服役五个工①。

明代徽州的此类"义男"买卖,在当时已经有了通用的契约格式。在吕希绍所编的《新刻徽郡补释士民便读通考》中,即载有一份名为"婚书",实为出卖"义男"的契约格式:

> 立婚书某,今因日食难度,自愿将男女名某,年命某生,凭媒与某名下为义男女,得受财礼纹银若干。自后听从使唤,永不归宗。如内外人等,生端引诱,凭从证理。敬立婚书,并男女手印,付本主存照。②

分析上述两类"义男"群体,可以看出,作为异姓继承人的"义男"与作为奴仆的"义男"显有不同,前者具有独立的人格和完整的人身自由,而后者则没有,可以像商品一样进行买卖、转手和赎回,因此,双方之间的差异是非常明显的。

同时,还应该注意的是,两类不同的"义男"群体之间的界线并非绝对,在一定条件下是可以转换的。晚明小说《醒世恒言》中记载了一个故事,徽州府婺源县太白村大户赵完收有"义男"赵一郎,赵完设计打死仇家,赵一郎在场知情。赵完许诺:"待事平了,把家私分一股与你受用。"赵一郎则称:"小人靠阿爹洪福过日的,怎敢泄漏?"③从故事的描述来看,赵一郎其实是赵完的奴仆,但是在他答应保密之后,则有可能"家私分一股",成为异姓继承人。只不过在故事中,赵完后来反悔,两人反目,"家私分股"未能成真罢了。在《警世通言》记载的一个故事中,苏州府昆山县令史金满收有"义男"秀童,因为怀疑秀童参与偷盗,将他严刑拷问,打成重伤。后来查明罪犯另有其人,金满为弥补亏欠,"改秀童名金秀,用己之姓,视如亲子。……后来金满无子,家业就是

---

① 安徽省博物馆编:《明清徽州社会经济资料丛编》第1集,北京:中国社会科学出版社,1988年,第551~554页。
② 谢国桢:《明代社会经济史料选编》下册,福州:福建人民出版社,1981年,第85页。
③ 冯梦龙:《醒世恒言》卷三十四《一文钱小隙造奇冤》,沈阳:辽宁古籍出版社,1995年,第484页。

金秀承顶"①。这个故事中的秀童原本只是金满的奴仆,后来却真的成了异姓继承人。"三言"中的很多故事,其实是晚明社会生活的真实反映,从中可以看出,作为奴仆的"义男"在某些特殊情况下确实可以成为异姓继承人②。此点是以往研究中未曾注意的,这也说明明代徽州"义男"的研究仍有值得深入探讨之处。以下,以《田邻报数结状》揭示的嘉靖祁门主仆互控案为中心,对明代徽州"义男"的社会地位与主仆关系,作一简要分析。

二、嘉靖祁门主仆互控案展示的明代徽州"义男"的社会地位与主仆关系

(一)《田邻报数结状》的由来:嘉靖祁门主仆互控案

关于《田邻报数结状》的由来,据该件内容可知,嘉靖八年(1529年)八月,祁门县十一都二图李三学,与其祖父李友道收养的"义男"黄汪祖的孙子黄珽,互相控告,官司打到了徽州府,徽州府依李三学控诉,以"乞正风俗逆仆灭主魇魅伤人以安民患事"立案审理。在案件审理期间,发现黄珽曾隐瞒田亩、偷漏粮税,徽州府遂行文祁门县,对此进行清查。在十一都排年里长、甲首吴梁、方本仁等主持下,由田邻程希、江新隆、李护等人,会同原被告双方,查清了黄珽名下的田亩,据此立供状上报徽州府。该状首行题有"田邻报数结状",整理者即据此定名,实际上该件是李三学、黄珽主仆互控案司法文书中的一件。该件现藏于安徽省图书馆古籍部,编号为2:4571,系手抄本,开本高约二十八厘米,宽约十八厘米,版框高约二十二厘米,宽约十五厘米,大黑口,黑鱼尾,每半页八行,每行三十一字,共十二页。字迹为端正的楷书,除个别字略有残损以外,基本完好。

该件文书的内容可分为三部分:

第一部分,是程希等田邻向徽州府的供状,称已经查清了黄珽名下隐瞒

---

① 冯梦龙:《警世通言》卷十五《金令史美婢酬秀童》,沈阳:辽宁古籍出版社,1995年,第135页。

② 关于"三言"小说与晚明社会的研究成果极多,与本书论述主题相关的研究,可参见南炳文:《从"三言"看明代奴仆》,载《历史研究》,1985年第6期;陈静宇:《明代社会文化的演化对通俗小说的影响》,载《学术界》,2012年第2期。

的田亩,占半页;

第二部分,是互控案中官府审问黄琎、李三学等涉案人员的口供,以及官府依案情拟定的处理意见,共三页半;

第三部分,是清查中查明的黄琎的田亩状况,每一号田地为一条,详细列出土名、面积和佃人,共计田地一百二十五号,折合田共二百二十一亩二分,共八页。

在三部分内容中,第二部分最为重要,也是今人了解明代徽州"义男"社会地位和主仆关系的宝贵资料。

(二)嘉靖祁门主仆互控案的起因、经过与结局

1.案件的起因。黄琎在口供中对案件起因作了明确的交代:

> 黄琎,年五十九岁,直隶徽州府祁门县十一都二图,民籍。状招:永乐年间,琎故祖黄汪祖投拜在官李三学故祖李友道为义男,于地名访坑黄土岭造屋批田,给与居住。黄汪祖生黄得保,传生琎及在官细弟琏,传生男侄黄梁、黄宇、黄簪、黄枋、黄清等,俱各同居生理,陆续置有田地山土,分析共二户,共田计二百二十余亩,年时收取花利。除旧置买田四十八亩一分,收入户办纳粮差外,册后置田七十二亩一分。琎等将茶坞岭等处荒山一百余亩开垦成田,不合不行开报升科,办纳粮税。先年祖父存日,思念义父李友道抚养恩义,递年到李友道家拜年,立有神牌,春秋祭祀。传至李三学,伊故父李沐家道消乏,将琎居地取伊分下契买。琎见李三学艰难,又不合将友道神牌弃毁不祀,亦不到伊家辞岁拜年。嘉靖八年正月内,琎到不在官李棉家拜年,回至中途,撞遇李三学,将琎叱骂。琎因怀恨在心,就又不合添捏李三学截打混失银两虚情,投里。李三学不甘,亦将前情具词告县,准送卢主簿问理。①

从黄琎的口供看,李、黄两家的主仆关系起于明永乐年间(1403 年—

---

① 程希、江新隆、李护:《田邻报数结状》,明嘉靖八年(1529 年)抄本,安徽省图书馆收藏。

1424年),在案发前一百余年。李三学的祖父李友道收黄玹的祖父黄汪祖为"义男",批出田地供黄氏造屋租住,李黄两家的主仆名分由此确立。关于李友道其人,遍查各类徽州府志、祁门县志,均未发现有关他的记载,其人应非缙绅,而是一般的庶民地主。黄家则世代供奉李友道牌位进行祭祀,每年要到李家拜年。但是,经历了百余年的时间后,李黄两家的发展状况大相径庭,黄家人丁兴旺,勤于经营,到嘉靖初年已经有田地二百二十余亩,家境已属小康,而李家则家道中落,李黄两家力量对比的这种变化,对双方的关系产生了重大影响。到李三学手上,由于"家道消乏",于是将祖上批给黄家的土地立契出卖,这个事件成为双方冲突爆发的导火线。黄家毁弃牌位,也不再到李家拜年。嘉靖元年(1522年)正月,黄玹路遇李三学,遭到叱骂,黄玹于是以李三学"截打混失银两",向里长投状控诉,李三学也向祁门县具词控告,李黄主仆互控案正式爆发。

在黄玹的这段口供中,有两个地方需要加以说明:

第一,口供中称黄家田地有"旧置""册后置"及由荒山开垦成田三类,这个说法与明代的黄册制度有关。明代实行黄册制度,用以登记人口和财产。黄册每十年攒造一次,从永乐十年(1412年)起,均在壬年攒造。攒造时需对上次造册之后的人口与财产变动状况进行登记,这十年中已经进行买卖的田地登记后方可缴纳契税,并过户推收。此处所称的"旧置",即嘉靖八年(1529年)之前的上一个造册壬年,也就是嘉靖元年(1522年)造册时,已经登记在册的田地;所谓"册后置",即嘉靖元年造册之后新置的田地。至于黄玹所称的开垦荒山所成的一百余亩田地,其具体开垦时间不知在何时,但因为他没有按照规定申报,逃漏粮税,所以是违法的。从口供中列举的数字来看,黄家在嘉靖元年(1522年)以后的七年中新购进田地七十二亩一分,比原来登记在册的总和还多得多,垦荒所成的百余亩应该也有相当一部分是这一时期开垦的,足见黄家在嘉靖初年发展势头迅猛,因此他们逐渐不把李家放在眼里,也是其原因的。

第二,关于口供中所称的"在官"与"不在官"的含义。有学者认为,"在官"是指"跻入官绅的行列"①,但从口供内容来看,"在官"的李三学、黄梿等人,是指这些人已经被官府传唤到案,而不是指他们曾经做过官,不能解释为已经具备了官绅身份;所谓"不在官"的李棍,是指官府认为他与本案无关,不曾进行传唤。此类称呼,是明代诉讼文书中的一种格式,并无其他含义。

2. 案件的经过与结局。据黄珽、李三学等人交代,案发之后,黄珽对李家怀恨在心,于是花钱挽托王昶进行魇镇,"用桃橛书符,并写李三学等名目在上祝咒,要使李三学在官不能言办"②。然而王昶行事不密,被地方甲首许犬、许俄看见,收缴了桃橛。黄珽惧怕事情败露,行贿许犬,结果被许犬将赃银连同桃橛一并向官府呈报。李三学在知情后,到徽州府控告,但控状中凭空将盛永住牵连在内,称其出面央托王昶。盛永住在自辩时,诬指邻近大户许张佑才是主谋。王昶也到徽州府进行诉辩,诬称李三学曾对其进行毒打虐待。

由于涉案人员越来越多,案情日趋复杂,徽州知府南寿将所有涉案人员都提到徽州府进行审理。黄珽曾隐瞒田亩、偷逃粮税之事亦被检举,遭到官府清查。审理中查明,黄汪祖确系李友道"义男"。黄珽也承认曾经挽托王昶进行魇镇,并曾行贿许犬,表示愿意重立李友道牌位,进行奉祀。而王昶则在案件审理过程中逃脱,不知下落。徽州府依此拟定案件处理意见,除王昶另行处理外,其余人员处罚如下:

> 黄珽除有事以财行求并不应轻罪不坐外,合依犯罪脱逃、施造书咒诅欲令人疾苦者,减谋杀人罪二等,于本罪加二等,律杖一百、流三千里;黄清、盛永住、李三学,俱合依不应得为而为之,黄清、盛永住事理重者,律加杖八十,李三学笞四十。俱有《大诰》,减等,黄珽杖一百、徒三年,黄清、盛永住各杖七十,李三学笞三十。俱民人,黄珽、黄清、盛永住审俱有力,各照例纳米稻赎罪;李三学依重事告

---

① 叶显恩:《明清徽州农村社会及佃仆制》,合肥:安徽人民出版社,1983年,第272页。
② 程希、江新隆、李护:《田邻报数结状》,安徽图书馆收藏。

实、轻事招虚,依律免科。……黄珽赎罪米三十五石,黄清、盛永住各赎罪米七石,俱照近行事例,每米一石折稻一石五斗,俱照本府永丰仓上纳备赈。……黄珽开垦田亩并册后新买田亩,俱候造册时,各照数收册,办纳粮差。原立李友道神牌,照旧拜年奉祀。①

这个处理结果,维持了李黄两家的主仆名分,同时对黄珽、黄清、盛永住、李三学等分别作出处罚。李三学因"重事告实、轻事招虚",最后免于处罚,其余各人等被判定纳米赎罪。黄家开垦的田亩及新买的田亩在下次造册时,如数登记,办纳粮差。

这个处理结果中,对所谓的"《大诰》减等",需略作说明。《大诰》是明太祖为严惩吏民违法而制定的一部特别刑事法典,对犯罪者实行从严、从重处理,在洪武十八年(1385 年)十月颁布天下。为了保证吏民遵循《大诰》,"令一切官吏诸色人等,户有一本,若犯笞、杖、徒、流罪名,每减一等。无者,每加一等"②。明代中期以后,《大诰》规定的各类严刑峻法逐渐弃置不用,真正藏有《大诰》之家为数甚少,但"《大诰》减等"已经成了明代司法实践中的一种常态,"罪人率援《大诰》以减等,亦不复论其有无矣"③。本案的涉案人员,家中未必真藏有《大诰》,但徽州知府仍例行性地运用"《大诰》减等",即此种司法实践的体现。④

(三)从互控案看明代徽州"义男"的社会地位及主仆关系

从李黄互控案史实来看,"义男"黄汪祖其实是李友道之仆,这是毫无疑问的。但是,黄汪祖与本文中前举的众多在主家内服役、从事家务的奴仆,又有不一样的地方:各类口供中都没有黄汪祖或其后人需在李家内从事家务的内容,黄汪祖及其后人也没有像某些家内奴仆一样改随主姓。尤其值得注意

---

① 程希、江新隆、李护:《田邻报数结状》,安徽图书馆收藏。
② 《明会典》卷一百三十二,见《文渊阁四库全书》第 618 册,第 344 页。
③ 张廷玉:《明史》卷九十三《刑法志一》,第 1526 页。
④ 关于明代《大诰》及其涉及的司法实践问题,可参见杨一凡:《明大诰研究》,北京:社会科学文献出版社,2009 年。

的是，李友道曾经"造屋批田"，给黄汪祖居住，这种做法，与通常意义上的徽州佃仆"种主田、住主屋、葬主山"是一致的，因此，"义男"黄汪祖的地位，其实是李家的佃仆。这种情形，在以往明代徽州的"义男"史料中并不多见。

另外值得注意的是，据以往的研究表明，明代徽州佃仆除了交纳地租之外，常常需要给主家从事很多杂役。邻近徽州的泾县查氏，在万历年间规定，佃仆要承担多项杂役，包括正月初一到主家拜年，在主家婚丧嫁娶之时要出力抬轿扛棺、随行帮忙，甚至要求"路遇主人，不拘长幼，并不举手止口问某官那往，站立路傍，待主人过后方行"①，对各类生活细节都作了非常苛刻的要求。与李黄互控案同时代的祁门善和程氏，也规定佃仆"凡有婚娶丧葬大事，令赴役一日"②。但是，在李黄两家的主仆关系中，只规定黄家要供奉牌位、大年初一拜年，此外并未见有其他要求，同时黄家也已单独立户，并非附于李家名下，可见黄家已不再为李家提供各类杂役。究竟是永乐年间开始时有过各种杂役，而到嘉靖年间由于种种原因消失了呢？还是李家一开始就不曾要求过此类杂役？囿于所见资料，得不出明确结论。但是，嘉靖年间的判决表明，在黄珽这样的"义男"之后，虽然仍旧背负主仆名分，但不再为主家提供杂役了。这说明主家与佃仆的关系绝非一成不变，而是具有动态性的。

主仆关系的这种动态性，还表现在随着主仆双方经济地位的变化，主仆关系也会面临考验。本案中，黄珽毁牌位、不拜年，一个重要的原因是李家"家道消乏"，因而在利益受损之时敢于进行挑战，甚至央求术士进行魇镇，这些都足以说明双方矛盾的尖锐和斗争的激烈。赵吉士所称的"主仆之严，数十世不改，而宵小不敢肆焉"，也有夸大之处，"宵小放肆"是时有发生的。

三、徽州佃仆制长期延续的原因

嘉靖年间祁门主仆互控案涉及的李黄两家，其主仆关系自明初确立以来，长达百余年。它虽然只是主仆冲突中的个案，但从此案出发，结合其他各

---

① 查绎:《泾川查氏族谱》卷末，明万历二十六年(1598年)刻本，中国国家图书馆收藏。
② 周绍泉、赵亚光:《窦山公家议校注》，合肥：黄山书社，1993年，第95页。

类史料,仍可对徽州佃仆制长期延续的原因作一探讨。

首先,应该看到,封建社会中大量的贫困、破产农民的存在,是徽州以至整个中国奴仆制度能够长期存在的深层次的经济基础。在中国传统农村中,小农经济盛行,对各类天灾人祸缺乏抵御能力,在两极分化的过程中,多数人向贫困的一极分化。前述安徽省博物馆所藏的各类"义男"买卖契约中,多有"缺少用度""日食难度"一类的字眼,说明农民被迫当"义男"、被迫为仆,贫困是主要原因。黄汪祖在永乐初年会投到李家门下为"义男",当然也是因为经济困难导致的。在成为"义男"之后,获得主家拨给的田地、房屋,与流浪乞讨相比,生活多少有些保障。仆家对主家的这种经济上的依赖性,在双方经济地位没有发生根本性变化的情况下,是很难去除的。换言之,奴仆制度在传统中国社会的存在是有深厚社会经济基础的。在徽州的各类佃仆中,在家内被役使的奴婢,可以拥有个人财产,所受的人身束缚相对较轻,其处境还不是最坏的。

其次,包括徽州佃仆制在内的中国奴仆制度,是封建专制制度的有机组成部分,受到了国家权力的维护。明朝对奴仆制度的态度是具有两面性的,一方面,奴仆数量过多,必然会影响国家徭役和赋税的来源,因此明初统治者曾经对奴仆制度进行限制。洪武五年(1372年)颁布的《大明律》中禁止庶民存养奴仆,"庶民之家存养奴婢者,杖一百,即放从良"①。洪武二十四年(1391年),对贵族、缙绅蓄奴进行限制,"役使奴婢,公侯家不过二十人,一品不过十二人,二品不过十人,三品不过八人"②;但是,另一方面,明朝皇室、贵族、勋戚以至各类达官贵人,其骄奢淫逸的生活是以役使大量奴仆为基础的,因此,明朝廷依然承认奴仆制度的合法性,禁止奴仆背主,"若婢背家长在逃者,杖八十,奴逃者罪亦同,因而改嫁者杖一百,给还家长"③,而且还从法律上确认了对奴婢的歧视:"凡奴婢殴良人者,加凡人一等……良人殴伤他人奴

---

① 《大明律》,怀效锋点校本,第47页。
② 《明会典》卷五十六,见《文渊阁四库全书》第617册,第602页。
③ 《大明律》,怀效锋点校本,第65页。

婢者,减凡人一等"①。从明初的实际状况看,不但各类限制贵族、缙绅蓄奴的措施多未能有效执行,即使是一般的庶民地主,只要改头换面,将奴仆改称为"义男""义女",将卖身契改为"婚书",即可规避国家法律,照旧役使奴仆。到了明代中期以后,明初的各类限制几乎荡然无存了,庶民役使奴仆也公开化了。在李黄互控案中,李家以"逆仆灭主"进行控告,被官府接受立案,并决定继续维护主仆关系,这就说明官府也是将黄珽这个"义男"的孙子视为李家之仆。佃仆的后人还是佃仆,这充分体现了国家权力对徽州佃仆制的维护。

  再次,徽州佃仆制能够长期延续,还与徽州宗族势力的强大密不可分。佃仆制能够形成,主仆双方经济地位的不对等是基础。但是,这种经济地位的差异,随着时间的推移是有可能发生改变的,正如李黄互控案中显示的那样,在经过百余年的漫长时间后,主家衰落了而仆家壮大了,主家继续维护主仆名分就会感到力不从心。为了避免"宵小放肆""逆仆灭主"现象的出现,徽州主家多通过宗族势力来加强对佃仆的控制,即将佃仆以及划其使用的田地,在遗产继承时不作分割,而是作为一个整体,由主家的所有后代继承,将佃仆变为整个宗族族众都可役使的"众仆",防止因某一宗族后裔衰微而无法维持主仆名分。前举的泾县查氏、祁门善和程氏都是显例,各类佃仆均作为整个宗族的役使对象传承下去,而不具体分割到某一宗族成员的名下,还制定了非常多的规章制度,并将其载入家谱之中,以确保能够世代役使。徽州宗族势力强大以及它对佃仆制的强力维护,是这一制度能够在徽州长存的重要原因。只不过具体到本文考察的李黄互控案中,李家要么没有采取这种措施,要么并非强宗大族,找不到足够的同宗力量予以协助,因而只能通过官府来维护主仆名分了。

---

① 《明会典》卷一百三十一,见《文渊阁四库全书》第 618 册,第 329 页。

第二章 徽商文献研究

第一节 《尚贤公分书》与明代中期徽州盐商个案研究

明代中期,被学术界普遍看作徽州盐商开始在两淮盐业中取得优势的时期,也是徽州商帮形成的重要标志[①],但相对徽商研究的其他领域,关于这一时期的徽州盐商典型个案研究较少。造成此种局面的根本原因,在于资料的不足,迄今已经公开发表的明代前期和中期徽州文书资料,以土地契约为主。存世的徽州典籍、方志和谱牒中,虽然有关于这一时期徽州盐商的不少记载,也常为学者所称引,但这些史料的性质决定了它们难以像契约文书那样全面地展现盐商生活的各个侧面。近来,笔者在上海图书馆查阅到一批明代徽州

[①] 关于徽州商帮形成的阶段和标志,学术界有不同认识,此处引用的观点得到了多数学者的赞同,可参见刘和惠:《徽商始于何时》,载《历史研究》,1982年第4期;王廷元:《论徽州商帮的形成与发展》,载《中国史研究》,1995年第3期;张海鹏、王廷元:《徽商研究》,合肥:安徽人民出版社,1995年,第1~2页;卞利:《明清徽州社会研究》,合肥:安徽大学出版社,2004年,第9页;赵华富:《徽州宗族研究》,合肥:安徽大学出版社,2004年,第477页。

文书,其中有《尚贤公分书》①一册,作者是休宁人吴德振(1443年—1519年),字尚贤,在分书的前言中自称"少年从商,饱历风霜,不辞劳苦,助佐父兄之志,得意三十五年,终始无失",在分配的财产中有"仪真盐行本银""扬州盐行买卖各人实该本银"②等记载,落款的时间为明代正德年间(1506年—1521年),显然,这是非常少见的明代中期徽州盐商的分家书。该分书除部分页面边缘处有所损坏外,主体部分基本完整,字迹清晰,行文流畅,全文长达两万余字,对吴德振家族各方面情况,特别是财产状况作了非常详尽的记载。以分书为基本资料,结合存世典籍和谱牒文献,使此一明代中期的徽州盐商个案研究成为可能。

一、吴德振家族经营盐业概况

明清时期的徽州是中国宗族势力最为强大的地区之一,相形之下,吴德振所属的休宁临溪③吴氏在明代并不怎么出名,休宁县志和徽州府志中对该家族明代人物的记载非常有限,《新安名族志》对临溪吴氏的介绍也很简单。唯有《休宁名族志》中,对临溪吴氏作了较为详细的介绍,并提到了吴德振其人:

> 临溪,在邑南三十里。唐待御少微公之子曰巩,开元中为中书舍人,生子泉,泉生铨,铨生叔溱,叔溱生武昌太守矩,矩生明,明生三子:曰超,曰道隆。道隆生晋,唐咸通迁石田。晋生深之,深之生

---

① 上海图书馆收藏有明清徽州文书多件,细查此批文书,其尾页多贴有北京市图书出版业同业公会印制的中国书店标签,应为二十世纪五十年代从徽州流出,经北京中国书店收购后,再转售给上海图书馆的。《尚贤公分书》尾页亦有中国书店标签,扉页上则有一贴上的签条,其上书有"尚贤公分书福禄寿列阄照原本抄录"字样,共有102页,其中有文字抄录的共82页,玄、胤、弘等字皆不避清代皇帝名讳,应该是明代的抄件。该件现藏于上海图书馆古籍部,馆藏编号为线普563500。
② 《尚贤公分书》。
③ 临溪在宋元时期属休宁县和睦乡方溪里,明清时期属休宁县十九都五图,今为休宁县东临溪镇政府所在地。

五,五生第大,第大生团,号八公,五代时迁临溪。……八公团后四世孙曰宗德,生四子:曰履元,曰师心,曰大和,曰师旦。而履元生士恭。恭十一世孙曰重兴,子曰德振,慕贤好古,隐德不仕。孙曰应昌、曰应大,输粟助赈,郡守旌曰"尚义",荣授冠带。应大子曰宗望、宗浩,习经业,旁能医理,并授王府良医,郡守三石冯公赠匾曰"伯仲王臣",创泉湖书院,授经教子。①

可见,临溪吴氏是出于吴少徽的左台吴氏的一支,始迁祖吴团是五代时人。从存世的临溪吴氏谱牒中可以得知,吴团的四世孙吴宗德有四个儿子,长子吴履元自立门户,为荪圻门②。荪圻门在元代即有人开始经营盐业,明代早期的吴重兴(1419年—1497年,吴德振之父)在盐业经营中获得相当的成功③。关于吴重兴的生平,汪循所作墓表有简要的介绍:

> 某游校时,闻朋辈评藻四乡隐德君子之贤云:"临溪有重兴公者,孝弟孚洽于一家,才智雄长于一乡。"……某心识之。一日,偕同袍诣县大夫白事治前,邂止一伟丈夫,广颡丰颐,欣身胖体,容止闲暇,群聚仆从余百人,指挥唯诺,惟一人是瞻,类有执事者。怪而问

---

① 曹嗣轩:《休宁名族志》,胡中生、王燮点校本,第469~471页。
② 吴可学:《临溪吴氏本枝墓谱》不分卷,明万历刻本,中国国家图书馆收藏。
③ 据吴德振曾孙吴文奎称"余家七叶举盐筴",(吴文奎:《荪堂集》卷八《从兄文苑先生行状》,见《四库全书存目丛书》集部第189册,济南:齐鲁书社,1997年,第190页),则吴重兴之祖父吴华童、父亲吴助善即已经营盐业,其时间当在元末明初,但是关于这一早期的盐业经营情况,由于资料匮乏,尚不能进行详细的描述。又见《四库全书存目丛书》中的《荪堂集》,是据中国国家图书馆所藏明万历三十二年(1604年)刻本影印,由于该集出自吴德振后裔之手,集中内容对了解该家族的历史非常有帮助。《四库全书总目》在《荪堂集》条下作:"明吴文奎撰。文奎,字茂文,歙县人。是集凡诗六卷,杂文四卷。文奎受业于兴国吴国伦,故所作全效国伦之体,李维桢序亦称其渊源如是云。"(《四库全书总目》卷一百八十)李维桢序言原文为:"自汪司马伯玉以能言名天下,天下争附之,而新安人以司马重,即号能言者往往在司马法中,吴太学茂文则不然。"此处之汪司马即歙县人汪道昆(字伯玉),四库馆臣以为吴文奎既是汪道昆的同乡,也应该是歙县人。实际上,包括歙县和休宁在内的徽州六县之人也可称为新安(徽州)同乡,汪道昆的新安同乡并非一定是歙县人。吴文奎是休宁临溪人,四库馆臣并未详查集中内容,就将他列为歙县人,显属疏忽。

之,同袍曰:"子不识邪?是即所谓重兴公者也,今为大姓某与某有事于官,故为排难解纷而来也。"某曰:"信斯人可以长一乡矣。"……

公曾祖讳汪,祖讳华童,父讳助善,皆隐不仕,母程氏,生公兄弟四人,公行二。公生才质不凡,长喜读书,尤熟史鉴。……家政户役独力营干,不以勤昆弟。好结纳俊髦,而嫉恶为甚,乡里豪梗者必折挫之,甚至讼诉之,必直于理,不少屈,因服焉。有不平者,公为平之,故乡无嚣讼。尝客吴越徐梁之间,所殖不赀,赀益雄阜。以有余,乐施予,好周给,无所吝,故乡里终公之世无颠连之人,无不杠之渡,无不治之途,皆公之赐也。生永乐己亥十二月廿五日,卒弘治丁巳十一月初一日,享年七十有九。子男四,文振、武振、德振、隆振。①

从上述记载看,吴重兴不但是一位经营成功的商人,而且热心公益,积极从事地方事务。汪循曾亲眼目睹吴重兴有仆从百余人,"指挥唯诺,惟一人是瞻,类有执事者",俨然有地方领袖之相。吴德振兄弟四人从年轻时就在父亲率领下经商,也取得了一定的成就。吴德振的三子吴应大(1476年—1539年),"甫弱冠,远游江淮荆襄,间隐于商,铮铮不凡"②。吴应大的次子吴宗浩(1513年—1572年)更成为扬州盐商中的领袖人物之一,盛稔所撰的墓志称:

次公讳宗浩,字养之,以字行市,别字孟卿。……趣都会而贾荆襄间,业大起。寿国王雅闻次公名,召见便殿,握手如平生欢,寻为入粟助边,拜迪功郎,时时呼先生,不名,宠祀绝群臣也。……乃寿国除,例得外补,次公不就也,"吾何幸先王知己恩,而逐逐贵人后也!"遂谢去,而治盐筴维扬。群诸阳翟辈联车骑,饰冠剑,拥佳丽,富贵容翩翩未已也。每沾醉作洛生咏,逸态横生,一时祭酒拥以为重。监盐使者至,每每从次公定约法,次公条例事宜,井井不紊,使

---

① 汪循:《汪仁峰先生文集》卷十九《临溪吴处士墓表》,见《四库全书存目丛书》集部第47册,第448~449页。

② 吴可学:《临溪吴氏本枝墓谱》不分卷。

者屡赏之。盐权故用石,善泐,病下商,次公倡议易以铜,上商病易之,持不下,使者卒从次公议。是举也,内重费而外无怨,次公独劳,绝口不言功。诸德次公者几薄南北,每会,或醵酒,或分设,献币帛,征歌伎优伶作剧,累月不休,一日几筵,以数十鼓吹迎导,拥塞街衢。牧伯申公问,知为次公故,引舆避之。①

此处提及的寿国王,即明宪宗第九子、寿定王朱祐榰(1481 年－1545 年),弘治四年(1491 年)受封,十一年(1498 年)就藩于四川保宁,正德元年(1506 年)改就湖北德安。吴宗浩应该是在湖北营商时结交上寿王的,有了寿王这样的靠山,对他的经营自然极有帮助。吴宗浩在扬州竟然让地方官"引舆避之",其影响力可见一斑。吴宗浩次子吴文奎称"余家七叶举盐筴,叨上贾淮海江汉间"②,"承家七叶,薄有盖藏,臧获厮养常什佰数"③。

虽然明清徽州府志、休宁县志中没有关于吴德振家族的记载,但从文书、谱牒等文献中,可以判明:吴德振家族是明代初期兴起的徽商家族之一,其营商范围遍及长江中下游,在扬州盐业中的经营持续七代,一直维持到明代晚期,并出现过像吴宗浩这样的有一定影响的盐商领袖④。

二、吴德振家族盐业资本运营状况

《尚贤公分书》包含了吴德振主持下的两次分家阄书,第一次是正德二年(1507 年)十一月二十五日,第二次是正德十三年(1518 年)年三月十三日,两

---

① 吴可学:《临溪吴氏本枝墓谱》不分卷。
② 吴文奎:《荪堂集》卷八《从兄文苑先生行状》,见《四库全书存目丛书》集部第 189 册,第 190 页。
③ 吴文奎:《荪堂集》卷八《先迪功逸事》,见《四库全书存目丛书》集部第 189 册,第 194 页。
④ 在《临溪吴氏本枝墓谱》和《荪堂集》中尚有多位临溪吴氏商人的资料,和吴宗浩同辈的吴天楚在湖北经商,子孙定居汉阳,其玄孙吴正治在清代顺治年间中进士,康熙年间官至大学士、礼部尚书。〔参见彭定求:《光禄大夫太子太傅尚书武英殿大学士吴文僖公正治墓志铭》,钱吉仪辑《碑传集》卷十二,清光绪十九年(1893 年)江苏书局刻本。〕这些商人因与本书探讨主题没有直接关系,故不细述,但是可以看出临溪吴氏在明清时期的商业经营是相当成功的。

份阄书前都有吴德振的序言,回顾分家前后的情况,正德二年(1507年)的序言中称(字迹无法辨认者以□代):

> 方溪里吴德振,字尚贤,今□□□后事付三子,立遗言以勉,宜谨识之云。……吾家宗吴太伯之后,传六十一世少微公始居新安,七十世至深公自石田转迁临溪,曾大父韬光隐德,善行日新,致生吾父,雄才大度,志量宽容,赖吾母孺人程氏贤能克相,治家有方,开基拓业,家道日隆,生吾兄弟四人。吾居第三,娶油潭徐氏,生三子,长应昌,字符昌,娶汉川汪义公女;次应发,字符达,娶吾田程瓒公女;三应大,字符宽,娶闵川毕昌公女;女三,长史,适兖山汪惟灿;次梅,适邑西汪世昌;三美,适榆溪程世泽,俱各依礼婚娶已毕。嗟,吾少年从商,饱历风霜,不辞劳苦,助佐父兄之志,得意三十五年,终始无失。成化乙巳年,不幸二兄客殁于吴,殡殓斋经银七十余两;弘治戊午岁,四弟又亡于徐,殡殓斋经银八十两,皆吾所费,不涉于侄身,亲扶柩归葬如礼。年五十五,不幸父母尽终,赍归田里,悉将二兄尚威、四弟尚德及从弟尚清原共买卖财本,凭众面算本利明白,尽数付还各侄,另自生理。吾之外事,付三子经营,颇得遂意。内事悉赖孺人徐氏贤德,勤俭治家,助吾之志,资产日盛,弘治六年于祖居创造楼屋二重,紧固安身。弘治十六年,于祖居东畔鼎新屋宇一区,虽无华饰,宽雅得宜,又建东园八景亭池等处□□。所喜者,生逢之世,家业已成,夫妇偕老,上赖祖□□积德,下为子孙后世之规范,可谓足矣;所忧者,父母已丧,不能逮今日之欢,三子三媳未遂孙枝为慊耳。吾今年老,怠于勤事,于是请凭亲族,将承祖并续置田地山塘屋宇器物照依取便,肥瘦兼答,并作三分均分,其支持门庭户役祭祀等事,议开条款,写立福禄寿阄书三本,拈阄为定,各执一本,永业为据。①

在第一次分家时,吴德振因经商"颇得遂意""资产日盛",颇有心满意足

---

① 《尚贤公分书》。

之态。但此后十余年间,家中屡遭变故,因此在正德十三年(1518年)的序言中,他的口气发生了明显的改变:

> 父尚贤复立遗嘱,将家业后事重分三子为业。先于正德二年已将本户家业田地山塘及酒器什物兼答,写立福禄寿阄书,作三分均分已讫。以后经今十年,为因人事不齐,以致关心。正德七年夏,前室徐氏殁,得寿七十四岁,不为憾矣。正德九年秋,不幸次男应发病故,遗子宗仪,年方六岁,又累于我。正德十一年春,身畔二妾不端,责罚遣讫,因是无人扶侍,又娶继室彭氏,年四十七岁,调理身家,颇得其宜,恐后不能善始令终,忧心常切念者,此二事耳。吾今七十五岁,日薄西山,虽有二子,未谙孝义之道,常拂吾意,惟恐弗堪。今喜长男应昌有子宗亮、宗荣,次男应发有子宗仪,三男应大有子宗望、宗浩,虽在孩童,器质可观,此皆积善之应也,吾所望哉。①

吴德振在十余年中先后遭受了次子、发妻之丧,两妾被遣,长子、三子"未谙孝义之道"也令他很不称心,加以他年事已高,不久就去世了。

分书内容揭示,吴德振家族盐业经营资本形态是典型的家族合伙经营。吴德振称五十五岁时(弘治十一年,1498年)"将二兄尚威、四弟尚德及从弟尚清原共买卖财本,凭众面算本利明白,尽数付还各侄,另自生理"。此处的尚威即吴重兴墓表中的吴武振,死于成化乙巳年(成化二十一年,1485年),尚德即吴隆振,死于弘治戊午年(弘治十一年,1498年)。吴德振兄弟四人和从弟吴尚清的盐业资本原本是合伙共同经营的,吴武振去世之时,他的两个儿子年纪尚小②,因此兄弟间的合伙经营还持续了十三年,实际经营人则是吴德振。直至吴隆振去世时,诸侄皆已年长,因此,将吴武振和吴隆振的资本和获利"凭众面算,尽付诸侄,另自生理",此时原有的四兄弟间合伙关系方正

---

① 《尚贤公分书》。
② 《临溪吴氏本枝墓谱》载吴武振长子吴应盛生于成化己丑年(成化五年,1469年),次子吴应显生于成化戊戌年(成化十四年,1478年),其父去世时,他们分别为十六岁和八岁。

式解除。

吴德振和三个儿子的盐业也是合伙经营的,正德二年(1507年)阄书中盐业资本的分配如下:

一、财本银两开:正德二年已前各人支过不计外,今将实在银两帐(账)目俱各结算明白,应该分数批立于后(其各人私放人头小火银不在此限):

一、大家实该本银五千令(零)柒十六两(内仪真盐行本银三千二百五十陆两正,内北河并人头欠银一千八百二十两整)。

一、应昌实该本银一千五百三十三两九钱;

一、应发实该本银八百三十二两整;

一、应大实该本银八百二拾四两柒钱。

正德十三年(1518年)阄书中盐业资本的分配如下:

正德十二年春,算清扬州盐行买卖各人实该本银开具于后:

一、大家实该本银五千三百六两五钱,作正德十二年春本,又家内约计一千两,以备终年之用;

一、应昌实该本银四千五百一十五两二钱八分;

一、应大实该本银二千六百八十四两二钱八分;

一、宗仪实该本银二千五百六两三钱五分;

一、琨奇实该本银五百六十一两四钱;

一、禄侄实该本银二十九两;

六人共计本银一万五千六百三两二钱七分,俱付应大扬州买卖,务秉至公,毋许怀私盗放人头,刻剥孤幼者,天理昭然,悔过自新,父批为据。①

正德十三年(1518年)阄书中明载的"大家"和应昌、应大、宗仪、琨奇、禄

---

① 《尚贤公分书》。

侄共六人,则"大家"即吴德振本人。正德十二年(1517年)新增加的吴琨奇和吴禄应是吴德振的族人,由于其资本额较小,且缺乏正德二年(1507年)的数据,因此在考察吴德振家族盐业经营状况时可以排除,综合两次分家时的资本状况,可以制作表格如下:

吴德振家族盐业经营状况表

	正德二年资本(两)	所占份额(%)	正德十二年资本(两)	所占份额(%)	资本增长(%)	年均增长(%)
吴德振	5076	61.40	5306.5	35.35	104.54	0.49
吴应昌	1533.9	18.56	4515.28	30.08	294.37	12.75
吴应发(吴宗仪)	832	10.06	2684.28	17.88	322.63	13.90
吴应大	824.7	9.98	2506.35	16.70	303.91	13.15
总额	8266.6	100	15012.41	100	181.60	6.85

正德二年(1507年)的阄书立于当年十一月二十日,而正德十三年(1518年)阄书所载为正德十二年(1517年)春天的资本额,从正德二年(1507年)十一月至正德十二年(1517年)春,时间为九年稍长。这一时期内,吴德振父子的资本总额增长了81.6%,年平均增长率为6.85%,这个速度已不算慢。但是,吴德振本人的资本,由于他年老而不再从事经营,加上家产已分,因此他的资本额几乎没有发生变化。吴德振的三个儿子由于年富力强,其资本增值速度则很快,九年间增长了两倍左右,年平均增长率在13%左右,这个速度是相当快的,因此他们在合伙资本所占的份额都有一定程度的增长。明代中期,在开中折色、边商内商分化等一系列盐业变革的推动下,徽商开始超过晋商,在两淮盐业中占据了优势,其发展势头相当兴盛,这一背景在吴德振家族的经营中表现得相当明显。

关于明代徽州盐商的资本规模,万历年间谢肇淛称:"新安大贾,鱼盐为业,藏镪有至百万者,其它二三十万,则中贾耳。"[①]宋应星也称:"商之有本者,大抵属秦、晋与徽郡三方之人。万历盛时,资本在广陵者不啻三千万两,

---

① 谢肇淛:《五杂组》卷四,明万历四十四年(1616年)刻本。

每年子息可生九百万两,只以百万输帑,而以三百万充无妄费,公私俱足,波及僧、道、丐、佣、桥梁、楼宇。当余五百万,各商肥家润身,使之不尽,而用之不竭。"①吴德振家族的资本额,在当时属于小盐商之例。

从记载中还可以看出家族合伙经营的优势与缺陷:

家族合伙经营的最大优势在于有效扩大了资本总额,能够形成规模效应,获得竞争优势,增强抵御风险的能力。同一家族中在经营能力上必定各有长短,合伙共营,可以充分发挥有经商头脑的家族成员的专长,也可以使不具备经商能力而有资本入伙的家族成员共享其利。同时,家族成员有血缘亲情纽带维系,互相熟悉,容易形成合伙共营所必需的互相信任。因此,家族合伙成为徽商中最常见的经营方式,绝非偶然。吴德振家族的盐业得益于合伙经营,发展较快,而吴琨奇、吴禄等宗族成员资本有限,选择入伙吴德振的盐行以求发展,此即为合伙经营优势的体现。

但是,合伙经营也有其不可避免的缺陷。一方面,当合伙成员因为各种原因主动或被动退伙时,必须要得到所有合伙人的同意,这往往牵涉复杂的人际关系,在财产清算时尤其容易引发纠纷。吴德振在两个兄弟去世后,为清算合伙财产,采取了"凭众面算本利明白,尽数付还各侄"的做法,这样才有效避免了纷争;另一方面,合伙成员经商能力各有长短,一般由有专长的成员负责日常经营,类似今天企业中的执行长之类的角色,此类成员即有机会利用专长以损公肥私。吴德振正德二年(1507年)立阄书时,尚无孙子,次子吴应发死于正德九年(1514年),他的儿子吴宗仪在父亲去世时最多不过七岁。吴宗仪虽然在祖父吴德振的主持下继承了父亲的合伙盐业资本,但他既孤且幼,完全不具备经营能力,对于负责经营事务的叔伯来说,他是可以欺凌的对象。吴德振在正德十三年阄书中要求负责扬州盐行经营的三子吴应大"务秉至公,毋许怀私盗放人头,刻剥孤幼者",显见吴应大曾经"怀私盗放人头,刻剥孤幼"。所谓"盗放人头",即挪用盐行资本,私自放高利贷;所谓"刻剥孤

---

① 宋应星:《野议 论气 谈天 思怜诗》,上海:上海人民出版社,1976年点校本,第35、36页。

幼"，即是侵吞吴宗仪的财产。吴德振在分书序言中指责吴应昌、吴应大"未谙孝义之道，常拂吾意，惟恐弗堪"，显见这两人都曾有过"刻剥孤幼"的行为。在徽州分家书中，家长期盼分家之后子孙仍能团结和睦，对将来可能违背家长意愿的子孙以不孝论，此类记载常见，但像吴德振这样对儿子直截了当地痛批是非常少见的。吴德振对儿子的批评是如此严厉，"天理昭然，悔过自新，父批为据"，颇有赌咒发誓之态，反映出他对自己去世后长子、三子能否"务秉至公"是极为忧虑的。

在谱牒记载中，吴应大是一位舍己助人的恺悌君子：

> 持躬以俭，不习艳丽，而丧葬吊祭，动悉如礼。货金恤贫，不索偿。掌征区税，辄捐己助赋。或负之，则曰："宁人负我耳。"若公道所在，则信己直行，毫无世所谓炎凉态也。①

然而，吴德振留下的亲笔批语却表明实情绝非那样简单。此种第一手的记载，突出反映了宗族合伙成员之间的利益冲突有时可以完全不顾父子叔侄的骨肉亲情，宗族血缘温情脉脉的面纱往往会为贪婪者的刻剥侵吞彻底撕毁，这是家族合伙经营的重大缺陷。

正是因为认识到合伙经营有着上述优势和缺陷，徽商在长期经营实践中逐渐发展出一套合伙经营的模式，并形成了固定的合同格式，明末吕希绍所纂的《新刻徽郡补释士民便读通考》中称为"同本合约格式"，其内容为：

> 立约人　　　　，窃见财从伴生，事在人为。是以两同商议，合本求利。凭中见，各出本银若干，同心揭胆，营谋生意。所得利钱，每年面算明白，量分家用，仍留资本，以为渊源不歇之计。至于私己用度，各人自备，不得动支店银，混乱帐目。故特歃血定盟，务宜苦乐均受，不得匿私肥己。如犯此议，神人共殛。今欲有凭，立此合约一样两纸，存后照用。②

---

① 吴可学：《吴氏本枝墓谱》不分卷，明万历间刻本。
② 谢国桢：《明代社会经济史料选编》下册，第275页。

此合同中"财产伴生""合本求利",即发挥合伙经营优势;"每年面算明白""私己用度,不得动支店银,混乱帐目",即防止合伙经营的缺陷。合同中对合伙人的权利义务都有明确而清楚的界定,还有较严密的财务管理制度,反映出徽商对合伙经营力求兴其利而防其弊。

三、吴德振家族的土地经营活动

中国传统社会中商人往往兼营土地,司马迁称之为"以末致财,用本守之"[1],明清时期的徽商也是如此[2]。《尚贤公分书》中详细记载了吴德振主持分家时家中所有财产的详细清单,其中数量最多、占据了分书80%以上文字篇幅的是各类土地财产,包括田、地、山、塘四大类,典型的记录格式如下:

> 器字一百四十五号一则,田一亩三分五厘,一稳租十四秤,佃人会保,弘治十八年买吴叔容田,土名柿花坵;
>
> 形字八百五号一则,山一分三厘三毫,土名小儿塘,东至路为界,西至降,南到降,北至塘下田头西上至降,弘治二年买吴彦通、程限员等;
>
> 形字二百三十一、二、三号下地一亩三厘一毫,土名井亭下,承祖五分,本身合得继叔祖分数,成化九年买吴以昌、希贤各一分九

---

[1] 司马迁:《史记》卷一百二十九《货殖列传》,北京:中华书局,1999年,第2481页。
[2] 徽州土地关系是学术界研究的热点之一,成果丰硕,代表性的著述可参考章有义:《明清徽州土地关系研究》,北京:中国社会科学出版社,1984年;刘和惠、汪庆元:《徽州土地关系》,合肥:安徽人民出版社,2005年。本书讨论涉及的徽商与土地关系以及田价、租额等问题,还可参考下列学者的研究成果:刘和惠、张爱琴:《明代徽州田契研究》,载《历史研究》,1983年第5期;刘和惠:《明代徽州洪氏誉契簿研究》,载《中国社会经济史研究》,1986年第3期;彭超:《休宁〈程氏置产簿〉剖析》,载《中国社会经济史研究》,1983年第4期;彭超:《明清时期徽州地区的土地价格与地租》,载《中国社会经济史研究》,1988年第2期;刘淼:《略论明代徽州的土地占有形态》,载《中国社会经济史研究》,1986年第2期;李琳琦:《论徽商资本流向土地的特点与及其规律》,载《安徽师范大学学报》,1988年第4期;江太新、苏金玉:《论清代徽州地区的亩产》,载《中国经济史研究》,1993年第3期;周绍泉:《试论明代徽州土地买卖的发展趋势——兼论徽商与徽州土地买卖的关系》,载《中国经济史研究》,1990年第4期。

厘,年同买吴远思、买吴思义一分二厘;

长字一千五百九十五号一则,塘三厘,弘治五年买本都程志和塘,土名乌沉塘。①

一条典型的记录包括字号、土地性质、面积、租额、佃人、购买的时间、卖主以及土名,共八项内容,但并非所有的记录都包括这八项内容,字号、土地性质和面积这三项在所有的记录都有,其余五项则往往有程度不同的缺省,山和塘的记录中没有关于佃人的记载。

依分书的记载,吴德振家族共有田二百三十处、三百零二点六六亩,山七十三处、三十五点八亩,地二十四处、八点二二亩,塘七处、一点五五亩。应该注意,土地交易往往是有买也有卖,很少有只进不出或只出不进的,分书中的土地应该是分家时尚存的部分,吴家曾经有过的土地交易应该多于分书所载,但从分书中仍然可以看出吴家土地关系的主要情况。这些土地中,地和塘的数量有限,山虽有一定的数量,但徽州的山价比田价要低出甚多,因此,研究吴德振家族的土地关系应该以田为代表,因为田的数量大、价格高,是吴家主要的土地财产。将这些资料综合起来,可以制作表格如下:

吴德振家族田产统计表

时间	田产处	面积(亩)	租额(秤)	处数/时间	面积/时间	租额/时间	租额/面积
承祖	54	62.49	430.53				6.89
天顺年间(1457—1464)	2	2.9	23.5	0.29	0.41	3.36	8.10
成化年间(1465—1487)	42	66.57	458.6	1.83	2.89	19.94	6.89
弘治年间(1488—1505)	48	62.24	501.95	2.67	3.46	27.89	8.06
正德年间(1506—1516)	75	104.19	658.65	6.82	9.47	59.88	6.32
时间不明	9	4.27					
合计	230	302.66	2073.23				

---

① 《尚贤公分书》。

在上表的田产统计中,有五十四处、六十二点四九亩是祖上留给吴德振的遗产,分书称为"承祖"或"承祖取得",另有九处未记载购买时间,记载了购买时间有一百六十七处。

吴德振购买田产最早的记录是在天顺元年(1457年),从十八都戴宏道处购得一亩七分田,当时他不过十五岁,按现代法律标准衡量,尚不具备完全民事行为能力,如此小的年纪即从事土地交易,有可能是在父母监护下进行的,也可能与徽商往往少年时期即从事生意有关,即吴德振所自称的"少年从商,饱历风霜"。但是此类少年时期的交易记录只有这两条,说明这毕竟是一种罕见的特例,而不是惯例。天顺年间的另一次交易是天顺八年(1464年),吴德振已经二十二岁了,是成年人了,他大规模购买田产是在这之后。从每年交易的处数、取得的面积和租额来看,吴德振的田产购买活动呈现不断递增的势头,购买的次数和数量随时间推移都有了显著的增强,整个正德年间,年均取得田产面积是成化年间的三点二八倍,是弘治年间二点七四倍。即使是正德二年分家之后,吴家购买田产的次数和面积、租额仍在不断增加。

据周绍泉教授的研究成果,明代徽州田价在建文至天顺年间价格较低,每亩田均价在零点七至二两之间,成化年间急涨至为十五点二五七两,弘治年间为十四点五两,正德年间为十点五七二两,嘉靖以后田价下跌,在七至八两,直至明末均价亦未超过十两[①]。换言之,明代中期的成化、弘治、正德三朝,是徽州田价的高峰期。明代中期,徽商在两淮盐业中占据主导地位、势力迅速扩大,与徽州田价高峰期在时间段上重合,这一历史现象早为学者所关注,普遍认为两者之间存在密切关系。但是,对这种关系的性质的看法却不完全相同,即究竟是由于徽商利润大量涌入土地市场导致田价高涨呢?还是

[①] 周绍泉:《试论明代徽州土地买卖的发展趋势——兼论徽商与徽州土地买卖的关系》,载《中国经济史研究》,1990年第4期。本书前引刘和惠、汪庆元、彭超、刘淼著述中都有关于明代徽州田价的研究,诸家的研究成果对明代田价在不同时期涨跌趋势的判断基本一致,但在具体价格上有一定出入,由于周绍泉参考了中国社科院历史研究所、经济研究所和安徽省博物馆收藏的多份明代徽州文书,资料引用最为全面,故本书对田价的叙述主要参考周绍泉教授的研究成果。

由于徽州田价高涨激发了徽商对土地的投资热情？在徽商投资土地与田价高涨之间，究竟何者为因？何者为果？此一因果关系的论述在没有更多可以定量分析的证据下，极易演变成类似"先有鸡还是先有蛋"的繁琐论证。分析吴德振家族的田产购买记录，有一个现象值得注意，即吴家购买土地的次数和数量与田价和租额之间并不存在正比关系。按周绍泉先生的研究，正德年间的田价比弘治年间要低出百分二十七，而分书所载正德年间的每亩平均租额比成化、弘治都要低，正德年间比弘治年间要低出百分之二十一点六。单纯从投资回报率来看，无论田产转手的收益还是可以获取的租额，正德年间都不如弘治年间，显然没有必要加大投资力度，但正德年间恰恰是吴家购买田产数量最多、力度最大的时期。仅从此一个案分析，吴家的土地收购行为，"以末致财，用本守之"的传统观念发挥了主要作用，正德年间田价的相对降低还有可能进一步刺激了吴家的购买欲望，甚至可以不在乎购得田租额较低，而此一时期盐业经营的成功为其购田提供了充分的资金支持，投资回报则并非其考虑的主要方面。

吴德振家族土地经营中另一个值得注意的问题是官田的买卖。按分书所载，吴家拥有的官田和官山共十二处：

形字八百十二号，官山，内取五分，承祖山，土名下塘坞，东至坞心塘，西至降，南至降，北至；

信字三、四号，民田七分九厘二毫，官田四分□□□，共田一亩二分，上稞租十一秤，佃人程胜得，成化二十二年买□□□，土名远付；

器字一百六十二号，程掌书中水官田一亩五分，上稞租十五秤，弘治三年兑到许□盛田，土名石桥圻；

信字□□号，续认次下水官田二亩一分九厘一毛，一稞租二十二秤，弘治五年佃胡士友田，土名回堨头；

形字八百二十七号，程掌书官山四分三厘，承祖山，土名下坞，东至降分水为界，西至田坟地，南至塘垯直上尖为界，北至田及官山

嘴下第一条堘上直上到降,南至降分水及吴玄振山,北至田,弘治五年买二十二都吴佛、程即员等山;

已字四千二百八十七号,次下水官田一亩二分五厘,上籼租十秤半,佃人添保,弘治八年买本都吴友成田,土名方山塘下;

形字二百三十号,掌书中麦官田一亩二分,上籼租九秤,弘治十年买胡思贤田,土名桑林;

形字八百十二号,掌书官山二分五厘,土名下塘坞,东到降,西至田,南至降分水,北至田坞心,直上至降,弘治十七年买二十二都洪宗成兄弟山;

器字□□号,书上水官田一亩五分八毫,上稷十六秤,正德六年买四图吴起信,土名方干百秤坵;

器字八十九号,书下水官田五分六厘,上稷六秤,正德七年买二十二都二图程道清,土名古言坵;

器字□□号,书上水官田一亩五分,上籼十五秤,正德七年买十六都三图郑义成贵成,土名方干瓦窑前;

短字一千五百二十八号,掌书官山五分,土名白石头,原买程思仕、程思义山。①

明代初期曾经有数量庞大的官田,学术界对它早有研究,比较一致的看法是:明初的官田除了继承元代的官田之外,主要来源于明太祖在明王朝建立前后抄没的元朝、张士诚等敌对势力和江南大地主的土地,但在明代中叶以后,官田通过各种途径大规模私有化,万历九年(1581年),"一条鞭"法实行之后,官田与民田同等课税,官田彻底民田化②。然而,现有的研究成果主

---

① 《尚贤公分书》。
② 明代官田问题的研究成果甚多,本书主要参考了下列学者的论述:王春瑜、林金树、李济贤:《论明代江南官田的性质及私有化》,载《晋阳学刊》,1985年第5期;林金树:《明代江南官田的由来、种类和科则》,载《郑州大学学报》,1987年第5期;林金树:《关于明代江南官田的几个问题》,载《中国经济史研究》,1988年第1期;唐文基:《明代江南重赋问题和国有官田的私有化》,载《明史研究论丛》,1991年第1期。

要依据各类典籍文献和地方志,很少有利用官田交易留下的契约文书来进行分析的,这显然是由于存世资料的不足造成的。实际上,明代徽州也有一定数量的官田存在,但是在现有的明代中前期徽州文书中,涉及官田买卖的尚不多,因此吴德振家族留下的上述官田交易资料就有其研究价值。

从上述记载中,吴德振拥有的官山中有两处是承祖所有,至迟也是在其父吴重兴手上置办的。官山既可私有,则官田亦然。由此可见,官田私有起源甚早,徽州早在明代前期,官田就开始为私人所有了。私有化的官田,其交易、经营与民田无异。分书中的官田与官山,其购买、转让和收租,未见与民田、民山有任何不同。

四、吴德振家族役使的火佃

《尚贤公分书》中还记载了与土地经营有密切关系的众多火佃。火佃,又称"火儿",南宋歙县人吕午曾说:"千金之家必有千金之产,火佃出力以得其半,而可赡其妻孥;主人端坐以收其半,而可足其用度。"① 说明火佃起源甚早。学术界在明清徽州佃仆制的研究中曾经对此一社会群体有过非常深入的分析②,但火佃和徽商的关系则尚未受到研究者的关注。《尚贤公分书》中记载了大量与火佃有关的内容:

> 各处承祖众坟山地,及众火佃屋地,并已置新坟、火佃山地,俱系三分存众管业。
>
> 器字七十号一则,田内取西头实计八分,见造地火屋五间,东住;
>
> 器字七十号内取东头田填地八分,造火佃儿屋七间,招得安定等住歇,东至洪以道田西至墙,南至横路田北至土墙,土名新居门前;

---

① 吕午:《左史谏草》,见《文渊阁四库全书》第427册,第394页。
② 火佃和相关的徽州佃仆制研究成果丰硕,代表性的专著参见叶显恩:《明清徽州农村社会和佃仆制》,合肥:安徽人民出版社,1983年;关于徽州佃仆制学术研究的主要进展和存在问题,可参见邹怡:《徽州佃仆制研究综述》,载《安徽史学》,2006年第1期。

器字九十一号内取北边田填地合得西头四分(此号地与佺应盛对换六十九号田去讫),造火儿屋,冬俚住;

器字□□号一则,田一亩,买吴祖德,上租十秤,土名打石,见造火儿屋;

器字三百二号一则,田一亩二分一厘五毫,土名旧宅村,今填成地造屋,火佃易庆等住歇;

器字三百六号下地二分八厘四毫,土名孙祈,原火佃怀住基;

器字三百二十九号下地一分二厘五毫,土名孙祈,火佃程寿住;

器字四百六、八号下地一分六厘七毫,土名孙祈,火佃陈社记、陈舟右住;

器字三百四十八、九号下地五分八厘,土名保安堂后,承继训叔祖地,火佃;

器字三百六十七、八号下地三分,土名古楼下,成化十年买许原真、吴远茂地,景祥住;

器字三百七十八、九号,地一亩四分二厘九毫,土名孙祈,景泰六年买潘云生三分,天顺三年买吴向荣一分四厘五毫,成化八年买潘以能八分五厘八毫,成化十年买程思远五厘,成化十年买程思和、程思震一分三厘三毫,火佃管山住;

器字三百八十号下地五十八步,土名孙祈,成化八年买潘以能地,火佃程九住;

器字四百十三号下地九厘,土名孙祈,原买吴兆兴地,火佃乞儿住;

覆字七十一、二号内取下地二分八厘,塘八毫,土名保安堂,正德元年买本都程胜朔、程凤等地,火儿屋三重,潘云宗八家住歇;

恃字九百二十四五号一则,田一亩二分一厘,正德十一年买曹武林,上租八秤,土名里考坑,并火儿屋;

恃字□□号下,地七分五厘,造火佃屋五间在上,土名考坑陈寄员门前;

恃字九百二十四号一则，田一亩二分八厘，内取一半，上租八秤，正德三年买一图曹五万，土名考坑火佃屋前。

形字二百二十六号下地八分，土名井亭下，承继叔祖合得三分之一该二分七厘，火佃方俚住；

信字一千一百七十八号下地一分六厘八毫，土名请王坦，承继叔祖三分之一该五厘六毫，火佃胡童、胡马住；

已字□□号下地一分，土名孙村石坦，成化元年买王舟赐地，火佃刘杏等住；

新居东边火儿屋七间及鱼池亭地，其屋系是招得天保等住歇中。①

从上述资料中，可以看出吴德振家族拥有的火佃是相当多的。在二十一条资料中，有名可考的火佃有东、安定、冬俚、易庆、怀住、程寿、陈社记、陈舟右、景祥、程九、乞儿、潘云宗、方俚、胡童、胡马、刘杏、天保，共十七人，这显然远非吴家火佃的总数。吴家兴建的火佃屋中，有的规模较大，有五至七间，绝非一人所住，因此有些火佃屋作"××等"居住，显非一人，上述覆字七十一、二号即由潘云宗八家居住。虽然资料中不能得出吴家的实际火佃人数，但即使按每处平均五人居住计算，总数也有一百人以上。吴文奎称其家祖上"臧获厮养常什佰数"，绝非虚语。

如此众多的火佃，主要为吴家提供哪些劳役呢？可考的有两类：

一类，即恃字号三处，都在考坑，该处为吴家祖坟所在地，分书中称："恃字一千七百十七、九、二十号，共山七分五厘，葬父坟在上，土名考坑"，"各家埋坟在上，不许砍斫侵犯"②。因此，考坑的火佃是专门看守祖坟的。

二类，经营山林。器字三百七十八、九号下是给火佃管山住的，即为吴家经营山林的，该处土名孙祈，即吴德振所属苏圻门的苏圻，就在吴家住处，说

---

① 《尚贤公分书》。
② 《尚贤公分书》。

明经营山场的火佃不必像看守坟山的一样住在山上。其余各处火佃,虽未载明具体劳役范围,但是经核对后,这些火佃中有名字可考的,无一人属于吴家田、地载明的佃人,而七十三处山场下又都没有佃人的姓名,因此,可以合理推测,除看守坟山之外,吴家的火佃主要是经营山林的。

从各类火佃屋地的取得时间来看,最早的一块地是景泰六年(1455年)买的,当时吴德振才十三岁,这个时间比他买田的最早记录还要早。如果景泰年间购地后就有火佃居住,则吴德振役使火佃已经有六十多年。这些火佃住主屋、种主山,长期为吴家提供劳役,吴家的下一代还可以继承对他们进行役使的权利。从这些情况看,吕午所说的南宋时期佃主分成的火佃形态到明代中期已经发生了重大变化,火佃与通常所说的佃仆之间已经没有多少区别了,其人身依附色彩较为明显。

尤其值得注意的是,吴德振在分书中,对火佃作了一项特别规定:"各处承祖众坟山地,及众火佃屋地,并已置新坟、火佃山地,俱系三分存众管业。"即遗产继承时,火佃屋地、山地及其劳役由三个儿子(及各自的继承人)各占三分之一的权利,但不进行像田地那样的具体分割,而是作为一个整体"存众管业",即作为宗族集体的共有财产,由吴德振的后裔集体进行管理。吴德振之所以作出这样的规定,显然是为身后子孙着想。因为众多的后裔中,难免有因各种原因而衰微的①,甚至有因为无嗣而绝后的,一旦将火佃的劳役以及为完成劳役所必需的财产(如屋地、山地)进行具体分割,则随着世代的推移,每一后裔所继承的份额就会越来越小,一旦衰微或者无后,主仆之间的名

---

① 吴德振的曾孙吴文林,因其父吴宗望经营盐业有年,分家时得到了一笔不薄的财产,"基址得其爽垲者,釜钟得其腹者"。他的妻子出身于休宁县另一个富商家族古林黄氏,陪嫁也相当丰厚。但吴文林不善经营,沉迷于诗酒风流,加以各类开支颇大,以至家道中落:"食指日繁,别鲜岁赋,数十年来嫁五女、婚三男,祭祀宾朋燕会往来,一切取办是。且也天性慈祥,知交告窘,不难舍己殉人。如母党某子甲称贷子钱家,先生代为立券,后收责者啧有烦言,先生破百金产为赎券归。质剂不已,遂至易宅,易宅不已,遂至市田,递负逋,递割产,毕路蓝缕,厪厪辟立。余家七叶举盐筴,叨上贾淮海江汉间,逮伯父浸削,逮先生而贫。"(吴文奎:《苏堂集》卷八《从兄文苑先生行状》,见《四库全书存目丛书》集部第189册第189~190页)这可以视为盐商家族败落的典型事例。

分就很难维持乃至完全消失。因此,将火佃及其财产不进行分割,而是作为一个整体由宗族进行管理,即可避免此一情况的发生,以维持长期的主仆关系。这从一个侧面揭示了这样的事实:包括盐商在内的徽商将大量资金投入山林经营,役使大量火佃,是徽州佃仆众多的重要因素之一,而徽州强大的宗族势力则是佃仆制能够长期维持的重要原因。

《尚贤公分书》提供了明代中期徽州盐商的丰富信息。吴德振家族是明代初期开始兴起的盐商家族之一,依据分书中正德年间盐业资本的数据,可以发现其增值速度相当快,这是明代中期徽州盐商资本兴旺发展势头的生动体现,也符合这一时期徽商在两淮盐场开始占据优势的大趋势。吴家盐业是典型的合伙经营,此种经营模式扩大了资本规模,便于发挥合伙人的专长,能够形成规模效益,但也存在着财产清算复杂而困难等缺点。中国古代合伙制起源于先秦时期,汉代以后趋于成熟,家族色彩相当浓厚,合伙者之间主要靠宗族血缘纽带和个人信誉来维系[①]。然而,经营的实践表明,某些合伙人常常利用自身的优势地位侵吞弱势合伙人的利益,即使是血缘关系也不能完全防止此类状况的发生,发生在吴德振家族中的兄弟子侄间的争端就是明显例子。因此,家族合伙经营在达到一定规模之后,就难以继续扩大,也难以维持长期稳定的经营,甚至会因为合伙人之间的各种争端而分崩离析。中国传统商帮中家族合伙制长期流行,而没有发展出近代的有限责任制和股分公司制,这是传统商帮发展的一大局限性。分书中包含的大量土地关系方面的资料,从中可看出吴德振家族将大量资金用于购买土地,而且随着吴家在盐业经营中的成功,用于购地的资金也在不断膨胀,所购的土地数量之多,在徽州称得上一户大地主。徽州盐商身兼地主是一种常见的现象,商业资本与土地资本密不可分,并与宗族势力密切相关。"本富为上,末富次之,奸富最下"[②],这样的古训对徽商影响极大。因此,徽州商帮从其形成之日开始,就

---

① 关于中国古代合伙制的研究,可参见刘秋根:《中国古代合伙制初探》,北京:人民出版社,2007年。

② 司马迁:《史记》卷一百二十九《货殖列传》,第2474页。

具有浓厚的传统气息,这实际上巩固和加强了中国传统社会的基本结构,而没有从中产生足以瓦解这一结构的近代资本主义生产关系。

第二节　明代呈坎前罗盐商家族文献研究

歙县呈坎村①前罗家族,是明代崛起的徽州盐商家族之一,近年来,笔者在研究中收集到一批与该家族有关的明清时期文献,包括若干稀见的文献,结合其他存世典籍,可以对此一重要的盐商家族开展翔实的个案研究。

一、有关呈坎前罗家族的主要文献

学界对呈坎罗氏早有研究。赵华富教授曾对呈坎前罗与后罗进行实地调查,撰有长篇调查报告②;马勇虎教授撰写过该村的专著③;已故的安徽省建设厅高级工程师罗来平先生,是呈坎前罗后裔,长期关注保护故乡文化遗产,多次撰文介绍呈坎村落文化,并出版过专著④;对呈坎前后二罗宗族发展的差异,以及村内的文会组织,也有一些研究成果⑤。

学界当前对呈坎罗氏的研究已经取得了很多成果,不过,由于资料收集上多有未尽之处,因此,仍有提升的空间。笔者认为,前罗家族文献以四种最为重要,分别是《罗永亨分家书》《新安呈坎罗氏宗谱》《潨川文会簿》和《潨川

---

① 由于行政区划调整,呈坎村今属安徽省黄山市徽州区呈坎镇。
② 赵华富:《歙县呈坎前后罗氏宗族调查研究报告》,见《首届国际徽学学术讨论会文集》,合肥:黄山书社,1996年。
③ 马勇虎:《和谐有序的乡村社区:呈坎》,合肥:合肥工业大学出版社,2005年。
④ 罗来平:《新安江上一明珠——历史文化名村呈坎》,载《规划师》,1995年第1期;《徽州呈坎古村特色与保护》,载《规划师》,1996年第1期;《朱熹与呈坎》,载《合肥教育学院学报》,2003年第3期;《呈坎——中国古代消防博物馆》,载《合肥学院学报》,2005年第2期;《解读〈潨川文会〉》,载《合肥学院学报》,2005年第3期;《徽州文化古村呈坎》,香港:天马出版有限公司,2005年。
⑤ 杜刚、魏灵水:《徽州歙县呈坎前、后罗氏宗族发展的差异性》,载《淮南师范学院学报》,2006年第1期;史五一、杜敏:《徽州文会个案研究——以民国〈呈坎潨川文会簿〉为中心》,载《安徽师范大学学报》,2007年第6期。

足征录》，以下略作介绍。

《罗永亨分家书》，明成化二年（1466年）手写本，上海图书馆古籍部收藏。该件封面无题签，分家主盟人是罗天辅，结尾则作"成化二年丙戌岁十二月□日分账，写立分账人罗永亨"，馆方依结尾定名。检验其中的人物名讳与事迹，可以确定该分家书的作者就是前罗家谱中的罗佛相，天辅是其字，而罗永亨或是罗佛相的别名，或是代书人。《罗永亨分家书》有文字的部分共四十九页，全文万余字，内容可分为四部分：首先是序言，回顾祖先来历与本人生平；其次是财产分配的基本方案；再次是弥久、弥秀、弥富、弥四四个儿子宅基地的字号四至；最后是属于罗弥四的利字号阄书田地山塘的字号亩步。罗佛相是前罗历史上的重要人物，其四个儿子的后裔成为呈坎前罗宗族最强大的宗支，是赫赫有名的"四大分"，该件既是目前所见前罗家族写成时间最早的文献，又正值"四大分"兴起之初，故价值甚高，然学界称引极少。

《新安呈坎罗氏宗谱》，明正德三年（1508年）刻本，上海图书馆家谱馆收藏。该谱由罗佛相之孙罗震孙主持修撰，其内容可分为三部分，首先是纂修序言、历代旧序、历代名哲、统谱凡例、目录，其次是正文十卷，再次是领谱字号、祠堂记、祭田、后序、跋。该谱是呈坎前罗的统宗谱，体例成熟，内容丰富，正文每卷先列挂线图，然后注出名讳和生卒婚葬，重要人物有几十字以至百余字的小传。该谱前部的序言略有残缺，最后的序、跋则损毁严重，但上海图书馆另存有该谱明代抄本六册，基本可以补足刻本的缺失内容。《新安呈坎罗氏宗谱》是前罗现存最早的家谱，也是其后一切前罗家谱的蓝本。由于前罗此后再未修过全族的统宗谱，因此对全面了解前罗家族的历史来说，该谱具有不可替代的作用，但其价值未能在以往的研究中得到展现。

《潨川文会簿》，罗来平先生收藏。据罗来平先生考证，呈坎潨川文会初创于明嘉靖年间（1522年—1566年）；万历十年（1582年），罗应鹤正式建立"求益轩文会"；崇祯十三年（1640年），罗所蕴对文会进行整顿，现存的会簿是崇祯之后历代传承下来的。笔者所见为安徽大学徽学研究中心收藏的复印件。从内容看，该簿标明写于明代的内容，不避清代帝讳，雍正年间不避胤字讳,乾隆年间则避弘字讳,不同年代之间的字迹也多有变化,可见该簿最初作于明末,其后的历代文会主持者皆随时有增补,最后的内容则已经到了抗日战争时期,前后历时三百余年。该簿由序言、会规、入会名氏三部分组成,是有关呈坎文会的第一手资料,已在以往研究中得到运用。

《潨川足征录》,清康熙年间抄本,中国国家图书馆古籍部收藏。明末,呈坎罗斗、罗所蕴、罗大章着手编纂该书,至清康熙初年基本完成。康熙三十八年(1699年),罗秉福进行校订,并补充部分内容,形成了现在的本子。该书体例仿照《新安文献志》,分文部十八卷与献部十卷,大致按文部记事、献部记人进行编纂。该书原为红格抄本,笔者所见为国家图书馆胶片,共有各类文章二百五十篇、诗词二百一十九首,全文约二十万字。《潨川足征录》是宋代至清初的呈坎文献总集,对前后二罗都有重要意义,但迄今只有一部抄本存世,这显然与编纂者及其内容密切相关。《潨川足征录》的三位编者都是明末庠生①,对明朝灭亡痛心疾首,对清朝统治相当反感。罗斗尤其痛恨清朝,明亡之后,"更名削发,作在家头陀,以教小学自给,时有以风慕招者,挥手谢之"②,以遗民自居,对清朝持坚决的不合作态度。罗斗还曾为明末抗清而死的族人罗腾蛟、罗惟敬立传,极力赞颂他们的英雄气概,痛斥清军的屠城兽行③。《潨川足征录》收录罗斗文章二十篇、诗词二十四首,字里行间的遗民气节铮铮可见。罗秉福写此书时显然深受原编者的影响,不仅全文抄录了这些文字,而且全书中"玄、烨"二字竟无一处避讳。康熙中期以后,清廷文网日密,雍正、乾隆年间更大兴文字狱,高压之下,罗氏族人一直不曾刊刻该书,以致流传不广。该书在《中国古籍善本书目》中已有著录④,但迄今仅见卞利教授引用过书中《重修长春社记》的一段文字⑤,其价值远未得到充分展现。

---

① 据《潨川文会簿》入会名氏记载,罗斗于万历乙卯年(四十三年,1615年)入府庠,罗所蕴万历戊午年(四十六年,1618年)入县庠,罗大章崇祯己卯年(十二年,1639年)入府庠。
② 罗斗、罗所蕴、罗大章:《潨川足征录》文部卷八《翁山七袠序》。
③ 罗斗、罗所蕴、罗大章:《潨川足征录》献部卷六《二义士传》。
④ 《中国古籍善本书目·集部》,上海:上海古籍出版社,1996年,第1788页。
⑤ 卞利:《明清徽州社会研究》,合肥:安徽大学出版社,2004年,第89页。

除上述四种主要文献外,呈坎前罗尚有清代和民国年间的十余种支谱存世,以"四大分"后裔编纂的居多。另外,在存世的明清典籍、方志中,也包含一定数量的前罗家族文献。将上述文献综合起来,可以对前罗家族进行深入而细致的研究。

二、文献展示的明代前罗盐商家族

(一)呈坎前罗家族的由来

据罗氏家谱记载,五代时期,豫章罗氏子弟罗天真(号文昌)、罗天秩(号秋隐)自洪都(今江西南昌)迁居歙县呈坎,罗天真后裔居前村,为前罗,罗天秩后裔居后村,为后罗。二罗虽系出同源,但各自为宗,双方之间的关系并不十分密切,其修谱、建祠、祭祀也都是各自独立的[①]。

呈坎二罗在历史上的发展是不平衡的,前罗曾经长期落后于后罗。后罗在宋代发展较快,罗天秩七世孙罗汝辑(1089年—1158年)中政和二年(1112年)进士,绍兴年间任吏部尚书,其五个儿子均为当时名士,四子罗愿(1136年—1184年)学富才高,文章精醇,著述宏博,享有盛誉。而前罗在罗天真之后六代单传,长期隐晦。直至南宋晚期,十一世罗潮(字潮英)中乡贡,前罗方有所起色,但在整个宋代,其发展远不如后罗。

在前罗家族的历史上,元代第十三世罗荣祖(字仁甫,号东舒)是引领家族走向昌盛的重要人物。家谱中称其:

> 自少颖异,童蒙中以才俊秀出。及长,耕读是业,动止一循礼度,不尚浮华,皆后进矜式。甘心泉石,其于子孙则一"善"字又其箴规,欲其家传世守宝而弗失,远近咸高其行。修族谱,收族属,凡先世墓茔逐一稽考,续其支派,宗族亲疏又皆德其仁。[②]

---

① 历史上,呈坎前后二罗曾经为墓地、寺庙发生过严重冲突,赵华富教授的调查报告中对此有极为生动的叙述,参见赵华富:《徽州宗族研究》,合肥:安徽大学出版社,2016年,第563页。

② 罗震孙:《新安呈坎罗氏宗谱》卷一,上海图书馆藏明正德三年(1508年)刻本。

综合各类记载来看,罗荣祖是一位颇有才华的乡绅,人品高洁,曾拒绝元朝政府的征召。他立"善"字箴规为子孙家法,纂修族谱为后世传承,对前罗子孙影响甚大。不过,在元末至大年间,罗淳祖称呈坎前罗"倚山环溪而居数十家"①,无论是在规模上还是在影响上,都算不上强宗大族。前罗的真正繁荣壮大,是由罗荣祖的后裔实现的。

为便于下文的叙述,依家谱所载,将前罗从五代至明末的世系列出简图如下:

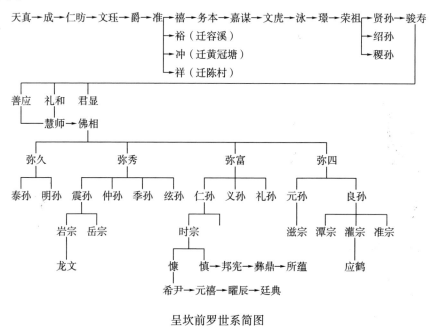

呈坎前罗世系简图

需要特别说明的是,前罗自第七世禧、裕、冲、祥四兄弟开始,很少再有单传,图中每一世列出的绝非该世的所有成员,而是纯粹为了叙述方便而作的简化处理。

(二)明代中期呈坎前罗盐商的崛起

从家谱记载来看,早在元末明初,呈坎前罗就有外出经商的记载了,但前

---

① 罗震孙:《新安呈坎罗氏宗谱》旧序。

罗商业经营的兴旺发达,是由罗荣祖的五世孙罗佛相实现的。罗佛相晚年在分家书序言中回顾自己的生平称:

> 吾族自始祖文昌公由洪都而来迁于歙之呈坎,单传七世而分四支。再传十三世至上高祖东舒翁元三朝议,生高祖清一朝奉。清一朝奉生曾祖骏朝奉,骏朝奉生祖善应朝奉、叔祖和朝奉、君显朝奉三人。叔祖和朝奉生子四人:父慧师朝奉、叔父旺童朝奉、庶童朝奉、牛童朝奉。祖善应朝奉无子,遗命叔祖和朝奉将父自幼过继为嗣。祖母鲍氏孺人贤明能方孟母,抚父承立孟善为户,解税粮,应当门户,事亲奉祀,咸得其宜。叔祖和朝奉以方目为户,洪武年间点充粮长,为因鱼鳞图事提赴法司问发,在京工役,盖造官房,买办物料等项,所费浩大。比时叔祖在彼,劳心日久,身又抱患,盘缠不接,实为艰难。有叔三人,俱幼,吾父虽分另户各爨,尤念生父恩情,备带盘缠,直往工所,助工完满,侍奉汤药,扶持回家,寝疾,旬日而终。后有同班工未完者,俱发充军,噫,此乃天欤?抑非吾祖宗积德而致于斯欤?叔祖可谓全矣。吾父娶孺人汪氏,有予一人,年方八岁,吾母不幸早逝,父再娶继母吴氏。予时年幼,节因门户繁重,永乐年间又被本里强徒罗炽保等告扳粮长为由,多般骗害,没齿难忘。予娶室许氏,有男四人,长弥久,次弥秀,三弥富,四弥四,俱各年幼,与室同心,竭力维持家事,奉上接下,支解户门差徭不一。甲子年间,又遭回禄。景泰二年,点充富户。天顺四年,送赴北京应天府宛平县着役,安顿妥帖。次年回家经营屋宇,装饰将完,事颇稍遂。自叹碌碌浮生,骎骎晚景,今予年老,倦于支吾,四子俱各成人,遂命各爨成家,谨身节用,毋令怠惰,以绍前人。除将各男自置田产不载分书外,所有承祖并续置产土,高下眼同品搭,作元、亨、利、贞分书四本,拈阄为准,各收为照。①

---

① 《罗永亨分家书》。

从罗佛相的上述自叙中可以看出，其父罗慧师本为罗礼和之子，因罗礼和之兄罗善应无子，出继罗善应。而罗礼和曾在洪武年间出任"万石长"，即粮长。粮长为明太祖朱元璋创立的一种田赋征解制度，每县按所征税粮量划分若干粮区，"以田土多者为粮长，督其乡之赋税"①。罗礼和被点充为粮长，说明他相当富有，除了田土甚多之外，可能已经从事商业经营，后人称他"临事豁达机变"，这也是徽州文献中常见的对商人经营才干的称颂。只是明初的粮长并不好当，罗礼和因此遭罪，几乎断送性命，还连累其孙罗佛相，在永乐年间被人"告扳粮长"，深受其害。② 罗佛相没有提到他本人经商的具体情况，只说"竭力维持家事，奉上接下"，但是家谱中明确记载他的儿孙经营两淮盐业，其长子罗弥久更有"经营贸易，佐父立家"的记载③，显然罗佛相是经商的。鲍楠在罗佛相墓碣中称："君以独力当室，局干有度，不为从胜所难。善言辞，发声浏亮，在官中尤长于应对，同人多籍其庇。"④所谓"在官中尤长于应对"，很可能与经营盐业有关，因为明代两淮盐业实行开中制，盐商为取得盐引必须交通官府。至于文献中不愿意公开指明其盐商身份，则是当时的文人风气使然。按分家书中资料统计，罗佛相个人"承祖及续置产土"有五百余亩，如再加上诸子自置田土及商业经营，已经是公认的富户了，他在景泰年间被官府点充为富户，正是其财富地位获得普遍承认的反映。罗佛相的子孙则进一步把家族的商业经营推向了高峰。

以正德年间的《新安呈坎罗氏宗谱》为依据，结合其他传世文献，可以将明代前罗徽商概况列表如下（表中所列徽商事迹，除另行注明者外，均出自《新安呈坎罗氏宗谱》各卷中的人物小传）：

---

① 《明太祖实录》卷六十八，洪武四年（1371年）九月丁丑条，第1279页。
② 在对明代粮长制度的研究中，早有学者指出明太祖创设粮长制度的重要目的之一，在于借此控制和打击民间的富户。参见洪诏:《明初的迁徙富户与粮长制》，载《中国社会经济史研究》，1984年第1期。
③ 罗震孙:《新安呈坎罗氏宗谱》卷二。
④ 罗斗、罗所蕴、罗大章:《潆川足征录》献部卷三《素庵处士墓碣》。

明代呈坎前罗徽商列表

序号	名讳	世代	生卒年	主要事迹
1	骏寿	十五世		以勤俭为遗安计,视先业大有所增拓。
2	虬孙	十五世		家大富,里中故产盖不啻三之一①。
3	礼和	十六世		临事豁达机变,洪武初,充万石长②。
4	善祐	十六世		商游北平,回故于梁城泇口。
5	旺童	十七世	1372—1445	性友爱,以勤俭营家。
6	稀庆	十七世	1383—1439	刚果有胆略……恪守祖业,稍加增拓。
7	旺祖	十七世		生而豁达,知时务,尝客江湖,与饶人交易。
8	佛相	十八世	1398—1469	独力当室,局干有度。……在官中尤长于应对,同人多藉其庇。……景泰中,尝以富民徭京师者③。
9	武相	十八世	1400—1460	性刚直,创业立家。
10	永相	十八世	1403—1482	竭力营家。……配岩镇潘氏,勤劳助内,以裕家业。
11	关祖	十八世	1415—1488	慷慨有志操,能干父蛊,家业赖以充裕。
12	弥久	十九世	1426—1470	为人刚直,早游江湖,经营贸易,佐父立家。
13	弥秀	十九世	1428—1482	性度含洪……客于东吴江淮,名士才人多相契爱。
14	弥富	十九世	1435—1493	业淮鹾致富。……客游吴楚,资业益振④。
15	弥四	十九世	1439—1514	客于东吴、淮阳、临清者三十年余,涉历勤劳。
16	弥高	十九世	1427—?	客临清,走辽阳,历江淮东吴之地,转移物货,支中官盐,每遂所愿,江湖上之老成也。
17	弥芳	十九世	1444—?	游江湖纷华之地,惟经营是业,淳朴自如。
18	寿华	十九世	1449—1505	尝于和州含山县买卖,置产立业,附籍为家。
19	懿昌	十九世	1432—1476	尝客江淮,转于扬子江。
20	长明	十九世	1438—1496	尝挟赀江湖之上,觅利营家,以仰事俯育之费。
21	长华	十九世	1439—1463	以父命挟赀商游苏杭。

---

① 罗斗、罗所蕴、罗大章:《溧川足征录》献部卷五《先太守公家传》。
② 罗斗、罗所蕴、罗大章:《溧川足征录》献部卷三《逸轩公家传》。
③ 罗斗、罗所蕴、罗大章:《溧川足征录》献部卷三《素庵处士墓碣》。
④ 罗运杰:《呈坎前罗善三房总支簿》,1949年抄本,安徽省图书馆收藏复印件。

续表

序号	名讳	世代	生卒年	主要事迹
22	伯龄	十九世	1410—1475	尝以父命客于江淮者三十余年,家业益裕。
23	泰孙	二十世	1450—1486	贾鬻货殖,以裕家业。
24	震孙	二十世	1453—1517	挟巨赀贸易淮海……所赢得大倍先业,号称千万,邑中富人无与偶者①。
25	仁孙	二十世	1456—1500	业淮鹾。为人耿介,聪明质直好义。壮游大江南北,所行踵父迹②。
26	仲孙	二十世	1457—1508	兄弟怡怡,更互在客。……与兄弟共创南山等楼,及石砌上海官路。
27	季孙	二十世	1459—？	兄弟更互在客,家务巨细多由综理……南山等楼、上海官路,皆与兄弟协力为之。
28	义孙	二十世	1460—1504	业鹾,其后人住扬州③。
29	玹孙	二十世	1462—？	行货江湖,斯文士夫尤多契爱。经营奉亲等楼及石砌上海官路,皆与诸兄共之。
30	礼孙	二十世	1465—1516	业鹾。尝客淮扬,支中官盐,运使每以斯文起敬④。
31	元孙	二十世	1467—？	慷慨游江湖间,所务者营什一以计赢缩⑤。
32	良孙	二十世	1471—1525	质朴有操守,与兄俱客临清,同心协济。
33	富孙	二十世	1452—1488	以父命贸易江湖之上。
34	长孙	二十世	1429—？	经营涉远,以裕家业。
35	顺孙	二十世	1443—1502	自少勤俭,与兄协力经营,家业优裕。
36	太祥	二十世	1444—1503	客辽阳,遇例输粟冠带。
37	奇祥	二十世	1454—？	挟赀客辽阳,输粟边储,以供军饷,中淮浙官盐。
38	禧直	二十一世	1465—1496	人事特达,尝客江湖,贾鬻植货,财贵丰裕。
39	禧智	二十一世	1472—1496	壮游湖海,志在克家。
40	永潽	二十一世	1467—1498	从事贾鬻,故于临清。

---

① 罗斗、罗所蕴、罗大章:《溧川足征录》献部卷三《明故处士汝声公暨配孺人汪氏合葬墓志铭》。
② 罗运杰:《呈坎前罗善三房总支簿》。
③ 罗运杰:《呈坎前罗善三房总支簿》。
④ 罗运杰:《呈坎前罗善三房总支簿》。
⑤ 陆深:《俨山集》卷五十五《罗氏义宅记》,见《文渊阁四库全书》第1268册,第346页。

续表

序号	名讳	世代	生卒年	主要事迹
41	时宗	二十一世	1479—1556	业鹾,生平乐善好施,如歙城、广陵城均有巨赀捐修①。
42	滋宗	二十一世		汪次公者讳良标。……市人负其侣罗滋宗盐直,次公出百缗偿之,两得解②。
43	昶宗	二十一世		以盐筴致巨万③。
44	灌宗	二十一世	1511—1588	广故资,以盐筴起富④。
45	准宗	二十一世	1514—1590	勇善乐施,长于综理,业益大显⑤。
46	应荣	二十一世		贸布为业,累积至中贾⑥。
47	慷	二十二世	1532—1599	治盐筴。世宗末,岛夷犯广陵,商民大恐,有司建策筑城,翁首捐资助役,有保御功⑦。
48	应凤	二十二世	1536—1611	授以家政,贾广陵,不替先业,谦厚有古人风⑧。
49	玄健	二十二世		母授微赀,俾偕老仆外商理父业……日有起色⑨。
50	正中	二十三世	1566—1644	兄居而翁出,凡转毂都门、盐筴淮北,多出翁謦画⑩。
51	希尹	二十四世	1550—1616	父宾石翁,治盐筴。……岁丁酉,遇方士于真州……未几,连失两鹾艘。公益无聊,适有事金陵,得吉梦,与术者言协,乃勉试国子,入棘,榜揭,裒然举矣。……丁未春,乃谒选天官,除闽之光泽令⑪。
52	鸣文	二十四世		挟重赀筹筴淮南⑫。
53	所蕴	二十五世	1588—1663	业鹾,喜读书,博学,善书法⑬。

---

① 罗运杰:《呈坎前罗善三房总支簿》。
② 王世贞:《弇州续稿》卷一百十六《处士汪次公继妇许孺人合窆志铭》,见《文渊阁四库全书》第1283册,第630~631页。
③ 罗斗、罗所蕴、罗大章:《潥川足征录》献部卷二《漳州别驾心唐公行略》。
④ 罗斗、罗所蕴、罗大章:《潥川足征录》文部卷十四《祭罗封君文》。
⑤ 罗运傑:《罗氏考本支世系谱》,清咸丰九年(1859年)抄本,安徽大学徽学研究中心藏复印件。
⑥ 罗斗、罗所蕴、罗大章:《潥川足征录》献部卷九《贞母蒋太孺人家传》。
⑦ 罗斗、罗所蕴、罗大章:《潥川足征录》献部卷二《眉州太守起莘罗公行状》。
⑧ 罗运傑:《罗氏考本支世系谱》。
⑨ 罗斗、罗所蕴、罗大章:《潥川足征录》献部卷九《贞母蒋太孺人家传》。
⑩ 罗斗、罗所蕴、罗大章:《潥川足征录》献部卷三《处士罗详宇传》。
⑪ 罗斗、罗所蕴、罗大章:《潥川足征录》献部卷二《眉州太守起莘罗公行状》。
⑫ 罗斗、罗所蕴、罗大章:《潥川足征录》献部卷三《罗于乔先生传》。
⑬ 罗运杰:《呈坎前罗善三房总支簿》。

通过上表,可以看出明代前罗徽商经营的概况。

1. 尽管前罗在明初就已有人经商,但大规模发展起来是在明代中期,按时间来说,大致在明英宗、代宗和宪宗三朝(1436年—1487年),而到了孝宗、武宗和世宗三朝(1488年—1566年),则出现了前所未有的繁荣局面。应当说明的是,表中所列的五十三名徽商都是文献中有明确记载的,属于较为成功的大商人,更多的中小商人不在其列,加上正德以后前罗的不少支派没有文献存世,因此,可以推定,明代前罗徽商的实际人数是要远远多于表中所列的。

2. 前罗徽商经营地域广阔,从关外到江南都留下了前罗徽商的足迹,而以淮扬和江南为经营重点。表中所列,提及在淮扬地区经营的有十七人,在江南苏州、松江、杭州等地经营的有八人,在这两个地区经商的人最多,至于前罗徽商在这两个地区曾经经营过的实际人数,也是要远远超过表中所列的。另外,运河上的商业重镇临清和东北新开发的商业都市辽阳,也有一定数量的前罗徽商参与经营。

3. 前罗徽商经营最多的是盐业。表中唯一提及的前罗经营行业就是盐业,这当然不是说前罗徽商只经营盐业,但盐业确实是前罗经营的最大宗生意。表中明确提及经营盐业的有十三人,那些虽未提及盐业但主要在淮扬地区经营的,多半也是盐商。前罗家族的盐业经营持续了相当长的时间,如表中罗希尹(罗佛相六世孙)的曾孙罗廷典(1671年—1740年),"观时变以法白圭,适大东之北,从抚于公佐理鹾务,纤悉必中肯綮,人争奇之"[①],可见罗廷典及其父罗曜辰(字抚于,1639年—1703年)也是经营盐业的,其时间已经到了清代康熙、雍正、乾隆年间。从罗佛相至罗廷典,前罗家族至少有十代人经营过盐业,历时超过三百年,可谓名副其实的徽州盐商世家。

4. 罗佛相家族是前罗盐商的主力。在前列简图中,罗佛相有四个儿子、十一个孙子,大部分都是以盐业为主的大徽商,在经营中获得了很大的成功。

---

① 佚名:《罗氏家谱》,上海图书馆藏清乾隆抄本。

据罗佛相曾孙罗时宗墓志铭记载："族人多为贾者,其尤以富称,则皆公诸父诸昆也,故当时称'四大分'。"①所谓"四大分",即罗佛相四子的房分,依次为善一、善二、善三、善四房。

5. 表中所列前罗徽商,以二十世、二十一世为最多,在正德、嘉靖年间达到高峰,而嘉靖以后,无论是人数上还是声势上似乎都不如从前。这种印象的形成,一方面是由于明代晚期前罗家族的文献不如中期来得多而详细,另一方面,与罗佛相家族在嘉靖晚期遭遇的一场重大危机有密切关系。

(三)正德、嘉靖年间前罗盐商的兴盛

正德、嘉靖年间是前罗盐商的兴盛时期,"四大分"子孙资本充裕,实力雄厚。其中最为突出的是罗震孙,其墓志铭中记载:

> 公名震孙,字汝声,一字仕璇,歙呈坎人也。……幼聪慧,不类常儿,长益豪迈,喜读涉猎百家言。已挟巨赀贸易淮海,一时贤士大夫引为布衣交,且叹曰:"罗公贤长者,世不恒有也。"……揆事决策,见末而知本,故所赢得大倍先业,号称千万,邑中富人无与偶者。②

学界研究明代徽州盐商资本,常引晚明谢肇淛的说法,即"新安大贾,鱼盐为业,藏镪有至百万者,其他二三十万,则中贾耳"③,认为明代徽州盐商以百万为上限,上千万的规模要到清代中期。罗震孙在明代中期即达到千万的规模,这无疑是相当罕见的。此墓志铭出自前罗二十三世罗逸之手。他是罗震孙族曾孙,对其家族情况有较多了解,即便有所夸大,亦当有所本,至于称罗震孙"邑中富人无与偶者",则说明他确实是一代巨贾。

这一时期前罗盐商的财力之雄厚,还可以从他们从事的大量公共设施建设中看出端倪。以下略举数人:

---

① 罗斗、罗所蕴、罗大章:《潨川足征录》献部卷三《明故处士罗公配孺人胡氏旷氏徐氏合葬墓志铭》。

② 罗斗、罗所蕴、罗大章:《潨川足征录》献部卷三《明故处士汝声公暨配孺人汪氏合葬墓志铭》。

③ 谢肇淛:《五杂组》卷五。

罗弥四："村首溪水冲啮，为居人患，公率众伐巨石砌遏，民赖安堵。建本里水口石桥，修砌灵山箬岭傍毗坑路。"①

罗震孙："甃上海洋泾桥路，于里中建隆兴桥道观，并砌石路，建第一名山坊于白岳之麓，皆卓然不朽者。其他于路次构亭造桥，不可胜纪。至于食饥衣寒，吊死庆生，赈穷周急，即更仆难数。"②

罗仲孙："创建许村双溪石桥，复买地作路造亭于桥首，以憩行者。与兄弟共创南山等楼，及石砌上海官路，亦各有记。"③

罗元孙："建梁于关溪，于慈源；开道于箬岭，于王干；寻复建箬岭之亭，皆捐巨赀以为之。……建义宅于居第之南，以居族属。规地七亩四分有畸，屋以间计者一百九十七，厅堂门庑廪庾庖湢，罔不具备。又割上腴之田百余亩，岁收所入用为婚丧疾病之资。"④

罗灌宗："输千金广陵，身率宗人富者输万金于歙，于是广陵雉堞、歙东门丽谯屹然矣。"⑤

前罗盐商投巨资从事公共建设，说明他们具有较高的素质，热心公益，但前提是要有经济实力。罗元孙建义宅近二百间，罗震孙善行"不可胜纪"，当然是以这堂兄弟二人雄厚的财力为基础的。

前罗盐商还是宗族事业的主要建设者。前罗经过明初以来的繁衍壮大，成为名副其实的大族。嘉靖晚年，罗必达称呈坎前罗"为千家之聚"⑥，不再是元末"数十家"的小族了。伴随着人口的大幅度增加和财富的大规模增长，族内的矛盾也在增加，因分产争财而发生的冲突时有所见。这种情况引起了族内有识之士的担忧："世愈远而人愈蕃，尔乡我里，固不能保至无涣散，况何

---

① 罗运傑：《罗氏考本支世系谱》。
② 罗斗、罗所蕴、罗大章：《潊川足征录》献部卷三《明故处士汝声公暨配孺人汪氏合葬墓志铭》。
③ 罗震孙：《新安呈坎罗氏宗谱》卷二。
④ 罗斗、罗所蕴、罗大章：《潊川足征录》文部卷七《罗氏义宅集序》。
⑤ 罗斗、罗所蕴、罗大章：《潊川足征录》献部卷三《明封御史东泉公墓志铭》。
⑥ 罗斗、罗所蕴、罗大章：《潊川足征录》文部卷六《重修长春社记》。

不相视为途人耶?"①为了防止族内涣散局面的出现,前罗大力加强宗族事业建设,建祠堂,修家谱,设文会。

前罗在宋元时尚非大族,元末至正十年(1350年),罗荣祖之子罗稷孙"率族众置墓田,始有墓祭合族之聚"②,足见当时尚无合族祭祀的祠堂。到了明代中期,宗祠建设被提上日程。明弘治十一年(1498年),罗弥四、罗震孙叔侄发起建祠,"经营五载,不下万工"③,建成后由徽州知府彭泽题名为"罗氏世祠",罗弥四购田十余亩作为祭田。祠中供罗天真以下历代重要祖先神主,"元旦则于斯而庆岁,元宵则于斯而庆灯。荐以首时,祭以仲月,子姓彬彬,罗拜祠下。……宗族相聚,世虽远,其源流为可寻;人虽众,其昭穆无所紊。"④作为前罗的统宗祠,罗氏世祠起到了统合全族的作用。

建祠之后,罗震孙还独资纂修家谱,"正德戊辰夏,取元东舒翁所编宗支,再续后之宗族,为谱凡有十卷……凡所冗费皆先生独应之"⑤。关于修谱的用意,罗震孙自称:"吾谱乘之作,聚而修之,惧散亡也,非为好事计也。"⑥显然,除了光宗耀祖之外,罗震孙也有借此统合宗族之意。

前罗在科举仕宦方面长期不如后罗,在经商成功之后,对科举文教的投入大大增加了。明嘉靖二十二年(1543年),呈坎潨川文会建立。这个文会虽然是前后二罗共同创建的,但前罗在其中显然起到了主导作用。据《潨川文会簿》序文记载其发起情况为:"潨川文会,实兵马指挥虎石公倡之,率予辈十余人岁考月试。鼓而翼之者,则国子典籍浴斋公、儒林郎梦醒公、新斋公、洽州司马真吾公,督其事则存诚公也。"⑦这些发起人是有详情可考的,罗琼宗(号虎石)、罗沂宗(号浴斋)、罗应槐(号真吾)属于前罗,只有罗佐(号梦醒)

---

① 罗震孙:《新安呈坎罗氏宗谱》卷二。
② 罗震孙:《新安呈坎罗氏宗谱》创建罗氏世祠首末。
③ 罗震孙:《新安呈坎罗氏宗谱》创建罗氏世祠首末。
④ 罗斗、罗所蕴、罗大章:《潨川足征录》文部卷六《罗氏祠堂记》。
⑤ 罗震孙:《新安呈坎罗氏宗谱》后序。
⑥ 罗震孙:《新安呈坎罗氏宗谱》跋。
⑦ 《潨川文会簿》序,安徽大学徽学研究中心藏复印件。

属于后罗。潨川文会统合呈坎士子,以"岁考月试"的方式振兴文教,很快收到了效果,若干与会者相继考中府县庠生。明嘉靖二十五年(1546年),罗必达乡试中举,成为前罗的第一个举人。

在前罗繁荣壮大的过程中,"四大分"子孙发挥了关键作用,他们财力最雄,人丁亦多,举凡建祠兴会、修谱置田一类事务多由他们主持操办。明嘉靖年间,"四大分"子孙发起兴建罗荣祖的支祠——罗东舒祠,至明嘉靖二十一年(1542年),完成了后进寝堂的兴建①。然而,其后工程却长期停了下来。万历年间,罗应鹤称之为:"遇事中辍,因循垂七十年,危至圮坏。"②对"遇事中辍"的详情,罗应鹤没有具体说明,后人对此有各种猜测。笔者以为,这应该与嘉靖晚年前罗遇到了一次极为严重的危机——罗龙文事件——有密切的关系③。罗龙文是罗震孙的孙子,属于"四大分"中的善二房,通过打点关系,他结识了时任内阁首辅严嵩之子严世蕃,成为严家的心腹。在嘉靖晚年激烈的党争中,严嵩父子最终失败,明嘉靖四十四年(1565年)三月,严世蕃与罗龙文先后被杀。罗氏家族受到此事的株连,受到严重冲击。此后,罗家把科举仕宦看作摆脱危机的主要出路,加快了向缙绅家族的转变。

三、明代晚期前罗家族的重振与转型——向缙绅家族的转变

罗龙文事件,对前罗家族的打击是非常严重的,教训也是非常深刻的:盐商纵有家财万贯,没有官场保护伞,随时会有覆灭的危险。单纯的交通官府、攀龙附凤是远远不够的,只有自己的子弟能够科举入仕,才能提供保护。罗灌宗在屡遭劫难后,痛感科举仕宦的重要性,"每以不及列青衿为恨"④,遂全力栽培子弟读书。潨川文会的"岁考月试"也大大加强了,"昧旦,少长咸至,

---

① 罗东舒祠于万历四十五年(1617年)最后建成,壮丽华美,寝堂的木雕与彩绘尤为出色。该祠已于1996年11月由国务院公布为全国重点文物保护单位。
② 罗斗、罗所蕴、罗大章:《潨川足征录》文部卷六《祖东舒翁祠记》。
③ 关于罗龙文其人其事的详细考证,本书另有专门论述。
④ 罗斗、罗所蕴、罗大章:《潨川足征录》献部卷二《中丞闻野罗公传》。

既夜半而外阖犹闭。家走一力,篝灯而逆于路,无辄入者"①。

前罗家族的苦心栽培,终于获得了成功。明隆庆五年(1571年),罗灌宗之子罗应鹤会试及第,成为前罗的第一个进士。罗应鹤(1540年－1630年)历任景陵知县、监察御史、大理寺右丞、太仆寺卿,颇有政绩。明万历十六年(1588年)春,升任保定巡抚,在任三月,遇父丧,奔丧守制。此后,罗应鹤攸游林下四十余年,再未出仕。

罗应鹤还居乡里后,长期主持家族事务,推动前罗持续向缙绅家族发展。罗应鹤极为重视文会,自建"求益轩",将漺川文会迁至其中。为保证会费,加强管理,罗应鹤除率众捐资置田外,还改订会规,每年派设四名司会人员,保管会匣和账簿。会规严禁司会者中饱私囊,司会向下首交会时,如有亏欠,必须以自己资财补足,"如营私及徇情假借,私自借当者,查出罚银五两入匣公用,会众仍共督其赔偿,毋使稽迟岁月"②。

最能反映罗应鹤对文会功能和意义定位的,是他对入会者的界定:

> 凡我同盟,请自今为约,嗣后列名文会,必甲科贡三正途,以及监生、生员、封君之以子贵者。若武科,国家与文科并设,倘有射策乡会,由武得俊者,正所谓有文事者,亦有武备,不妨同会。此外即簪缨奕奕,自可另立一会冠裳会,与诸登仕者庆吊往来,雅成佳会,不必强援文会,致名实不相副,诸同盟者宜永坚墨守,毋得徇情。③

可见,罗应鹤认为,文会应该主要由科举正途出身的缙绅来组成,其他人即便能够获得官衔,"簪缨奕奕",也不允许加入文会,以免"名实不副"。换言之,漺川文会应该由科举出身的缙绅组织领导,并为前罗家族产生更多有功名身份的缙绅而努力。罗应鹤认为前罗应该全力向缙绅家族靠拢,这对整个家族的发展走向产生了巨大的影响。

---

① 《漺川文会簿》序。
② 《漺川文会簿》会规。
③ 《漺川文会簿》序。

明代晚期,前罗子弟在科举中获得了很大的成功。依《溪川文会簿》记载,万历至崇祯年间,呈坎罗氏子弟(含已迁居外地者)共有各类庠、监生八十余名,多数为前罗子弟。万历四年(1576年),罗应鹤之弟罗应鸿、族侄罗文安乡试中举。万历二十二年(1594年),罗应鹤之子罗人望乡试中举,三年后,族侄罗希尹也成为举人。天启五年(1625年),罗人望又中进士。罗人望子罗苍期在清初也中进士。呈坎后罗在宋代曾经有过四世进士,而晚明清初前罗也接连三代进士,而且是在罗应鹤一家之中,更为难得,故罗斗称:

> 郡中三世举进士者,独出其家。在昔有宋四世成进士者,为彦济尚书、端良鄂州及孙肖卿博士、曾孙□□,然惟以世相承为父子孙曾。今一家三世递承,人尤多之。①

通过科举功名,一批前罗子弟在晚明具备了缙绅身份。前罗盐商经营虽不如正德、嘉靖年间那样兴盛,但还有一定的实力,富裕者不乏其人。通过各类政商关系的交相运用,若干前罗子弟踏入了仕途,虽未再度出现督抚级别的高官,州县官员却有一定的数量。如罗希尹,既经营盐业,又从事科举,中举后,经吏部铨选为福建光泽县令,历任七县知县,最后升为眉州知州。罗希尹的经历,可谓儒贾"迭相为用,不万钟则千驷"②,生动诠释了徽商在儒贾之间的相机抉择,也是前罗家族极力争取缙绅身份的体现。

经过明代晚期七十余年的发展,呈坎前罗通过科举及第,培养了一大批具有科举功名的缙绅,"接武登第,蟺龙交奋,群哲嗣兴"③,重新振兴起来。此后的前罗家族,儒贾交相运用,不仅富商巨贾迭兴,而且文人雅士辈出,其兴盛势头一直保持到了清代中期。清初《溪川足征录》的三位主编中,罗斗(二十五世)、罗所蕴(二十五世)都是前罗子弟。录中所收诗文,宋元以后罗为主,明代则以前罗为主,前后二罗在文化水准上终于并驾齐驱,比翼双飞

---

① 罗斗、罗所蕴、罗大章:《溪川足征录》文部卷六《溪川文会大文堂记》。
② 汪道昆:《太函集》卷五十二《海阳处士金仲翁配戴氏合葬墓志铭》。
③ 《溪川文会簿》序。

了。明代中期兴起的呈坎前罗盐商家族，经过长期的努力，在继续保持商业经营的同时，也成为一个具有高度文化水准的缙绅家族。

第三节 罗龙文事迹研究

罗龙文是明代嘉靖年间(1522年—1566年)政治舞台上的重要人物，一方面，在正史中，他主要是作为大奸臣严嵩、严世蕃父子的爪牙角色而出现的，最终被杀纯属恶贯满盈[①]；另一方面，在某些明代文献记载中，罗龙文又是抗倭战争中的功臣，"任侠饶智略，佐胡襄懋平岛寇有功"[②]。处于奸臣与功臣之间，罗龙文的形象本已相当不易描述，而他与一代名妓王翠翘之间的曲折故事，经过明末清初文人雅士的大肆渲染，其传播之广，远远超过了他的政治活动。在这些文学作品中，罗龙文多半以"负心汉"的形象出现，使得对其事迹和人格的评价增加了更多的负面因素。

值得注意的是，在关于罗龙文事迹的众多文献中，主要集中在他参加抗倭战争至被杀身亡的人生最后十余年，反映其早年事迹的文献极少，加上他被杀之后，"乡人多讳言其事"[③]，导致很多文献在叙及罗龙文时，在若干重要问题上，要么付之阙如，要么错漏百出。由此导致了今天这样的一种学术现象：以罗龙文为主题的研究成果寥寥无几，而在围绕嘉靖晚期党争的政治史研究和王翠翘故事的文学史研究中，则多半会附带提及罗龙文[④]。少量以罗

---

① 张廷玉：《明史》卷三百八《严嵩传》，第5302~5303页。
② 李维桢：《大泌山房集》卷十四《秦汉印统序》，见《四库全书存目丛书》集部150册，第598页。
③ 许承尧：《歙县志》卷十《人物志·方技》，1937年石印本。
④ 关于严嵩与嘉靖党争的研究成果很多，可参见江西省社会科学院历史研究所：《严嵩与明代政治》，上海：上海社会科学院出版社，1989年；张显清：《严嵩传》，合肥：黄山书社，1992年；向燕南、余茜：《明后严嵩时代的史学生态与史学文本中的严嵩》，载《史学史研究》，2015年第1期。关于王翠翘故事的研究成果亦多，可参见陈益源：《王翠翘故事研究》，北京：西苑出版社，2003年；吴建国：《王翠翘故事从史传到文学讲述的嬗变轨迹》，载《中国古代文学研究》，2013年第4期；陈支平：《从王翠翘传奇看明末清初人对于徽商"海寇"的另类解读》，载《安徽史学》，2014年第1期。

龙文为主题的文章中,主要是从文物鉴赏和工艺美术的角度,把罗龙文作为一位制墨大师来加以论述①,而这并非罗龙文一生的主要事业。

近年来,在整理歙县呈坎罗氏徽商的资料中,发现了与罗龙文有关的若干文献,对了解罗龙文生平事迹颇具价值。以罗氏文献为基础,结合其他存世文献,对罗龙文的主要事迹进行考辨,对围绕其人其事的众多异说进行澄清,在此基础上,对罗龙文进行简要的评价。

一、罗龙文家世考

在有关罗龙文的众多文献中,很少见到关于其出身来历的介绍,这个缺陷,是导致很多歧说的源头,也是亟须澄清的重要问题。从罗氏文献中可知,罗龙文出生于南直隶徽州府歙县呈坎村,是一位富庶的徽商子弟。

据罗氏家谱记载,唐末五代时期,豫章罗氏子弟罗天真、罗天秩自江西洪都(今南昌)迁居歙县呈坎,罗天真后裔居前村,为前罗,罗天秩后裔居后村,为后罗。罗龙文属于前罗,从罗天真至罗龙文共二十二世,其传承关系为:

天真→成→仁昉→文珏→爵→准→禧→务本→嘉谋→文虎→泳→璟→荣祖→贤孙→骏寿→善应→慧师→佛相→弥秀→震孙→岩宗→龙文②

呈坎前罗在宋元时尚非大族,直至明代中期,在商业经营中大获成功后,才真正走向强盛。罗龙文的祖父罗震孙(1453年-1517年),是一代巨商,"号称千万",在明代徽商中是相当罕见的。可见,罗龙文出身于一个非常富裕的徽商家族。

同样值得注意的是,罗龙文的历代祖先中,既没有任何人取得过科举功名,也没有任何人曾经出仕为官。徽商经营成功后,往往希望子弟能够科举

---

① 傅秉全:《罗小华"一池春绿"墨》,载《故宫博物院院刊》,1984年第4期;吴春浩:《墨史浅说》,载《江苏教育学院学报》,2005年第4期。

② 此处传承关系依据下列罗氏文献:罗震孙:《新安呈坎罗氏宗谱》;罗斗、罗所蕴、罗大章:《溁川足征录》。

入仕,以期既富且贵,罗龙文家族当然也不例外。此一家族背景,在研究罗龙文事迹时值得重视。

二、罗龙文事迹考

(一)罗龙文的生卒年

嘉靖四十四年(1565年)三月二十四日,明世宗嘉靖皇帝处死罗龙文,载于《明实录》①,故罗龙文卒年无异议,但其生年在各类文献中俱无明文,考证不易。以下仅略作推论。

首先,罗震孙在正德三年(1508年)纂修家谱时,于罗龙文之父罗岩宗条下记:"岩宗,字克瞻……配西溪汪氏……侧室赵氏,生子曰青"②。可见,罗龙文在修谱时尚未出生,因此,他最早出生于正德四年,这是生年的上限。

其次,潘之恒曾记其与罗龙文长子罗延年交往,称:"余从海上陈大参宅见之,年七十矣。……余时赋一诗寿之。……时丙午首春日。"③从中可知,罗延年在万历三十四年(1606年)七十岁,则其生于嘉靖十六年(1537年),其父死时二十九岁。徽州古人多早婚,但不可能过早生子,以十五岁生子计,则罗龙文最晚生于嘉靖二年(1523年),这是下限。

综上而论,罗龙文应生于正德四年(1509年)至嘉靖二年(1523年)之间。若以常人二十岁左右生长子论,应当生于正德十二年(1517年)左右,死时年龄约五十岁上下,这是较为合理的推论。

已故安徽省建设厅高级工程师罗来平先生,是呈坎前罗后裔,著有《徽州文化古村呈坎》一书,所记人物事迹大多依据家谱,其中记载罗龙文生卒年为1516年至1565年④。笔者虽见过前罗家谱十余种,但其中并无罗龙文家族支谱,故不敢妄自径书。然而,罗来平先生治学严谨,所书必有依据,与前述

---

① 《明世宗实录》卷五百四十四,嘉靖四十四年(1565年)三月辛酉条,第8789页。
② 罗震孙:《新安呈坎罗氏宗谱》卷二。
③ 潘之恒:《亘史钞·外纪·游侠》卷三《中书罗龙文传》,见《四库全书存目丛书》子部第193册,第362~363页。
④ 罗来平:《徽州文化古村呈坎》,第157页。

推论亦相符。因此,笔者以为罗来平先生所书的罗龙文生卒年是可靠的,即罗龙文生于正德十一年(1516年),二十二岁生长子,嘉靖四十四年(1565年)死时五十岁。

据罗氏文献记载,罗龙文,字含章,一字章甫,号小华,别号住住道人。

(二)罗龙文早年事迹与攀附严嵩父子的由来

反映罗龙文早年事迹的文献极少,歧见尤多。明末何乔远著《名山藏》,称:"嵩家僮罗龙文,列衔中书,齿缙绅间。"①即罗龙文本是严嵩的家僮,主子发达,鸡犬升天,虽家僮亦得列衔中书。此说影响甚大,明末清初刘振《识大录》②、查继佐《罪惟录》③皆沿袭其说,以至万斯同修《明史》,虽以严谨著称,亦加采纳④。然而,此说并不可靠。所谓家僮,在明清时期是指大户家中的私人奴仆,罗龙文祖上四代为富商,绝不至于卖身为奴,故"家僮"之说,虽倡和者众,实属子虚。罗氏文献中记载罗龙文出仕途径为:"由太学通籍者,则有中书舍人罗龙文。"⑤即罗龙文是由国子监监生(太学生)起家,入仕后曾为内阁中书舍人。但文献中并未提供其入监、出仕的具体时间,至于罗龙文在何时、以何种方式攀上严家,也没有丝毫记载。文献不足,莫此为甚。

笔者在探寻罗龙文早年事迹时,发现与其同时入监的上海富商子弟殷二卿墓志铭值得重视。该铭称:

> 君讳二卿,字仲弘。……逾冠……北游成均,会祭酒王公考选六馆之士,首其班,而君与焉。再试再蹶于京兆,而同班生歙人罗龙文者,夤缘获幸于分宜,气焰张甚,每语:"君独不能为我乎?何用楚楚儒冠为?"君逊谢之,亟注选南归。……谒选为长沙县丞。……君

---

① 何乔远:《名山藏》卷九十三《严嵩传》,见《四库禁毁书丛刊》史部第48册,第113页。
② 刘振:《识大录》,见《四库全书存目丛书》史部第35册,第376页。
③ 查继佐:《罪惟录》卷三十《严嵩传》,见《续修四库全书》第323册,第509页。
④ 万斯同:《明史》卷四百一《严嵩传》,见《续修四库全书》第331册,第339页。
⑤ 《溧川文会簿》。

生之年为正德乙亥,卒之年为万历甲辰。①

据此铭,殷二卿与罗龙文是同班监生,而当时罗龙文已经"夤缘获幸"于严嵩(江西分宜人),这对了解罗龙文攀附严嵩父子的由来极有价值,故此铭值得深究。

第一,铭中称殷二卿"逾冠"入监,由于他出生于正德十年(1515年),则其入监当在嘉靖十三年(1534年)之后。

第二,铭中称殷二卿入监后,通过谒选成为长沙县丞。据长沙方志记载,殷二卿出任长沙县丞在嘉靖二十一年(1542年)②,则其入监当在嘉靖二十一年(1542年)之前。

第三,铭中称当时的国子监祭酒姓王。据《明实录》记载,嘉靖十三年至二十一年间,国子监祭酒姓王者只有两人,一为王激,嘉靖十三年(1534年)二月任,十四年(1535年)三月致仕③;一为王教,十六年(1537年)五月任,十九年(1540年)三月升任南京兵部右侍郎④。故殷二卿与罗龙文入监当在此二人在任时。从殷二卿"亟注选南归",可知他入监与南归之间相隔的时间不会太长,这说明殷罗二人更有可能是在王教时入监。

第四,应当考虑二人的入监方式。明代国子监入监正途有三类:一是举人会试下第后入监,称"举监";二是各级儒学选送的岁贡生,称"贡监";三是高官子弟以荫恩入监,称"荫监"。明代中期以后,随着政治腐败与财政困难,开始允许通过捐纳财物入监,称"捐监"。景泰四年(1453年)四月,为赈济山

---

① 娄坚:《学古绪言》卷九《征仕郎常德卫经历殷君墓志铭》,见《文渊阁四库全书》第1295册,第118~119页。
② 刘采邦:《长沙县志》卷十七《职官志》,清同治十年(1871年)刻本。
③ 《明世宗实录》卷一百五十九,嘉靖十三年二月癸酉条,第3562页;卷一百七十三,嘉靖十四年(1535年)三月壬午条,第3769页。
④ 《明世宗实录》卷二百,嘉靖十六年五月壬午条,第4193页;卷二百三十五,嘉靖十九年(1540年)三月辛丑条,第4807页。

东灾民,各地生员只要能出米八百石,"愿入监读书者,听"①,此为捐监之始。此后捐监日多,但还限于已有功名的生员。嘉靖十六年(1537年)五月,朝廷废除了对捐监者的功名要求,"民间子弟亦许纳银,俱入国子监肄业"②。捐监自此泛滥。罗龙文与殷二卿都非高官子弟,亦无科举功名,家境却相当富裕,在朝廷允许平民捐监之后,二人即可通过捐纳入监。平民可以捐监的开始时间,正在王教在任之时,亦可表明二人应当是在他任职时入监的。

此外,据《明实录》记载,严嵩在嘉靖十一年出任南京礼部尚书,至十五年五月方回北京出任礼部尚书③。而铭中称罗龙文在监时已经攀上了严家,这就更证实了罗龙文入监当在王教任祭酒时。否则,若是王激在任时,严嵩尚不在北京,罗龙文从何而"夤缘获幸"呢?

因此,罗龙文应该是在嘉靖十六年至十九年间(1537年—1540年),通过捐纳成为监生的。

应当指出的是,严嵩早年颇有清誉,其主政之初,"雅负朝宁之望"④。罗龙文家族富而不贵,渴盼出人头地,会攀附严嵩是可以理解的。但他究竟是如何"夤缘获幸"的呢?由于文献中没有记载,只能据当时情势进行推测。

罗龙文攀附严家应该是通过结交严世蕃实现的。严嵩当时身为二品大员,与罗龙文之间位势悬殊,而且严嵩为人城府极深,罗龙文没有机会直接攀上严嵩。严世蕃在嘉靖十年(1531年)四月凭借父荫入国子监读书⑤,属荫监生。严世蕃在监期间,由于举止嚣张,曾遭受监丞范言(号菁山)的惩戒:"菁山先生不畏强御,为国子监丞时,严世蕃着红袴入上舍,先生夏楚挞之,分宜次日造门谢。"⑥依严嵩升迁时间而论,他于嘉靖十一年(1532年)任南京礼部

---

① 《明英宗实录》卷二百二十八,废帝郕戾王附录第四十一,景泰四年(1453年)夏四月己酉条,第4993页。
② 《明世宗实录》卷二百,嘉靖十六年(1537年)五月戊申条,第4211页。
③ 《明世宗实录》卷一百八十七,嘉靖十五年(1536年)五月乙卯条,第3952页。
④ 黄宗羲:《明文海》卷二百五十四《书钤山堂集后》,第2660页。
⑤ 《明世宗实录》卷一百二十四,嘉靖十年(1531年)四月庚申条,第2976页。
⑥ 朱彝尊:《明诗综》卷四十五,见《文渊阁四库全书》第1460册,第110页。

尚书,十三年(1534年)转南京吏部尚书,十五年(1536年)回北京朝觐,转任礼部尚书兼翰林院学士。从范言惩戒严世蕃,"分宜次日造门谢"的记载来看,此事当发生在严嵩调回北京之后,即嘉靖十五年(1536年)以后,严世蕃尚在国子监中。严世蕃与罗龙文年纪相差无几,又同在国子监,故而罗龙文有机会结交严嵩的独子。

罗龙文能够交结严世蕃并成为其心腹,究其原因,不外乎能够投其所好,为其所用。严世蕃为人豪奢贪婪,尤喜奇珍异宝。罗龙文出身于大富之家,有足够的钱财可以打点。罗龙文善书画,尤擅长制墨,书画大师董其昌称"若我朝墨,定当以罗小华鹿角胶为第一"①。罗墨身价之高,到了万历年间,"罗氏赝墨几与中金等价"②!罗墨如此珍贵,早已不再只是单纯的书画用具,而成为一种珍宝,必定符合严世蕃的需求。罗龙文聪颖有才干,从他后来在抗倭战争中的表现来看,智勇双全,尤长于奇谋秘计,对处于激烈党争中的严嵩父子来说,是难得的人才,故而能为严家所用。

综上所述,罗龙文在嘉靖十六年(1637年)至十九年(1640年)之间,通过捐纳成为国子监生,结交上了同在国子监中的严世蕃,进而成为严家的座上宾。这就是罗龙文早年攀附上严家的大致由来。对这个过程的描述,由于文献不足,颇多推测成分,但基于当时的各种情形,这种推测是合理的。至于罗龙文在严家的角色,王世贞称其为严世蕃"私客"③,沈德符称其为严世蕃"幕客"④,应该属于心腹幕僚。罗龙文追随严家长达二十余年,成为心腹时还相当年轻,往来又极为密切,使得某些人误以为他是严府家僮出身,故罗龙文为家僮之说,虽属以讹传讹,也是其来有自的。

罗龙文在嘉靖年间政治舞台上的作用,是通过他与严嵩父子的关系体现出来的。严嵩回北京任礼部尚书时五十七岁,嘉靖二十一年(1542年)以武

---

① 董其昌:《筠轩清閟录》卷下,北京:中华书局,1985年,第38页。
② 谢陛:《歙志·传》卷九《清艺》,上海图书馆藏明万历三十七年(1609年)刻本。
③ 王世贞:《弇州山人四部稿》卷六十六《御史中丞林公奏议序》,见《文渊阁四库全书》第1180册,第150页。
④ 沈德符:《万历野获编》卷八,见《续修四库全书》第1174册,第274页。

英殿大学士入阁时,已经是年逾花甲的老翁了,精神体力多有不足。嘉靖皇帝是个喜怒无常的主子,疑心又重,不易伺候,严嵩晚年时更觉吃力,每每依赖严世蕃。《明世宗实录》称:"诸司以事关白请裁,嵩必曰:'与小儿议之。'"①罗龙文作为严世蕃的心腹,随着严嵩父子地位的日益提高,成为当时政治舞台上的重要成员。在严家援引下,罗龙文得以"入制敕房为中书"②。明代内阁中的制敕房中书舍人,官阶不过从七品,职掌却相当重要,"制敕房舍人,掌书办制敕、诏书、诰命、册表、宝文、玉牒、讲章、碑额、题奏、揭帖一应机密文书"③。罗龙文成为制敕房中书后,即有机会参与朝中"一应机密文书"的制定,得以与闻朝政,可谓官不大、权不小。

罗龙文出任中书舍人的具体时间不明,但至迟在嘉靖三十五年(1556年)抗倭战争最尖锐的时期,他已以此身份参与抗倭,并立下了大功。

(三) 罗龙文参与抗倭战争事实

倭寇是有明一代的大患,嘉靖年间最为严重。嘉靖初年厉行海禁之后,部分日本武士、浪人,与中国沿海的海盗头目以及大量的武装走私团伙相勾结,在日本国内某些大封建主、大军阀的支持下,大肆入侵中国沿海地区,"北自辽海、山东,南抵闽、浙、东粤,滨海之区,无岁不被其害"④,给当地人民的生命财产带来巨大的损害。江浙地区由于富庶繁荣,成为倭寇劫掠的首要目标,受祸最深,也是抗倭的主战场。嘉靖皇帝多次调兵遣将出征,但由于政治腐败和军事无能,一直未能有效地遏制倭寇进犯,以王直、徐海为首的两大倭寇集团反而日益猖獗。明廷内部围绕抗倭主帅人选发生了极为激烈的斗争,最终在严嵩、赵文华等人鼎力支持之下,嘉靖三十五年(1556年)二月,胡宗宪"升兵部左侍郎兼都察院左佥都御史,总督军务"⑤,其后又升任兵部尚书,负责南直隶、浙江、福建等省的抗倭军政事务,成为新一任抗倭主帅。胡宗宪

---

① 《明世宗实录》卷五百十三,嘉靖四十一年(1562年)九月戊戌条,第8423页。
② 沈德符:《万历野获编》卷八,见《续修四库全书》第1174册,第274页。
③ 张廷玉:《明史》卷七十四《职官志三》,第1205~1206页。
④ 谷应泰:《明史纪事本末》卷五十五,第843页。
⑤ 《明世宗实录》卷四百三十二,嘉靖三十五年(1556年)二月戊午条,第7459页。

原本并不属于严嵩集团,但在成为抗倭主帅和其后的征战过程中,得益于严嵩的大力支持。胡宗宪亦极力与严嵩父子交好,罗龙文既是严世蕃的心腹,又与胡宗宪有徽州同乡之谊,胡宗宪遂将罗龙文带入自己的幕府中,在参与军政谋划的同时,充当与严嵩父子联系的纽带①。

罗龙文在胡宗宪幕府中参与抗倭战争时,究竟起了哪些作用?这个问题的答案,与史料解读有密切关系。由于罗龙文后来作为奸臣被杀,导致在其身后形成的许多文献中,讳言他的功绩。笔者以为,在罗龙文生前刊出的《筹海图编》和《倭变事略》两书中保存的事迹较为确实。

《筹海图编》是胡宗宪幕僚郑若曾所著,其书初刊于嘉靖四十一年(1562年)正月。其中涉及罗龙文的主要内容是嘉靖三十五年的剿灭徐海之战,摘录如下:

> 五月……桐乡围解。徐海、陈东攻围桐乡,势甚危迫。总督胡公新受命,引乡兵千余驻敌楼,防守杭州,无他兵可遣援者,乃与中书罗龙文谋曰:"方今征兵未集,而阮提督久困孤城,万一有失,损国威多矣。今欲用间用饵,以纾时艰,而无可使者,奈何?"龙文曰:"我世受国恩,愿以死报,请往说之。"公曰:"君京官也,而无朝命,往且不测,况与贼素无一面之识,谁则信之!"适陈可愿自松浦回,以王直义子毛烈、通事童华、夏正、朱尚礼、邵岳等款定海关,称报效。胡公喜曰:"吾事济矣。"乃留毛烈于舟山,而亟召童华等来见,因厚抚之。……华遣朱尚礼持书往说海。海故畏公威名,欲解去,而恶无名,得书大喜,欲与华面议。龙文因请监督以行,胡公从之,遂偕诣海所,

---

① 关于嘉靖年间抗倭战争的学术著述甚多,本书写作时,主要参考安徽大学卞利教授所著的《胡宗宪评传》研究成果,在此谨向卞利教授深表谢意!又,关于罗龙文、胡宗宪、严嵩、赵文华诸人之间的关系,万斯同称:"宗宪为人多权术,喜功名,因文华结严嵩父子,岁遗金帛子女、珍奇淫巧无数,嵩父子德之甚。及文华死,又因乡人罗龙文以达于嵩,所请无不如志。"(万斯同:《明史》卷二百九十五《胡宗宪传》,见《续修四库全书》第 329 册,第 223 页。)王鸿绪的《明史稿》沿用其说。此说中,认为胡宗宪通过罗龙文与严嵩交好是在赵文华死后,在时间上是不准确的,但罗龙文是胡宗宪与严嵩父子之间的联系纽带,当属实情。

宣布朝廷威德，因劝树功，以图显荣。……海大悦遂，以降券付龙文等还报，即日解桐乡围而去。……

六月……应袭管懋充、中书罗龙文诱擒贼首叶明、陈东等。徐海既解桐乡围而去，与陈东、叶明分屯吕港、新场，旋复合于乍浦城南，党与甚盛。督察侍郎赵文华数趣进兵，总督胡公……于是遣龙文与华等行间。……海犹豫未决，龙文曰："彼二人者，已密启赵公，约缚尔生致之矣。"海大怒，乃诱麻叶至管懋充舟所，缚送军门。复约龙文以舟载货，阳与贸易，童华以金二百与倭人之桀黠者，诱东偕来，至舟所，即执之以归。海自此势孤，以至于亡。

八月……贼首徐海乞降。陈东党既为官兵所破，海内不自安，阴修战备，为死斗之计。胡公知之，复令罗龙文、童华等往慰之，且讽使入见。海犹豫未决。龙文宿其营，安寝如家。海以足蹑之觉曰："此虎狼之穴，何酣睡若此邪？"龙文曰："我为尔，百口且不顾，况此身邪！今尔乃心持两端，何也？"海曰："闻赵必欲杀我，恐公不能救。"龙文曰："赵公初意如此，今也则否。"海曰："焉知非诱我而执之邪？"华曰："胡赵二公欲为尔题请封爵，使尔专提一旅之师，捍海上寇，若不入见，彼何所据以正请也。"海曰："蹈不测之险，奈何？"龙文曰："我京官也，且胡公姻戚。尔第入见，我则质尔营中，万无一失矣。"海始首肯。华既驰报军门，军门许之。为之期日，谍使复数四。期既定，海犹虑中变，先期而至入见胡、赵、阮三公，及巡按赵公孔昭于平湖城中。受犒而出，谓龙文等曰："鉴诸军门之貌，吾祸终不免。"叹息者久之。

贼首徐海复版据沈家庄。总督侍郎胡公宗宪、督臣侍郎赵公文华、提督御史阮公鹗率官兵讨平之。①

据《筹海图编》记载，徐海集团在嘉靖三十五年（1556年）三月大举入侵

---

① 郑若曾：《筹海图编》卷五，李致钟点校本，北京：中华书局，2007年，第335～339页。

浙江,明军多方堵截未果。五月,徐海围攻桐乡,浙江巡抚阮鹗被困城中,形势危急。胡宗宪无兵可救,欲诱降徐海以为缓兵之计。罗龙文自告奋勇前往说降,胡宗宪则担心罗龙文与徐海往日并无交情,恐有不测。此时,熟悉海上情形的童华等人抵达,胡宗宪遂命童华先派人前往说降,得知徐海确有降意后,再由罗龙文前往劝其立功归顺,成功说服徐海立下降券,桐乡之围遂解。其后,罗龙文与管懋充等人在徐海与其余倭寇头目之间分化利诱,各个击破,生擒叶明(即麻叶)、陈东等倭酋,徐海自此势孤。此后,罗龙文又前往徐海军营做人质,说服徐海正式归降。但胡宗宪并未放弃消灭徐海,徐海自己亦叛服不定。明军援兵抵达后,在八月底的沈家庄大战中,彻底消灭了徐海集团。

可见,罗龙文在消灭徐海集团的过程中发挥过重要作用。这主要包括:参与胡宗宪的诱降缓兵决策;具体实施诱降行动;在诱降过程中趁机分化瓦解了徐海集团,孤立了徐海本人;说服徐海归降,为彻底消灭徐海创造了条件。从罗龙文夜宿徐海军营"安寝如家",以及相关的对话中,可以看出罗龙文不仅胆略过人,而且善于随机应变,竟将纵横海上的著名倭酋玩弄于股掌之中,可谓非常之人立非常之功。

《倭变事略》是浙江海盐县贡生采九德在嘉靖三十八年(1559年)所撰的。书中抄录了胡宗宪在取胜后所上的《奏捷疏》,很有价值。胡宗宪在疏中明确肯定罗龙文参与诱降用间决策。在沈家庄消灭徐海之战的部署中,胡宗宪在疏中提到"保靖宣慰使彭荩臣、应袭冠带舍人彭守忠、总兵徐珏、参将唐玉、在灏军其东,以兵部郎中郭仁、中书罗龙文督之"①,即罗龙文还曾经督军参加最后的决战。

嘉靖皇帝收到捷报后,非常高兴。嘉靖三十五年(1556年)十一月,下诏大赏有功之臣,罗龙文获得加一级的赏赐②,并与妻洪氏一同获得朝廷敕命褒奖。颁给罗龙文的敕文如下:

---

① 采九德:《倭变事略》卷四《奏捷疏》,见《盐邑志林》第四十八帙,明天启三年(1623年)刻本。
② 《明世宗实录》卷四百四十一,嘉靖三十五年(1556年)十一月庚午条,第7551页。

敕曰：国家以文翰之士列于纶闱，其选甚荣，而图籍艺文之藏属之典综，其任尤重也。尔大理寺右寺署右评事中书舍人兼管翰林院典籍事罗龙文，才资明敏，擢艺秘廷。而尔家居，值南服岛夷之患，因机用间，屡蹈艰危。巨寇摧歼，深谋有济。乃晋尔廷评之秩，俾兼国籍之司。慎密精勤，效有劳绩。兹以考最闻，特授阶征仕郎，锡之敕命。尔尚益懋恭恪，夙夜祗承，以称任使。陟明有典，朕不尔忘。①

敕文称赞罗龙文"因机用间，屡蹈艰危。巨寇摧歼，深谋有济"，显然是指他在消灭徐海集团中发挥的作用。罗龙文的父母也一同获得了敕命褒奖。

嘉靖三十六年（1557年）九月，胡宗宪诱捕王直，随后大规模进军，基本肃清了江浙地区的大股倭寇。三十九年（1560年）二月，嘉靖皇帝下诏褒奖消灭王直的有功之臣，罗龙文再度受赏②，这说明在消灭王直集团时，他也立功。

胡宗宪让罗龙文参与军中决策，除了看中罗龙文的才干之外，还在于希望通过他向严嵩反映实情，为自己提供保护。在嘉靖三十七年（1558年）至三十九年（1560年）间，胡宗宪曾三次遭言官奏劾。据说，在情势危急时，"宗宪以书抵所亲罗龙文，贿求严世蕃为内援，书中自拟旨，以属世蕃"③，即胡宗宪曾寄信罗龙文，请求严世蕃支持，信中甚至还附有胡宗宪自拟的一道圣旨底稿。此事出于政敌之口，是非难断。胡宗宪本人虽否认自拟圣旨，但也承认与罗龙文有过"暧昧手书"④。无论拟旨之事有无，罗龙文与胡宗宪关系极为密切则是事实。在抗倭战争中，罗龙文在首辅严嵩与主帅胡宗宪之间，起到了桥梁和纽带的作用。

---

① 罗斗、罗所蕴、罗大章：《溇川足征录》文部卷一《大理寺右寺署右评事中书舍人兼管翰林院典籍事罗龙文敕命》。
② 《明世宗实录》卷四百八十一，嘉靖三十九年（1560年）二月甲辰条，第8028页。
③ 《明世宗实录》卷五百五十一，嘉靖四十四年（1565年）十月丙戌条，第8881页。
④ 胡渭仁：《忠敬堂汇录》卷四《辩诬疏》，见《中华历史人物别传集》第22册，北京：线装书局，2003年影印本，第47页。

前罗家族迁居呈坎六百余年来,罗龙文是第一个获得朝廷高度褒奖的。歙县人谢陛幼时曾目睹罗龙文衣锦还乡,称其"昼绣以归,一时赫奕"①,可谓威风得意。然而,好景不长,由于深陷党争,罗龙文最终罹祸被杀。

(四)罗龙文的垮台与被杀

罗龙文的垮台,是嘉靖晚年激烈党争的结果。严嵩长期担任首辅,专权日久,尽管一意媚上,仍然引起了嘉靖皇帝的警惕和反感。次辅徐阶表面上曲意逢迎严嵩,暗中则凝聚力量倒严。嘉靖四十一年(1562年)五月,御史邹应龙奏劾严世蕃:

> 凭席父势,专利无厌,私擅爵赏,广致贿遗。每一开选,则视官之高下而低昂其值,及遇升迁则视缺之美恶而上下其价,以致选法大坏,市道公行,群丑竞趋,索价转巨。……至于交通赃贿为之关节者不下百十余人,而伊子锦衣严鹄、中书严鸿、家奴严年、中书罗龙文为甚。……今天下水旱频仍,南北多警,民穷财尽,莫可措手者,正由世蕃父子贪婪无度,掊克日棘,政以贿成,官以贿授。②

嘉靖皇帝本已对严嵩父子不满,于是下旨勒令严嵩致仕。严世蕃与罗龙文遭革职充军,严世蕃发往广东雷州,罗龙文发往广西浔州。徐阶倒严获得了重大胜利。

然而,严徐党争并未因此结束。严嵩集团千方百计力图东山再起。严世蕃与罗龙文都从戍地逃回故乡,图谋报复,对倒严主谋更是恨之入骨。据说,罗龙文回歙县后,"藏匿亡命刺客,一日被酒大言曰:'要当取应龙与徐老头,泄此恨。'"③新任首辅徐阶一方面严密防备,另一方面则全力铲除严氏集团。御史林润早年考选时,"以千金与世蕃,得南道"④。严嵩下台后,他为了自别于严党,充当起倒严急先锋。嘉靖四十三年(1564年)十一月,林润奏劾严世

---

① 谢陛:《歙志·载记》卷一《岛寇》。
② 《明世宗实录》卷五百九,嘉靖四十一年(1562年)五月壬寅条,第8386~8388页。
③ 谷应泰:《明名纪事本末》卷五十四,第831页。
④ 雷礼:《国朝列卿纪》卷十三,见《四库全书存目丛书》史部第92册,第667页。

蕃与罗龙文：

> 臣巡视上江，备访江洋，盗贼多入逃军罗龙文、严世蕃之家。龙文卜筑深山中，乘轩衣蟒，有负险不臣之志。而世蕃自罪谪之后，愈肆凶顽，日夜与龙文诽谤时政，动摇人心。近者假治第，而聚众至四千余人，道路汹汹，咸谓变且不测。①

嘉靖皇帝大怒，下令将严、罗二人逮捕至京。次年三月，京师会审，在徐阶策划下，不但坐实林润所劾，而且给两人加上图谋叛逆、勾引倭寇、密谋潜逃日本等多项重罪。涉及罗龙文部分的有：

> 曩羊逆贼王直勾倭内讧，罪不在宥。直徽人，与罗龙文姻旧，遂行十万金，世蕃所拟为受官。……龙文亦自浔州卫逃归，相与谩言诅咒，构煽狂谋。……龙文亦招集王直通倭余党五百余人，谋与世蕃外投日本。……按世蕃所坐死罪非一，而触望诽上尤为不道，请同龙文比拟子骂父律处斩。世蕃量追赃银二百万两，龙文二十万两。②

嘉靖皇帝下旨将两人立即处斩，并严令追赃："所盗用官银财货家产，令各按臣严拘二犯亲丁，尽数追没入官，毋令亲职人等侵匿受寄，违者即时捕治。"③

罗龙文被杀之后，祸连亲旧。为斩草除根，御史王汝正奏称罗龙文长子罗六一，"素称大猾，且习通倭……今不知所向，使六一得亡，南走倭，臣恐江南之事有大可虑者"④，朝廷严令缉捕。⑤ 罗龙文的族人多遭强行追赃，如罗

---

① 《明世宗实录》卷五百四十，嘉靖四十三年（1564年）十一月辛丑条，第8737页。
② 《明世宗实录》卷五百四十四，嘉靖四十四年（1565年）三月辛酉条，第8789~8792页。
③ 《明世宗实录》卷五百四十四，嘉靖四十四年（1565年）三月辛酉条，第8789页。
④ 《明世宗实录》卷五百五十一，嘉靖四十四年（1565年）十月丙戌条，第8881页。
⑤ 罗龙文长子本名南斗，为躲避缉捕，改名王常，在其父生前好友云间顾从德庇护下，得以幸免。晚年恢复罗姓，七十二岁时去世，著有《秦汉印统》等书。参见李维桢：《大泌山房集》卷十四《秦汉印统序》，见《四库全书存目丛书》集部第150册，第597~599页。

灌宗,本为扬州富商,"时有族舍人之难,令阑坐公父贾产,责所输过当……家遂旁落矣"①。呈坎前罗家族遭此大劫,一度中衰。至于胡宗宪,早在嘉靖四十一年(1562年)十一月就被削职,在罗龙文死后再遭株连。嘉靖四十四年(1565年)十月,王汝正奏劾胡宗宪"昔与王直交通,每籍龙文为内援,相与诪事世蕃"②,并有私拟圣旨大罪。胡宗宪被捕,十一月三日在北京狱中瘐死。受到罗龙文案的牵连,一时间整个徽州"阖郡震惕"③,大有风声鹤唳之势,可谓一府之劫难。

三、罗龙文与王翠翘故事考

王翠翘是徐海的侍女。最早提到王翠翘及其与罗龙文纠葛的,是胡宗宪之子胡桂奇所著的《胡公行实》。隆庆六年(1572年)四月二十日,明穆宗下诏追复胡宗宪生前之职,并予赐祭,对胡宗宪进行平反,五月十四日,隆庆皇帝病死。《胡公行实》提及复职、赐祭之事,称嘉靖皇帝为先皇,称隆庆皇帝为今上,其书当作于隆庆六年(1572年)四五月间。其中提及王翠翘的内容为:

> 公遣谍语海,以"杀宗礼者,陈东、麻叶也,何不计擒以献军门,则功大而降顺之心益明,得世袭爵级矣"。海徐曰:"容思之。"尚犹豫未忍。公乃使谍持玩好诒海爱姬王翠翘,谍因私之。翠翘复力劝海,兼闻赵尚书督大军且至广陵,意遂决。……公使谍遗王翠翘珠玉,因说以投降之利,海气飞扬。公令谍教翠翘昼夜酣以酒色,海因是染疾,欲逸去,念已结怨岛倭,势不能归,欲自保,业已剪灭羽翼,难与持久,且翠翘朝暮复力劝,海遂因谍约期乞降。……丙午,会公所调永保兵亦至,公乃会督视,合诸路主客兵围之。壬子,海率倭突战,汪把总力战斩之,并俘海侍儿王翠翘等。……公既生获翠翘,遂驰书督视赵公曰:"吕布既诛,貂蝉复获。唱饮而还,不亦乐乎?"赵

---

① 罗斗、罗所蕴、罗大章:《溧川足征录》献部卷二《中丞闻野罗公传》。
② 《明世宗实录》卷五百五十一,嘉靖四十四年(1565年)十月丙戌条,第8881页。
③ 胡渭仁:《忠敬堂汇录》卷四《辩诬疏》,见《中华历史人物别传集》第22册,第47页。

见书,急掉舟来遇之。①

胡桂奇提到的胡宗宪派遣诱降徐海的"谍"者,与《筹海图编》相对照,就是罗龙文。罗龙文作为奸臣被杀后,胡宗宪后人、幕僚追叙往事,多讳言其人,胡桂奇此书即一例。依胡桂奇所述,王翠翘为徐海爱姬,罗龙文诱降徐海时将她作为突破口,以珠玉进行收买,最终通过"美人计"离间诸酋,消灭了徐海。此文中的王翠翘乃一利欲熏心女子,贪图钱财,出卖徐海,最后自己也当了俘虏。从"谍因私之"的记载来看,王翠翘与罗龙文还有过私情,在感情上亦对徐海不忠。此书著于徐海死后十六年、罗龙文与胡宗宪死后八年,时间较近,胡桂奇作为胡宗宪的儿子,也应当了解实情,故罗龙文与王翠翘之事,大致如此。胡桂奇并未提到王翠翘的最终下落,但在他的笔下,王翠翘的形象相当负面,罗龙文也显得很奸诈,唯独胡宗宪是深谋远虑的智者。从胡桂奇著书时的背景来看,这种叙述风格倒是完全可以理解的。胡桂奇所述王翠翘事迹,是目前所见的最早版本,在以往研究中未见称引,应当得到重视。

万历初年,胡宗宪幕僚茅坤撰《纪剿徐海本末》,同样隐去罗龙文姓名,称胡宗宪"数遗谍持簪珥玑翠遗海两侍女,令两侍女日夜说海"云云,所述与胡桂奇大致相同,唯称"两侍女者王姓,一名翠翘,一名绿珠,故歌妓也"②,较胡桂奇所述多出王绿珠。王翠翘可能是两女中较得宠幸、较为重要的一位,故胡桂奇只提及王翠翘一人而已。

同样在万历初年,徐学谟自刻文集,收有他所撰的《王翘儿传》一篇。徐学谟称王翘儿是山东临淄人,自小被卖入娼门,善琵琶,后以计逃脱,改名王翠翘。徐海攻陷桐乡,掳得王翠翘,大加宠幸。王翠翘虽表面相从,暗中则希望徐海失败。后来胡宗宪派华老人(即童华)劝降,徐海怒,欲杀之,赖王翠翘

---

① 胡桂奇:《胡公行实》,见《四库全书存目丛书》史部第83册,第454～458页。
② 茅坤:《茅鹿门先生文集》卷三十《纪剿徐海本末》,见《续修四库全书》第1345册,第122～123页。

从旁劝解获救。此后胡宗宪"遣罗中书诣海说降,而益市金珠宝玉以阴贿翘儿"①,最终诱降成功,消灭了徐海。据徐学谟所述,除直接点出罗龙文(罗中书)外,与胡桂奇、茅坤无大异,但传中提及了王翠翘被俘后的结局,称:

> 督府供张辕门,以飨诸参佐,令翘儿歌而遍行酒,诸参佐皆起,为督府寿。督府酒酣心动,亦握槊降阶而与翘儿戏。夜深,席大乱。明日,督府颇悔夜来醉中事,而以翘儿功高,不忍杀之,乃以赐所调永顺酋长。翘儿既从永顺酋长,去之钱塘舟中,辄悒悒不自得,叹曰:"明山遇我厚,我以国事诱杀之,杀一酋而更属一酋,何面目生乎?"夜半投江死。②

此传中的王翠翘乃一刚烈女子,虽为国事诱杀徐海,最终亦为徐海殉情。徐学谟未多提罗龙文,而他笔下胡宗宪的形象则相当龌龊,是逼死王翠翘的凶手。徐学谟称传中事迹得自于童华。据说,胡宗宪俘获王翠翘后,曾致书赵文华称:"吕布既诛,貂蝉复获。唱饮而还,不亦乐乎?"言下颇有志得意满之慨,他与赵文华以王翠翘唱饮取乐的场景,可想而知。两相综合,徐学谟所记的胡宗宪酒后调戏王翠翘及王翠翘之死,当为实情。胡宗宪后人与幕僚对此多有忌讳,故不愿明言王翠翘结局。

进入万历晚期之后,有关罗龙文和王翠翘故事的各类文献大量涌现。首开罗龙文"负心"之说的,是谢陛主修的《歙志》。该志在《岛寇》与《杂记》中都详细叙及罗龙文事迹:

> 太学生罗龙文,故富人儿,豪举浪游,资斧渐尽,抑郁无聊。曾内交于山阴名士徐渭,即字文长者,督府上客也,因荐于督府。……龙文遂摄儒衣冠,单车一力而投刺海军中。……海讶而然之,于是

---

① 徐学谟:《海隅集》文编卷十五《王翘儿传》,见《四库全书存目丛书》集部第 124 册,第 574 页。

② 徐学谟:《海隅集》文编卷十五《王翘儿传》,见《四库全书存目丛书》集部第 124 册,第 575 页。

遣人同龙文来谢督府,解桐乡围。……又遣龙文持珠翠笄珈、珮珰钗钏甚丽,遗两侍女,日夜说海,令缚东。二贼相继缚,而诸酋汹汹矣。……寻得永保兵至,督府阴部勒已定,而嗾东部下贼同袭击之,海急,投水。永保兵问两侍女投水处,泪水获尸,斩首以献。……外史氏曰……诱海则罗龙文一人,何襄懋不列诸人之功而各令沾一命也?①

罗龙文豪举时,方在嘉兴裹翠翘、绿珠二妓。徐海方为博徒所窘,脱身来妓家,亦有旧昵,不敢昼见人。龙文知其壮夫,极善遇之。四人接臂痛饮尽欢,因推所昵者主之,海亦不辞,因与龙文握手耳语曰:"此一片地非吾辈得意场,丈夫安能唯唯人下乎?吾从此逝矣,公宜自爱,他日苟富贵,得相见毋相忘。"遂各别去。不数年,龙文困而走杭,闻海已为舶王,拥雄兵围桐乡城,因受督府指,挺身往说之。则相与道故欢,出二姬以佐酒。……从此督府听龙文,以珍玩厚遗二姬,而海在阱中矣。寻败没沈家庄。二姬欲归龙文,乃为有力者夺去,寻亦自尽,龙文深自恨负心云。②

依谢陛所述,罗龙文与王翠翘、徐海是老相识,因此后来能够成功说降徐海,王翠翘事后自杀,罗龙文则自恨负心,其事颇有传奇小说色彩。

然而,谢陛所述与早期文献抵牾之处太多:罗龙文自告奋勇劝降徐海时,胡宗宪曾担心两人"素无一面之识",足见罗龙文与徐海并非故旧;罗龙文在入胡宗宪幕府时已经是内阁中书,何来"资斧渐尽,抑郁无聊"?罗龙文在成功之后曾两获嘉奖,夫妻、父母均获敕命,所谓胡宗宪"不列诸人之功而各令沾一命",不知从何说起!罗龙文族弟罗应鹤即对志中有关记载极为不满,抨击该志为"魏收秽史",曾将"敝里一二讹舛宜正者"详细列出,要求逐条改正③。

---

① 谢陛:《歙志·载记》卷一《岛寇》。
② 谢陛:《歙志·杂记》卷一。
③ 罗斗、罗所蕴、罗大章:《潊川足征录》文部卷五《与毕孟侯论邑志书》。

谢陛所述的罗龙文与王翠翘故事虽属子虚，但情节曲折动人，富有吸引力。潘之恒采之，撰《中书罗龙文传》，末尾亦有"龙文自恨负盟"①云云。明末清初的好奇文士，多依此铺陈，逐渐形成了一套叙事模式：

罗、王、徐早年相识→徐海称雄，王翠翘得宠→罗龙文因王翠翘诱杀徐海→罗龙文负心，王翠翘殉情→罗龙文终陷大辟。

各家的评论大都同情王翠翘而谴责罗龙文。余怀撰《王翠翘传》，借"外史氏"之口大发议论：

> 外史氏曰：嗟乎！翠翘以一死报徐海，其志亦可哀也！罗龙文者，世称小华道人，善制烟墨者也。始以游说阴赂翠翘，诱致徐海休兵，可谓智士。然其后依附权势，与严世蕃同斩西市，则视翠翘之死，犹鸿毛之于泰山也。人当自重其死，彼倡且知之，况士大夫乎？乃倡且知之，而士大夫反不知者，何也？悲夫！②

余怀所论，褒贬鲜明，很能代表当时一般文人雅士的看法。当然，也有异论存在。张潮将余怀此传收入《虞初新志》，附加了一段自己的议论：

> 张山来曰：胡公之于翠翘，不以赐小华，而以赐酋长，诚何必乎？观翠翘生致之后，不能即死，居然行酒于诸参佐前，则其意有所属从可知已。其投江潮以死，当非报明山也。③

依张潮所论，王翠翘之殉情，并非为徐海，而是为罗龙文。这样的评论，在当时众多谴责罗龙文"负心"的声音中，实属别出心裁。这可能是因为张潮与罗龙文为歙县同乡，因此不欲多加贬损。

明末戴士琳所撰的《李翠翘》，姓氏虽异，实际上也是王翠翘故事的翻本。戴士琳称李翠翘与罗生早年邂逅，心许罗生而罗生不知。罗生后投奔胡公，

---

① 潘之恒：《亘史钞·外纪·游侠》卷三《中书罗龙文传子罗王常附》，见《四库全书存目丛书》子部第193册，第362页。
② 张潮：《虞初新志》，石家庄：河北人民出版社，1985年校点本，第147页。
③ 张潮：《虞初新志》，第147页。

贪污军饷三千金。为赎罪,罗生不得已前往劝降徐海,留在军营做人质。众倭酋欲杀罗生,此时李翠翘出现,呵斥众人住手。罗生叩头乞怜,因李翠翘而得救。临行时,罗生涕泣感恩。然而,故事的结局与其他版本大相径庭:

> 岁余,公捣海巢,缚海。翠翘亦在俘中,谓生且当活己,所以乞哀万状,生卒不向胡公出一语,翘竟死于市。临刑,仰天大呼曰:"李翠翘误识罗生而负徐海,死真晚矣!"乃知海昔日之从降,翘与有力也。

> 野史氏曰:徐海以狂竖煽祸东南,国家盖诎数万金钱供战士,仅乃降之,而不能胜翘枕上一语,此其功当录,即贷一死不为过也。奈何罗生忍人,不为翘乞哀,令泯泯以没。……其后分宜败,罗生不免伏法,天道盖不爽哉!①

戴士琳笔下的罗龙文,狡诈善变,既忘恩负义又残忍无情,已经远远超过了通常意义上的"负心汉"形象,他最终伏法被杀,实在是天道爽然。在罗龙文与王翠翘故事的各版本中,罗龙文形象最丑恶的,当属戴士琳本。

平心而论,罗龙文与王翠翘故事,只是嘉靖抗倭战争中的一段插曲,从胡桂奇与徐学谟所述中,能得其大致实情。然而,明末清初文人士大夫嗜好才子佳人、艳情志怪一类的小说,王翠翘故事因此受到瞩目。罗龙文在王翠翘故事中多以"负心汉"的形象出现,这既是文学创作的需要,也往往寄托了作者个人的爱恨情仇,尽管这些故事并无多少依据。或许因为罗龙文的"奸臣"名声太坏,在明末文士"青心才人"所撰的《金云翘传》中,干脆省略了罗龙文,而以王翠翘的悲剧命运为主线,另行铺陈。《金云翘传》后传入日本、越南等邻国,影响甚大,受到今日学界重视,但这已经属于文学史的研究范畴了,本文不复赘论矣。

---

① 黄宗羲:《明文海》卷四百十四《李翠翘》,第4312页。

四、关于罗龙文的评价

罗龙文生平事迹,本书已考证如上,但对其人其事的评价,仍值得深入分析。

关于罗龙文的评价,第一个要面对的问题,就是正史中的"奸臣"定性。《明实录》《明史》都将罗龙文定为大奸臣严嵩的心腹爪牙,作为明清两代的官修史书,二书对明代人物的评价影响极为深远。书中所列严嵩父子招权纳贿之事甚多,野史中更不胜枚举。邹应龙所劾即使未必句句属实,亦必有所依据。罗龙文作为严世蕃的心腹,与严嵩集团的所作所为有脱不了的干系。若按政敌所言,他甚至参与过私下自拟圣旨,骄恣妄为,实属取祸之道。因此,罗龙文的垮台与被杀,确有咎由自取之处①。

第二,政敌对罗龙文等人奸恶的控诉,多有夸大和不实之处。最为明显的就是嘉靖四十四年(1565年)三月京师会审时,给严世蕃、罗龙文加上的密谋叛逆、勾引倭寇、妄图潜逃日本等多项罪名,纯属诬陷,这在今日史学界已经成为共识。即便是《明实录》,在历数严嵩"奸党"恶行后,也承认上述罪名是强加的:"乃润疏指为谋逆,法司拟以谋叛,悉非正法也。"②对严世蕃、罗龙文巨额赃银的指控同样多有不实。嘉靖四十四年(1565年)六月,嘉靖皇帝下令将没收财物一半接济边关,一半解入宫中,但到了十二月,实际解入宫中的却只有十万两而已。嘉靖皇帝对此相当恼怒,称:"三月决囚后,今已十月余矣,财物尚未至,尚不见。……是财物既不在犯家,国亦无收,民亦无还,果何在耶?"③命令刑部对主持抄家的官员严加参奏。抄家者在严令之下,终于在次年六月如额完成了任务。至于抄家官员完成任务的手段,从罗龙文族人遭强行追赃的事实中,完全可以想象。《明世宗实录》也承认,查抄严氏家产

---

① 明代文献中有罗龙文逃过死刑的记载。沈德符称:"徽人罗龙文者,素负侠名,能伏水中竟日夜……闻林御史再参,遂先遁去。其后以叛臣法见殛者,实罗氏族子,非真龙文也。"(《万历野获编》卷十八,见《续修四库全书》第 1174 册,第 465 页。)其事形同小说,不足采信。

② 《明世宗实录》卷五百四十四,嘉靖四十四年(1565年)三月辛酉条,第 8793 页。

③ 《明世宗实录》卷五百五十三,嘉靖四十四年(1565年)十二月乙亥条,第 8901 页。

中多有刑讯逼供、任意攀指之处,以至"株蔓及于无辜,一省骚扰"①,这与查抄罗龙文家产时出现"阖郡震惕"的局面,如出一辙,两地的抄家官员实属一丘之貉!

第三,对明代人物功罪是非的评价,应当超越明代人的是非恩怨。晚明野史大兴,文人札记尤多,党争的参与者往往会在文献中为自己评功摆好,对政敌落井下石。这当中一个最为重要的问题是,对嘉靖晚年国家状况的恶化,如邹应龙所言"民穷财尽,莫可措手"的严重局面,应当由谁负责?大量的明代文献都将罪责归咎于严嵩集团,这是不公正的。作为当时国家的最高统治者,嘉靖皇帝才应当负最大的责任。特别是嘉靖皇帝统治的后期,滥用民力,痴求长生,竟然二十余年不上朝,海瑞批评他"不君""不父""不夫",是切中要害的。只不过明代人极少有海瑞这样的勇气,而严嵩集团既是党争的失败者,得罪的人又多,因此,所有的恶名都被加到了他们的身上,罗龙文也连带着被钉在了历史的耻辱柱上。实际上,他们在很大程度上是代嘉靖皇帝受过。

罗龙文的人生悲剧中,最令人感慨的莫过于,他当年在抗倭战争中出生入死立下的大功,到头来竟然都成了他被杀的重罪!他在战争中体现出的机智与胆略远非常人所能及,也让政敌对他格外忌惮。严嵩集团经营二十余年,官阶在罗龙文之上的比比皆是,但政敌必欲除之而后快的,除了严嵩父子之外,就是罗龙文了。各类奏劾中对罗龙文的攻击,远远超过了其他严党官员。个中缘由,就是因为他足智多谋,故必除。至于嘉靖皇帝在嘉奖罗龙文时,口口声声"朕不尔忘",转眼间即大开杀戒,则是专制君主翻脸无情的一贯作风。从这个意义上说,罗龙文的人生悲剧,归根到底,是皇权专制制度的牺牲品。

人物评价之难,古今皆同。古人有谥法制度,依生平事迹,对人物给出评定。但确定谥号实是难事,因为人非圣贤,功过相间,以致难于定谥。明代人

---

① 《明世宗实录》卷五百四十,嘉靖四十三年(1564年)十一月辛丑条,第8737页。

在议定嘉靖朝重臣谥号时深感为难：

> 议谥最难，而议谥于数十年之前尤难。……徐阶媚事严嵩，人议其诡；田连阡陌，人议其富；而乘时自立，能收鼎革之人心。胡宗宪结严世蕃而广货贿，人议其邪；阿赵文华而倾督抚，人议其险；而计获渠魁，卒除东南之祸本。①

可见，历史人物的行为有其复杂性，往往功过集于一身。今人评价明代人物，尤其是评价那些功罪是非都很复杂的人物，无异于"议谥于数百年之前"，可谓难上加难。正是从这个意义上说，评价罗龙文，不能简单地以功臣或奸臣来定性，记其功而不略其过，功罪是非各不相掩，才是正确的态度。至于罗龙文与王翠翘在战乱中的儿女私情，则所谓成大事者不拘小节。

第四节　家谱与近代徽商研究

在明清徽商研究已经取得很大成绩的基础上，近年来，已有学者提出应该重视对近代徽商的研究②。然而，在近代徽商研究中存在着一项特殊的困难——经过系统整理的资料较少，目前已经公开出版的各类徽商研究资料中，如《明清徽商研究资料选编》《千年徽州契约文书》《徽州社会经济资料丛编》等，清代道光以后的资料不多。从目前资料的收集整理状况看，徽州家谱中蕴藏了大量近代徽商的资料，应该引起学术界的重视。

一、家谱如实记录了近代徽商遭遇的劫难

徽州地处皖南丘陵山区，地理环境相对封闭，"其险阻四塞几类蜀之剑阁矣，而僻在一隅，用武者莫之顾，中世以来兵燹鲜焉"③。正因为如此，在两晋

---

① 《明神宗实录》卷三百八十六，万历三十一年（1603年）七月壬申条，第7261~7262页。
② 赵华富：《徽州宗族研究》，第514页。
③ 方弘静：《素园存稿》卷二十《谱序》，见《四库全书存目丛书》集部第121册，第355页。

之交、残唐五代和两宋之际,它一直是中原地区世家大族的避难迁居之地,宋、元、明、清诸朝的更替也没有在此造成太多的战乱,社会总体上是安定的。但咸同之际的太平天国运动则是徽州历史上的一次空前的浩劫,也是对徽商的致命一击。清代晚期和民国年间编纂的徽州家谱中,详细记录了这场战争给徽商带来的巨大劫难。

黄山学院图书馆徽学资料中心有一部民国十年(1921年)编纂的歙县《北岸吴慎德堂族谱》,它所记录的是迁居于歙县北岸的左台吴氏一支的族史。这个家族原以务农为业,清嘉庆年间,吴士昌、吴士彦兄弟因经营茶业有方,"贾苏浙间,多亿中,遂雄于财。道光季年,海禁大开,益扩充实业,设庄制出口茶,以挽回权利,业益进,家益兴,置田宅长子孙矣"①。吴士昌的两个儿子绍铫、绍锡继续在上海经营,获利颇丰,"家道兴起,田园屋宇,家业生产,事多所创造,雄于赀,著名乡里"②,成了大茶商。咸丰十年(1860年)夏,太平军进攻苏南,吴绍铫从上海逃往杭州,险遭不测:

> 时沪滨开口通洋务,公于创始历此地,凡贸易多获赢余。发贼蜂起,沪地戒严,公偕用人返杭州,适杭陷,迟一时,未入城,而钱庄汇兑一票失八千矣。城外贼如麻,用人被贼拿去,公急跃民船,撑篙自济,免于难。跳船时急横,跌船边,已伤足矣。③

吴绍铫于是又从杭州逃往家乡徽州,未料徽州已成为战场,"公返里,贼已近徽,谍者日数至,报凶耗,公足不良于行,坐山舆,两人肩之以避乱"④。到了这年秋天,歙县被太平军攻陷,吴绍铫兄弟携全家数十人在崇山峻岭中逃难,双双去世,留下一段悲惨的记载:

> 庚申秋,贼至,余(按:为吴绍铫之孙)年幼,随祖父家人等避贼于最高处,名磨盘尖,而蔚卿公孺人亦逃避贼于鸡冠尖,为贼迹至,

---

① 吴永滋:《北岸吴慎德堂族谱》卷十。
② 吴永滋:《北岸吴慎德堂族谱》卷十。
③ 吴永滋:《北岸吴慎德堂族谱》卷十。
④ 吴永滋:《北岸吴慎德堂族谱》卷十。

后发际伤一刃,离公处仅半里许。幸日暮,贼不复追。夜将半,贼烧灞岭山房屋数十处,红光烛天,余家在对山,照耀能辨面目。公命众人趁夜潜逃,至庙前横坞,谍者云贼间道入淳安矣,由横坞逃茶园坪。几日后,使凌姓华玉、吴姓锡朋、承玉三人探贼踪,遇贼于竹岭,离茶园坪仅一二里地,二人命锡朋急报信,华玉、承玉近山林,出入与敌,贼怒捕二人,约半时许,二人逸,及贼至,阖家移别处矣。贼去,结舍栖船凹,年终迁入八罗汰焉。明年归,时江浙贼寇出没无定,公遭骇不敢家居,二月后举家住外鲍家汰昆圃,公大病。……一日晨,公立门外,余幼,蹲地上,目力急视,远处一红旗飘荡,谓公曰:"贼至矣。"公惊曰:"贼真至!"急命诸担物并抬病者急奔陇上,甫至陇,贼已至,离陇无半里,公与家人急走湖阳山,到石潭,过蛇坑、蛇井,入里石半源。次日午后,至里方村,适贼去,家人等闯入家内,其家寂无人,楼上下死者人数无已。停一夜,次日入白杨昆圃。公病有转机,绍锡公疽发矣,倩名外科医治无效。贼退,思返里再治。余幼,有人襁负背上,一路沿河尸骸如山积,污秽不忍视,行道者以艾塞鼻避腐臭。家人至正口,绍锡公溘然逝矣。嗟乎,风声鹤唳,草木皆兵,公挈一家数十人奔走仓皇,所经惊涛骇浪者屡矣,而忽于路途遭大故,处此惨境,其悲痛何极哉!次日,扛绍锡公者临行,公哭之曰:"弟先行,兄随后至。"返里后,瘟疫大作,丧事毕,公以哭泣过哀,未半月又溘然逝矣。①

从众多家谱的记载中,可以看出太平天国战争对徽商的主要经营地区即长江中下游和新安江流域造成了严重破坏,对徽州本土则是一场史无前例的浩劫。交战双方对徽商竞相掠夺,徽商不但缺乏开展商业经营的起码的安全环境,到最后连生命也保不住。了解近代徽商的经营活动,这是非常重要的历史背景。

---

① 吴永滋:《北岸吴慎德堂族谱》卷十。

二、家谱提供了大量近代徽商经营的资料

盐商是明清徽商的中坚力量,乾隆年间处于全盛时期,有"全国金融几可操纵"①的影响力,但在道光年间的盐法改革后,徽州盐商急剧衰落,这是一般的共识。但这并不意味着道光之后,徽商就完全退出了盐业的经营,实际上,道光之后,两淮、两浙的盐业经营中仍有相当数量的徽商参与,黟县南屏人李宗湄由小伙计发展为大盐商的事迹早已为人熟知。除此之外,歙县新馆鲍氏、许村许氏等家族在盐业经营中也相当活跃。

黄山学院徽学资料中心曾征集到一部民国三十四年(1945年)许村敦本堂编纂的《神主簿》,其中有一篇民国十七年(1928年)撰写的《清故中宪大夫中书科中书候选训导许静夫府君行述》,详细记载许村最成功的盐商许炳勋的事迹。据记载,咸丰五年(1855年),许炳勋开始外出,"赴江苏海州为商。……贩布为业,幸数年获赢,积赀数千缗,乃设大有布肆于州城内"②。同治六年(1867年),许炳勋回歙应试,中秀才,当年八月,赴南京应乡试,结识了两淮盐运使方子箴。由于许炳勋既有知识文化,又有商业经验,深得方子箴赏识,"延入幕,付巨赀,令营鹾业"③。许炳勋及其子许家泽从此长期主持盐城县伍佑盐场:

> 其办理伍佑场务也,严拒垣主借运盐斤,忱恤屯船,使无亏损。事竣,余盐畀垣主,屯船完全交代,均感甚。其办理四岸运务也,体恤江船亦如待内河屯船,酌盈剂虚,春秋环运,处之裕如。④

许炳勋在盐业经营中眼光长远,人弃我取,每每获利:

> 光绪癸未庚寅等年,某两钱庄倒闭,亏欠巨万,以盐票堆盐作

---

① 许承尧:《歙县志》卷一《舆地志·风土》。
② 许家修:《歙县许村许敦本堂神主簿》上册,1945年铅印本,黄山学院图书馆收藏。
③ 许家修:《歙县许村许敦本堂神主簿》上册。
④ 许家修:《歙县许村许敦本堂神主簿》上册。

抵,府君商之方果卿世伯,允之。后票价涨,堆盐亦有余,计利有盈无绌,府君常曰:"受亏事,首肯认亏,无不谐,否则受大亏矣。"处事以制胜类如此。①

历任盐运使对许炳勋都很倚重,"在扬经营鹾务垂四十年,善货殖,不苟取,声誉籍甚"②。许氏家族在两淮盐业中的经营直至抗战爆发才被迫终止,长达七十年。

歙县昌溪是徽商聚居的重镇,有"吴茶周漆潘酱园"之称,但其中的详情却难以说清。上海图书馆藏有民国十九年(1930年)编纂的《周邦头周氏族谱正宗》十八卷,为"周漆"的来历与经营状况提供了难得的详细资料。依家谱记载,绩溪周坑周氏十四世裔孙龙孙于元至正年间迁居昌溪下村,其后子孙昌衍,人丁众多,将所居之地更名为周邦头。周氏家族从明代中期开始,在扬州、开封等地经营盐业和典当业,相当兴旺,但在明末清初的战争中遭到沉重打击,一度陷于衰微。

康熙、雍正年间,周嘉誉首先在宁波经营徽漆,大获成功:

> 弃儒就商,精计然术,远游各省,过浙东之宁波,见富庶甲他埠,逆知将来商务必发达,遂驻焉。创设永几茶漆字号于东门大街,运徽严之漆往来浙皖间,道途奔驰,不辞劳瘁,贸易诚信无欺,货求其精,制务其良,以是营业日盛。以故非独宁人知徽漆之美,即本人亦莫不以徽漆为佳也。公之深谋远虑能使徽制之漆驰名海外,购办恐后,其绩伟矣。③

周氏漆业尽管在咸同战乱中受到相当大的冲击,但战后迅速得到了恢复。周德醇(1825年—1886年),于太平天国战争结束后,"在绍兴合设永泉

---

① 许家修:《歙县许村许敦本堂神主簿》上册。
② 许家修:《歙县许村许敦本堂神主簿》上册。
③ 周德炽:《周邦头周氏族谱正宗》卷十六《永几公传》,1930年木活字本,上海图书馆收藏。

茶漆字号,手订一切店规,擘画周详,有条不紊,故能日事扩充,立基础于不敝之地"①。周德升(1830年－1880年),"成童后,母令就商于宁波成泰茶漆号,籍其祖荫,一志贸易,遇事不屈不挠,言必当理,人咸敬之。冠后综理店务,措施得宜,商业因以日盛,饶有积蓄"②。周忠樑(1850年－1922年),"稍长,习漆商,足智多谋,机警果断,遇事审慎周密,聆察恒逾其祖,乔寓台州府。公察路桥镇之人物风俗,知将来必能发达,迁居焉。乃谋诸从叔云川公,得其资助,创开泰成漆号,悉心经营,蒸蒸日上"③。周忠照,"一意经商贩漆于陕之兴安,历二十七年,寒暑无间,其耐劳毅勇,遐迩钦服"④。由此足见周氏漆商在近代依然兴旺。

在徽商经营区域中,扬州、苏州、杭州、上海、南京、武汉等大中城市一直比较受人关注,成果也较多,但对其他区域研究成果则较少,徽州家谱资料若能得到充分运用,当可弥补此一不足。笔者在前些年接触到江苏南通的一些反映民国时期当地商业的资料,得知当地有相当数量的徽商在开展多方面的经营。有一份资料提到当地有一家名为"洪立大"的茶庄,创始人名叫洪颂南,"始于清朝康熙年间,距今已三百多年。……据业中老一辈人谈,当时洪立大有洪百万之称,除经营茶叶外,还开设两爿典当。并为五个儿子捐了五个大红顶子,官名'齐政大夫'。有钱又有势。在清咸丰年间,太平天国农民起义,清王朝王藻的军兵扼守江北,江边封锁严密,上江船到江北靠岸,只要说是洪立大的人,就准许上岸。据说,当时洪立大保过不少的人"⑤。此类记载令人甚感兴趣,但苦于得不到其他资料的印证。近来,笔者在黄山学院徽学资料中心见到一部光绪二十四年(1898年)编纂的歙县《梅溪洪氏族谱》,为歙县山阳洪氏的一支,其中有南通洪立大茶庄创始人的详细介绍:

---

① 周德炽:《周邦头周氏族谱正宗》卷十六《朴斋公行述》。
② 周德炽:《周邦头周氏族谱正宗》卷十六《渭滨公传》。
③ 周德炽:《周邦头周氏族谱正宗》卷十六《松溪公传》。
④ 周德炽:《周邦头周氏族谱正宗》卷十六《藜轩公传》。
⑤ 方保三:《南通洪立大茶庄》,见政协南通市文史资料委员会:《南通文史资料选辑》第11辑,1991年,第107页。

源授,字颂南,国学生,诰赠奉直大夫,布政司理问加二级,覃恩赠资政大夫,侯选道加四级,性孝友,乐善好施,训五子以义方,时目为燕山五桂。同邑曹文正公振镛与公同庚生,习闻其行谊,尝称为一乡善士,逮公寿八十,特书灵椿堂三字匾额寄赠,祝嘏之日牓诸厅堂,乡里咸荣之。生平事实具载同邑王子怀少宰、绩溪程蒲孙太史、通州顾姓谷大令所撰传、志、碑表中。公生于乾隆乙亥二十年二月十八日亥时,殁于道光甲午十四年五月二十四日丑时。①

据族谱记载,洪源授有五个儿子:伯镶、伯烑、伯成、伯林、伯海,皆经商致富,封衔与其父一样,均为"资政大夫"。结合实地调查可知,伯海的后人一直在南通经营洪立大茶庄,直至中华人民共和国成立后私商改造时才结束。

上述家谱资料的获得,一方面可以印证南通当地的资料;另一方面也可以对某些以讹传讹之处进行修正。而南通这样一个过去不为人注意的区域中竟有相当数量的徽商存在,这完全可以成为徽商区域研究中的一个新领域。

三、家谱为探讨近代徽商转型提供了重要线索

徽商研究长期关注于明清时期的徽州商帮,对近代徽商的转型问题缺乏关注,不能不说是一种研究上的缺失。实际上,徽商主要的经营地在长江中下游,这里正是中国近代化进程最快的地区,身处其间的徽商子弟得风气之先,接触到近代资本主义文明的机会是很多的,耳闻目睹之余,不乏择善而从的先行者。如前述的歙县许村盐商家族中,许炳勋有三个儿子,长子早殇,许家泽和许家修兄弟接受传统教育,考中秀才,到第三代则完全改变,家中多人接受近代西方教育:

家修之子本继,承嗣先长兄家麟,丙午殇;本裕,北京大学文学士;本端,民国六年殇。家泽之子本震,德国耶纳大学哲学博士;本

---

① 洪筱图:《梅溪洪氏支谱》不分卷,清光绪二十四年(1898年)木活字本。

纯,美国意利诺大学工程博士;本仁,业商;本学,留学日本;本谦、本怡肄业国立同济大学医科与国立中央大学商学院。①

从实地调查获知,除许本震、许本纯两位博士外,许本裕后成为英国伦敦大学商业管理硕士,许本学为日本东京帝国大学法学博士,许本谦为德国汉堡大学医学博士。许炳勋的九个孙子中长大成人的有七个,其中竟出现四位洋博士、一位洋硕士(许村当地人习称"五博士"),这在当时是前所未有的,足见徽商家族吸收近代文明,积极转型,而徽州家谱的记载为探讨近代徽商转型提供了重要线索。

前述的歙县周邦头周氏宗族中,有一支在康熙年间迁居到宁波,晚清和民国年间,这个支派中涌现出一代巨贾周宗良。周宗良(1876年—1957年),谱名忠良,又名亮,字良卿,号宗良,其祖上三代在宁波经营徽漆。周宗良最初在宁波海关任职,后加入德国的爱礼司洋行宁波经销行美溢颜料号任译员,此后与人合资开设通和纱厂,独资开设谦益顺号,经营贝士富牌靛青兰染料和糖、棉花、鱼酱、鱼胶等土产的进出口贸易。光绪三十一年(1905年)赴上海,入德国的谦信洋行任职,深得大班轧罗门赏识,任该洋行买办。第一次世界大战初,在华德商纷纷回国,轧罗门离沪时,将谦信洋行全部栈存染料折价赊给忠良。大战期间,颜料来源中断,日、美等国商人来沪抬价收购德国颜料,以应国内需要,颜料价格狂涨数十倍,最高达百倍以上,周宗良因栈存颜料数量大而成为沪上富豪。民国十三年(1924年),德商在沪成立德孚洋行,谦和、爱礼司、裕兴、咪咷、禅臣、礼和、拜耳、广丰等洋行中的颜料业务,悉归德孚洋行集中经营。周忠良任德孚洋行总买办,成为德国颜料在华的总推销人,颜料销量扩大,分支号猛增至二百余个,资金四百万元,时有"颜料大王"之称。周宗良以经营漆业、颜料业所获巨额利润投资兴办金融业和房地产业,先后任浙江实业银行、中国垦业银行、中国银行和中央银行董事。此外,周宗良还投资经营工矿企业,有汉口既济水电公司、杭州电汽公司、华商轮船

---

① 许家修:《歙县许村许敦本堂神主簿》上册。

公司、康元制罐厂、公和纺织厂、振丰毛纺织厂等,独资经营的有宗泰进出口行、镇东机器厂等;与人合资的有信余汽灯号、如生罐头厂、宁波恒孚钱庄(后为银行)等。周宗良资本雄厚,投资的范围十分广泛,早已超越了徽商传统的经营领域,是徽商转型时期的代表人物。

徽商转型时期的另一位重要代表人物是汪惕予。汪惕予(1869年—1941年),谱名志学,又名自新,字惕予,以字行于世,绩溪八都余川人。汪惕之父汪立政在上海创立汪裕泰茶庄,据民国五年(1916年)编纂的《余川越国汪氏族谱》记载,"公练达世务,智虑奇伟,有大志,待人尤诚悫,豁露肝胆,不欺一诺,以是所业隆隆日上,闻誉交驰,前后三十年间,相继于上海、苏州、奉贤等处矧列九肆"①。汪惕予继承家业后,与其子汪振寰将汪裕泰茶庄发展成为上海最大的茶业企业,有"茶叶大王"之称。

汪惕予身为徽州近代最大的茶商,同时对医学极感兴趣。据家谱记载,光绪十九年(1893年)时,汪惕予"就江苏奉贤夏景垣先生习医术"②。光绪二十五年(1899年),他"以此事难知,渺如渊海,非博通中外无以汇其全,三月,遂赴日本入篠崎医校习泰西医学"③在日期间,茶庄事务由他人打理,汪惕予本人则"在医校穷探奥窔,至废寝馈,又得彼国通人切劘学业,因以大进"④。

光绪二十九年(1903年),汪惕予学成回国,在上海英租界广西路开设诊所。"时君医术已噪远近,适两江总督端方患风疾,乃专员赍千金为聘,并遣兵轮迎至南京督署诊治,署中医士蜂集,君深得温礼,坐诊匝月,端之宿疾大瘥"⑤。自此医名愈发大震,诊事随之繁忙,原设的诊所不能满足病人需要,汪惕予决定兴办一所教授西医的医校,"君以中国医学虽属五千年之国粹,然金元以来学派襍出,聚讼纷纭,莫衷一是,且以气胜生尅之说尤支离惝怳,不

---

① 胡祥木:《余川越国汪氏族谱》卷三《汪以德公传》,1916年木活字本,黄山学院图书馆收藏。
② 胡祥木:《余川越国汪氏族谱》卷三《中国自新医院院长汪惕予先生第一年谱》。
③ 胡祥木:《余川越国汪氏族谱》卷三《中国自新医院院长汪惕予先生第一年谱》。
④ 胡祥木:《余川越国汪氏族谱》卷三《中国自新医院院长汪惕予先生第一年谱》。
⑤ 胡祥木:《余川越国汪氏族谱》卷三《中国自新医院院长汪惕予先生第一年谱》。

若西医之尚实验思,欲开医校、设医院,以津逮学子,普救病人"①。光绪三十年(1904年),汪惕予利用汪裕泰号营茶利润二万元,又得两江总督端方、江苏巡抚瑞征及使美大臣伍秩庸等人资助二点四万元,共集四点四万元,创办中国自新医科学校,并于南京东路附设中国自新医院。汪惕予亲任院长,聘用东、西洋医学校优秀毕业生当助手,又雇日本看护妇为院内病人看护。

为宣传新医学,汪惕予还编辑发行了大量的医学报纸、杂志,出版医学专著,创办各类医校。光绪三十四年(1908年),创立医学世界社,并亲任主编,编辑和发行《医学世界》杂志,首期于是年六月八日出版,每月出一期,总共出三十一期。《医学世界》的主要内容为中医和西医,题材有医案、医学问答及医学小说等。汪惕予将其译述的《解剖学生理学大意合缩》登载在该杂志上,为西医解剖学在中国的发展起到了启蒙的作用。依托杂志社,汪惕予还释译、编著了多本介绍近代西医学的书籍,合称《汪氏医学汇编》,促进了西医学知识的普及与教育。光绪三十四年(1908年),他增设医学补习夜校,每六个月为一期,总共教授学生近千人。宣统元年(1909年)又创办中国女子看护学校及中华妇产科学校,招收青年女子,授以最新看护学知识,两年毕业。民国初年,各省成立"赤十字社"(即红十字会),护士多系该校毕业。上述各类医校均为中国推行西医之首创。

汪惕予不仅医术超群,而且医德高尚。武昌起义爆发后,全国响应,清军与革命军数度激战,大江南北陈师鞠旅,血肉相搏,伤亡惨状触目惊心。汪惕予为救护伤亡不遗余力:

> 君因与同志组织赤十字社于上海,先捐银元五千,以为之倡,续蒙各界捐助一万五千余元,遂设立分社于南京、苏州、镇江及湘、汉关,置备器械药品,有志青年二百余人,授以种种救护伤兵方法,又于前设看护学校内抽派看护妇前赴战地从事救护,并得留东医学士周咏京、蒋各蝉及高丽韩挽洋诸君等十余人相助,旦夕奔走沙场,烽

---

① 胡祥木:《余川越国汪氏族谱》卷三《中国自新医院院长汪惕予先生第一年谱》。

火之中出入枪林弹雨之内，洎战事告终，统计救治护苏兵士先后凡五千人。①

正因为汪惕予为中国西医的开创作出了重大的贡献，民国二年（1913年），中国成立第一个西医界的全国组织——全国医界联合会，汪惕予被一致推举为会长，享有"中国西医之父"的殊荣。

处于转型时期的徽商，既具有一定的时代精神，又散发着浓厚的传统气息。周宗良是上海滩上的大老板，但在为族谱所作的序言中却念念不忘于"敦伦睦族、尊祖敬宗"这些"亲亲之大本"：

> 盖谱也者，世人之本也，宗族所由合，长幼所由序，爱敬所由生，亲疏所由别，不系重欤？……余尝慨夫近世之所谓谱者，第溯其姓氏所由来，罔念亲亲之大本，富而贵者，亲之若鲁卫，疏分戚矣；贫而贱者，视之如秦越者，则卑矣，此岂圣人敦伦睦族、尊祖敬宗之至意乎？吁，圣道式微，颓风日炽，纲常名教，扫地无遗，夫何道哉，夫何道哉？②

一位纵横十里洋场的风云人物，却有着如此浓厚的正统思维，以今人之眼光视之，或有颇觉其诧异的，然而，在那个新旧转换的时代，却是十分正常的。

---

① 胡祥木：《余川越国汪氏族谱》卷三《中国自新医院院长汪惕予先生第一年谱》。
② 周德炽：《周邦头周氏族谱正宗》序。

第三章 徽州宗族文献研究

第一节 徽州胡氏家族文献中名贤争夺与冲突研究

徽州是中国传统宗族社会最为典型的地区之一。判断一个宗族是否属于名门望族有许多条件,其中宗族祖先名贤辈出往往是一项非常重要的条件。明代休宁著名文学家程敏政在纂修《新安程氏统宗世谱》时,在序言中以极长的篇幅回顾了程氏宗族从西周晚期至明代早期长达二千余年的辉煌历史,列举了程伯休父、程婴、程普、程元谭、程颐、程颢等多位大名鼎鼎的宗族祖先,尽管其中一些人与徽州程氏的族属关系并不牢靠,却丝毫没有影响程敏政笔端洋溢的强烈自豪感①。虽然很多宗族在家谱里赞美狄青不攀附狄仁杰、鄯夷郭崇韬妄祖郭子仪,强调本族家谱渊源可靠,但实际上攀附名贤的现象在许多宗族中依然严重存在。同姓而不同宗族的强宗大族如果都声称是某一名贤的后裔,而又无法找到为双方公认的家谱世系,往往会产生矛盾。此类矛盾形诸笔墨后,产生了家谱中的考辨文献,而徽州家谱中谱辨、谱考数量之多,已经成为一种值得注意的宗族文化现象。

本书考察的重点是婺源两大胡氏宗族围绕乡贤胡方平与胡一桂父子族

---

① 程敏政:《新安程氏统宗世谱》序,明成化十八年(1482年)刻本,上海图书馆收藏。

属的争议。胡方平父子是宋元时期新安理学的重要代表人物,而婺源胡氏则向来分为清华常侍与考川明经两大派,也都是徽州著名大族,两族自唐末就已经分开而互不统属,但在明代却都声称胡方平父子为本族名贤,并为此产生了严重冲突,直至对簿公堂。双方各有凭恃,却又都缺乏过硬的证据,从晚明至清初缠讼百余年,过程相当曲折。攀附以至争夺名贤,在家谱中屡见不鲜,但如此缠讼的却着实少见,因此,分析此案,对深入了解徽州宗族文化的特点,具有典型意义。

一、二胡争祀案的背景:婺源清华常侍胡氏、考川明经胡氏与胡方平父子

(一)婺源清华常侍胡氏与考川明经胡氏的由来

婺源胡氏的两大派——清华常侍派与考川明经派,均称始祖于唐末迁徽州,但来源各有不同。以下按明代《新安名族志》所载,对两族唐末的来历作一简介。

清华常侍胡氏自称出于安定胡氏,唐末胡瞳迁歙县黄墩,其子胡学再迁婺源清华:

> 清华,在邑北六十里。唐开元古县治也,出安定郡之永昌公后,至汉有曰广者,为时名臣,称"天下中庸"。历传曰瞳者,宦寓宣徽,家于新安黄墩,生子学,字真翁,号东山,咸通九年登郑从谠榜进士,僖宗朝讨巢寇有功,历官宣歙节度讨击使、银青光禄大夫,检校国子祭酒兼殿中侍御史、散骑常侍,光启三年诏加御史中丞,由黄墩徙居清华,生子八人:曰延简、延升、延厚、延晖、延稀、延乐、延鲁、延照,世家于此。①

考川明经胡氏则自称祖先出于李唐皇室,由婺源人胡三收留,为避"朱温之难"改为胡姓,迁至婺源考水(即考川):

---

① 戴廷明、程尚宽:《新安名族志》前卷上,朱万曙等点校本,第 301 页。

> 考水,在邑北三十里。其先出陇西李唐宗室之后。朱温篡位,诸王播迁,曰昌翼者逃于婺源,就考水胡氏以居,遂从其姓。同光乙酉,以明经登第,义不仕,子孙世以经学传,乡人习称"明经胡氏"。①

常侍胡氏与明经胡氏在徽州六县都有支派,迁居在外地的后裔也很多,同为徽州大族。两派的家谱纂修记录都可上溯到宋代,存世的家谱基本是明代中期以后的。

(二)胡方平、胡一桂父子其人其事

胡方平、胡一桂父子是载入正史的徽州乡贤,《元史》胡一桂传称:

> 胡一桂,字庭芳,徽州婺源人。父方平。一桂生而颖悟,好读书,尤精于《易》。初,饶州德兴沈贵宝,受《易》于董梦程,梦程受朱熹之《易》于黄榦,而一桂之父方平及从贵宝、梦程学,尝著《易学启蒙通释》。一桂之学,出于方平,得朱熹氏源委之正。
>
> 宋景定甲子,一桂年十八,遂领乡荐,试礼部不第,退而讲学,远近师之,号双湖先生。所著书有《周易本义附录纂疏》《本义启蒙翼传》《朱子诗传附录纂疏》《十七史纂》,并行于世。②

可见,胡方平、胡一桂学术渊源出于朱熹嫡派,均为新安理学的著名学者,精于《易学》。胡一桂著述尤多,影响很大,明初修《元史》将他列入了《儒学传》中,官修《周易大全》以胡一桂著述为蓝本之一,清代《四库全书总目提要》中易类目录提要中也多次引用胡一桂之说。明弘治年间,婺源县在县治东馆驿故址为胡一桂建双湖先生祠,进行专祭,并正式列入祀典③。嘉靖年间,胡方平、胡一桂都被列入婺源县乡贤祠祭祀④,清代进一步被列入徽州府乡贤祠⑤。

---

① 戴廷明、程尚宽:《新安名族志》前卷上,朱万曙等点校本,第304页。
② 宋濂:《元史》卷一百八十九《胡一桂传》,北京:中华书局,2000年,第2888~2889页。
③ 汪舜民:《徽州府志》卷五《祀典》。
④ 何东序:《徽州府志》卷十《祀典》。
⑤ 马步蟾:《徽州府志》卷三《营建志》。

徽州编纂的各类志书中对胡方平父子的记载比《元史》详细得多。程敏政编纂的《新安文献志》中有汪幼凤所撰胡方平父子的传记：

> 胡玉斋方平，婺源人。曾伯祖昴，政和间由辟雍第，尝与朱韦斋有同邑同年之好。曾祖溢，绍兴初复继世科，因伯氏交于韦斋，获闻河洛之论，而朱子则世好也。方平早受易于介轩董梦程，继师毅斋沈贵瑶，沈实介轩上游，而介轩乃盘涧从子，得其家传者，盘涧受易于朱子之门最久。方平研精易旨，沉潜反复二十余年，尝因文公《易本义》及《启蒙》注《通释》一书，又《外易》四卷，考象求卦，明数推占。又有《易余问记》。……
>
> 长子一桂，字庭芳，生而颖悟，好读书，尤精于易。景定甲子，年十八，领乡荐，试礼部，不第，退而讲学，得朱氏源委之正。尝入闽博访诸名士，以求文公绪论。建安熊禾去非方读书武夷山中，与之上下议论。归则裒集诸家之说，疏朱子之言为《易本义附录纂疏》《本义启蒙翼传》。……一桂又为《诗传附录纂疏》《十七史纂》《人伦事鉴》《历代编年》诸书，并行于世。一桂居之前有二小湖，自号"双湖居士"，远近师之，号"双湖先生"。①

汪幼凤曾在元至正末年主笔纂修婺源县志，他是元代晚期人，上距胡一桂父子生活年代为时不远，由于各类传世文献包括家谱在内，尚没有发现胡方平父子的行状、墓志之类的更为详细的传记资料，所以汪幼凤此传是研究胡方平父子生平最重要的资料。

---

① 程敏政：《新安文献志》卷七十。

(三)关于胡方平父子族属的早期记载

胡一桂去世之后,其后裔迅速衰落①,以致其父子虽被载入正史,却未见其行状、墓志。无论是常侍胡氏抑或明经胡氏的家谱,对其事迹的记载皆未超过汪幼凤的叙述,故确定其族属有相当大的困难。

对于祖先的来历,胡一桂在《致谢枋得书》中曾简略谈及其家世,《新安文献志》记载如下:

> 二月六日,新安学生前乡贡进士胡一桂,谨熏沐裁书,百拜献于提刑殿讲迭山先生阁下……某安定微宗,古歙士族,五六岁而读父书,十八而登名天府。②

胡一桂并没有详细谈及祖先源流,书中"安定""古歙"之称,都是约略之词,难以凭此认定其族属。

不过,同为宋末元初的考川人胡次焱曾撰有《论始祖》《论姓氏》等专文,认为考川胡氏应当以胡三为义祖,以胡昌翼为始祖。胡三虽系出安定,但胡昌翼本是李姓,后冒胡姓,故考川胡氏"当以明经别其氏"③,以示与安定胡氏的区别。因此明经胡氏的家谱称:"明经胡氏要皆以考水为宗,称明经者,别于安定胡氏也。"④胡一桂既自以为系出安定胡氏,则他属于明经胡氏的可能性确实较小。

虽然胡方平父子二人的传世文献中难以寻找到其族属所出的确切证据,

---

① 明代休宁人程瞳编辑《新安学系录》,称胡方平"名允,字方平,一号潜斋,见诸翰墨、全书可考也。县志、史传皆逸其名,《易经大全·先儒姓氏》乃两出之"。(程瞳:《新安学系录》卷十,王国良、张健点校本,合肥:黄山书社,2006年,第198页)。今检阅明永乐年间所编《周易传义大全·先儒姓氏》(见《文渊阁四库全书》第28册),确有"玉斋胡氏方平"与"潜斋胡氏允"。虽然程瞳所见胡方平墨迹今日不能得见,其说应有所据,则婺源县志胡方平传中,名号尚有阙疑之处。汪幼凤修县志时距胡一桂去世并不太远,竟已无从得知,则胡方平后裔之衰微,可以想见,或者竟至绝传,亦未可知。
② 程敏政:《新安文献志》卷十。
③ 胡次焱:《梅岩文集》卷五,见《文渊阁四库全书》第1188册,第562页。
④ 胡陆秀:《考川明经胡氏宗谱》序,清道光九年(1829年)刻本。

但从其他文献中仍然可以做大致的推测。《新安文献志》卷首《先贤事略》称"胡玉斋方平,婺源梅田人"①。弘治《徽州府志》载胡方平父子,也都称其为婺源梅田人②,则胡方平父子属于婺源梅田胡氏。对梅田胡氏的来历,元代陈栎所纂的《新安大族志》在"婺源大族胡氏"条中有如下记载:

> 清华派,邑北六十五里,永定郡王永昌公后迁此。
>
> 梅田派,邑南六十里,出清华派常侍后。
>
> 考水派,邑北三十里,先世陇西李唐宗室之后,朱温篡位,诸王奔徙,有曰翼者逃于考水,就胡氏以居,遂从胡姓。③

结合上述诸志所载,胡方平父子属于清华常侍胡氏迁梅田支的后裔。

陈栎与胡一桂为同时代人,同为新安理学宿儒,过从甚密,陈栎文集中载有两人来往书信多通。陈栎所撰的胡一桂祭文中称:

> 我侍先生,自岁丁酉。迩年以来,罕得聚首。泰山北斗,心常仰悬。自京南归,书问屡传。近者秋孟,先生赐访。留仅七日,莫淹归靮。期以秋季,为我再来。许一月留,方赋归哉。仅辱遗赐,一经堂记。匆匆奉答,尚邀再至。十月下旬,董君走伻。报公捐馆,临没寄声。欲托以孙,来我家塾。④

据此,陈栎从大德元年(1297年)与胡一桂订交,至其去世,双方交往二十余年。陈栎奉胡一桂为泰山北斗,胡一桂对陈栎也很尊重,临终时更将其孙托付于陈栎。以双方交往之深来看,陈栎对胡一桂家族情况必定有所了解,他在《新安大族志》中称梅田胡氏出于清华常侍胡氏必有所据。正因为如此,明代嘉靖年间的《新安名族志》沿袭了陈栎之说,对婺源梅田胡氏记载如下:

---

① 程敏政:《新安文献志》先贤事略。
② 汪舜民:《徽州府志》卷七人物志。
③ 陈栎:《新安大族志》上卷,清康熙六年(1667年)程以通补校刻本,安徽省图书馆收藏。
④ 陈栎:《定宇集》卷十四《祭胡双湖文》,见《文渊阁四库全书》第1205册,第384页。

> 梅田，在邑南六十里。出清华常侍公后，至宋六世曰铉，曰铨，登元丰进士。七世曰昴，政和间由辟雍第官至太常。八世曰益，绍兴初分路省元。十一世曰方平，字师鲁，号玉斋，习《易》，得朱子正传，著《易通释》等书。十二世曰一桂，字廷芳，号双湖，颖悟好学，景定中，十八魁乡，举进士，因胡元人主，退而讲学，尤精于《易》，远近师之，居尝衷集诸家之锐，疏朱子之言，篇《易本义纂》《十七史纂》《启蒙易传》，又著《诗传附录纂类》《人伦事鉴历代编年》等书行世。①

《新安名族志》的这段记载，是综合《新安大族志》《新安文献志》与《婺源县志》而成的。但是其中提到胡方平祖上胡铉、胡铨、胡昴、胡益等人科举仕宦事迹，则是新增的内容。

总之，胡方平父子的族属问题，虽然在他们的传世文献中找不到明确的记载，但出于常侍胡氏是流传较早、也较有根据的说法。不过，此一问题后来却引发了长期的争论和缠讼。

二、明代晚期至清代早期的婺源"二胡争祀"案

（一）"二胡争祀"案的爆发

胡方平父子的族属之争，是从明代中期开始的。天顺年间，明经胡氏宗族因其祖上胡次焱、胡炳文弘扬程朱理学有功，"诏裔孙二人奉祀，礼部给有勘合"②。奉祀裔孙称为奉祀生，由官府发给衣巾，主持专祠祭祀，是具有一定社会地位的儒学缙绅。在这之后，明经胡氏宗族中逐渐出现了胡方平父子也是明经派的说法，更有族人自称为胡一桂后裔。正德五年（1510 年），明经胡氏族人将胡一桂遗文搜集成编，刊刻《双湖先生文集》，汪玄锡为之作序称：

> 我婺考川明经胡氏时有名儒七人，学业实崇，著作亦广，并以贤

---

① 戴廷明、程尚宽：《新安名族志》前卷上，朱万曙等点校本，第 303 页。
② 胡陆秀：《考川明经胡氏宗谱》卷首《非宗冒祀判断详文》。

称,名垂不朽。内有名一桂字廷芳号双湖者,幼慕紫阳,登科不仕,
入闽访究,遂得真传。①

此序称胡方平父子属明经胡氏名儒行列,已经埋下了二胡相争的种子。

万历十二年(1584年),明经胡氏重修明经书院,请婺源籍御史潘士藻作记,再次称胡方平父子属于明经胡氏:

> 吾乡推縠世家,首考川胡。其鼻祖昌翼公,以唐太子存一线于民间,举后唐明经,义不仕,玩易讲道,故称明经胡氏,以别族也。世有贤者若司业、若玉斋、若孝善、若梅岩、若双湖、若石邱,而云峰先生以易显。②

此序中所列诸名贤中,司业为胡伸,玉斋为胡方平,孝善为胡斗元,梅岩为胡次焱,双湖为胡一桂,石邱为胡默,云峰为胡炳文,合称为明经胡氏"七贤"。

明经胡氏的上述举动都是公开的,但尚未触犯常侍胡氏的实际利益,而常侍胡氏中自称为胡方平后裔的支系长期衰微,也没有引起常侍胡氏的足够重视。但是,万历四十年(1612年),明经胡氏中的胡锦鳌、胡士贤等自称为胡方平嫡系后裔,上报官府,援引胡次焱、胡炳文之例,要求承认其为胡方平、胡一桂后裔,发给衣巾,主持祭祀,而常侍胡氏认为这纯属本派应得荣耀,双方矛盾因此激化。为争夺奉祀生资格,两大宗族爆发了长期的诉讼,持续上百年。

(二)明代晚期的诉讼

常侍胡氏家谱中保存了明代万历和崇祯年间的诉讼资料。万历四十年(1612年),胡锦鳌援例要求奉祀衣巾之后,常侍胡氏中自称为胡方平后裔的胡明、胡圣、胡应贤等散布揭帖,揭露胡锦鳌"非族冒祖、胧拐衣巾",并向徽州

---

① 汪玄锡:《双湖胡先生文集前序》,见《续修四库全书》第1322册《双湖先生文集》,第549页。
② 胡陆秀:《考川明经胡氏宗谱》卷首《重建明经书院记》。

府学和婺源县提出控诉。常侍胡氏在控诉中指责胡锦鳌称胡方平为明经后裔有"十怪诞"之处,而胡方平为常侍后裔则有"十明征",其主要内容可概括如下:

《新安名族志》明确记载梅田派出自常侍胡氏,与明经胡氏风马牛不相及;

景泰年间和嘉靖年间常侍胡氏家谱明载胡方平父子,世系清晰;

胡一桂葬在庚师坞,其金业一直在常侍胡氏后裔税户下,有鱼鳞册可查;

弘治年间,县城内胡一桂祠被烧毁,由常侍胡氏生员出面呈请官府,并捐银重建,有案卷可查;

徽州府志和婺源县志从未提及胡方平父子出自明经胡氏;

明经书院有过多次兴修,在潘士藻之前,应邀为其撰记的有泰定年间吴澄、成化年间程敏政,只提及胡次焱与胡炳文,而从未提及胡方平与胡一桂;

胡一桂名声远高于胡炳文,《元史》中胡炳文是附在胡一桂传内提及,但正德年间以前,明经胡氏曾多次刊刻过胡炳文的文集,却从未刻过胡一桂的著作;

景泰、成化、正德年间,礼部和地方官府为胡炳文建祠的公文中,从未提及过胡一桂;

正德年间以后,明经胡氏文献中提及胡方平、胡一桂之处,都是蓄意编造的。①

常侍胡氏在诉讼中还指控胡锦鳌、胡士贤等人窃取奉祀资格后,转卖图利,为打击真正的胡方平后裔胡明等人,狡计百出,乃至拦路抢劫、谋害人命:

> 讵非族考川无耻生员胡昌奇魑魅其心,鬼魆其迹,徒冒我祖,认是伊祖,呈请云峰,魆插双湖,令人莫觉。始以混名胡锦鳌顶作嫡裔具申,徽蒙学院老爷准查,即以锦鳌名转卖林村胡学武,得银三十余

---

① 胡士兰:《清华胡氏九公宗谱》卷六《双湖公梅田嫡裔胡明、胡圣、胡应贤等揭帖》,清道光二十七年(1847年)木活字本,上海图书馆收藏。

两,概邑通知。使果考川应得衣巾,肯以囊中物弃而卑之林村乎?夫嫡裔难容转徙,衣巾岂可贩卖?此而可为,孰不可为?亦以学武巨赀万计,久睨青衿,昌奇利学武之贿赂,欺明等之单弱,故以他家之物任由播弄如儿戏也。诈取虽然入手,虚谎终不慊心。四月三日,赂程仁寿,将银二十两、丝绸二端就身买谱。身适村外犁田,卑词求恳,身知非族,峻拒不与。五月十七日,瞰身往德兴买稻,道经太白司,胡昌奇统胡士贤等多人截路拦身,索谱不得,殴夺包裹衣服雨伞等物,当身喊投许巡司,理谕得脱,董光明等证。身不得已,具告县主冯爷。知亏,半月不诉,计买邻棍,于七月十三日黑夜,统凶三十余人擒绑叔鲦,独胡周抬归,认族搪塞,周不肯从,禁锢三月,不食愆死,冤恨弥天。复广布粪金,拴买城东双湖祠地,希冀冒混,胡秋惊知,不从。既而结搆无赖,复又窃窥遗像,盗之灭迹,赖胡应元等奉之私室,严密防守,计无复之。只得捏造伪谱,又即梅田遍访胡姓,计抵寻买蔡庸奴仆男胡祥,诈称梅田,以饰前非。吁!亦狡矣。不知祥既嫡胤,则庚师坞之丘墓、城东之祠与学堂园之旧址,祥何不踞业注册而供输也?昌奇等何不先以胡祥赴告,而计掳叔周,致死非命,酿此惨祸也?盖今日之胡祥是,则前日之申请非,若锦鳌者,岂得以林村之异派而冒胡祥之衣巾乎?此何说之辞?险匿虽工,鄙丑毕露。①

这段文字中描述的明经胡氏为争夺奉祀生资格而采取的种种卑鄙手段,其行迹之恶劣,令人震惊。虽然这只是常侍胡氏的一面之词,尚无其他旁证,但至少说明了当时双方缠讼的剧烈程度。从常侍胡氏称胡锦鳌居然转卖奉侍生资格图利,可以看出,在万历年间的诉讼中,明经胡氏还是占了上风。万历四十三年(1615年),余懋孳(婺源进士、礼科给事中)为明经胡氏所刻《胡一桂文集》撰写序言,称:"皇明万历壬子岁,予内氏淑兄仲子锦鳌与其族之正

---

① 胡士兰:《清华胡氏九公宗谱》卷六《双湖公梅田嫡裔胡明、胡圣、胡应贤等揭帖》。

派英俊,以三先生先贤名目具呈学台,援例恳求奉祀,蒙严查核,至乙卯岁准给衣巾二名,内侄锦鳌亦与其列。"①胡士贤后来也取得了奉祀衣巾,崇祯七年(1636年),他在《双湖先生行实》后撰有按语一篇,称胡方平在梅田建有玩易斋,斋前有桂树一株,故以一桂为儿子命名。三百多年来,玩易斋遭兵燹无存,桂树亦久已朽废。不料万历三十五(1607年)年桂树根边发出一新枝,不久明经胡氏即获得胡方平父子奉祀生二名,"文运之兴,有由然矣,查先生生于大宋淳祐丁未,桂今发于大明万历丁未,生发相符,循环运转,族之后胤当必有应运而起者"②,语气中颇为志得意满。但是,不久后,官司逆转,常侍胡氏占了上风。

崇祯十三年(1640年)三月,常侍胡氏生员胡之瑞等多人,向徽州府学和婺源县控告胡锦鳌捏造假冒,骗取奉祀,所列举理由与万历年间基本相同,并公举"梅田嫡派"胡法舜袭祀,其诉讼请求得到了徽州府学和婺源县的支持。六月,徽州府学和婺源县剥夺胡锦鳌奉祀资格,并批准胡法舜奉祀,其批文称:

> 看得先贤胡氏若双湖、云峰,二派分宗,盖其先世本唐日胡瞳者,生子长曰珍,再传昌翼,居考川,以明经登第,义不仕,称明经公,而元儒炳文号云峰者其裔也;次曰学,唐咸通进士,官散骑常侍,以讨黄巢贼有功,封新安郡男,故称常侍勋贤,居清华,至八世孙溢迁梅田,而宋儒玉斋、双湖父子二名贤,其裔也。是知云峰宗明经而双湖宗勋贤,各异其祖,而均为理学儒宗,此梅田之有双湖而考川之有云峰也。国朝崇祀郡邑乡贤,其子孙各世其祖,而考川裔独蒙奉祀之荣,梅田子孙迄无一焉,此金宗师学台所以允法舜之请也。盖胡法舜为梅田派,以奉祀双湖。金学台昔莅婺已久,必有洞悉其分系者,故既准胡象贤、胡光祖分祀云峰诸贤,而复准胡法舜等奉祀双

---

① 余懋孳:《双湖胡先生文集前序》,见《续修四库全书》第1322册《双湖先生文集》,第540页。

② 胡士贤:《双湖先生行实》,见《续修四库全书》第1322册《双湖先生文集》,第544页。

湖,为两得其平,彼云峰之子孙若锦鳌又何恨无缘?①

明代晚期的"二胡争祀"案,历经曲折,明经胡氏在万历年间占据上风,而常侍胡氏在崇祯年间扭转了局势,但这并不是最后的结局。

(三)清代早期的诉讼

清康熙年间,胡法舜一支失传,与其同族的胡璠呈请袭嗣,明经胡氏则由多位生员出面,控告胡璠"非宗篡冒","二胡争祀"案波澜再起。康熙五十四年(1715年)十一月,婺源县令蒋国祚作出判决,称清华胡氏家谱有关胡方平父子的记载前遮后掩,矛盾之处极多,主要包括:

明经胡氏以唐末胡三公为义祖,而常侍胡氏谱内胡三公为则是南宋时期人,绝非同一人,常侍胡氏不得因此称明经胡氏出于常侍胡氏;

明经派胡次焱曾为胡方平的《易启蒙通释》撰有跋文,称胡方平为"宗家",显见两人系属同宗,常侍胡氏家谱既然有胡方平父子,为何没有胡次焱、胡炳文?此弃彼取,用意何在?

常侍胡氏家谱中有墓志、行状、像赞多篇,其中包括很多无名之辈,为何鼎鼎大名的胡方平父子却连一篇文献都没有?

胡溢是梅田胡氏始迁祖,徽州府县志皆记载胡溢字于谦,而常侍胡氏家谱则称胡溢字知止,与府县志所载不合,且家谱中有后人篡改痕迹;

府志、县志称胡溢为考水人,登绍兴二年壬子张九成榜进士,而清华谱称胡溢生绍兴二年壬子,中甲戌博学科进士,与府志、县志不合;

以世系而论,明经胡氏家谱载,铨生溢,溢生龄,龄生杰,杰生方平,方平生一桂,胡溢为胡一桂高祖;常侍胡氏家谱载,溢生进,进生方平,方平生一桂,胡溢为胡一桂曾祖;而汪幼凤所撰传记明称,胡溢是胡一桂高祖,足见明经胡氏家谱可靠,而常侍胡氏家谱记载纯属杜撰②。

蒋国祚在判决中逐一罗列常侍胡氏家谱中的诸种矛盾后,指出:

---

① 胡士兰:《清华胡氏九公宗谱》卷六《县主批文》。
② 胡陆秀:《考川明经胡氏宗谱》卷首《非宗冒祀判断详文》。

> 此案自明迄今,所争者只一祀生耳。因祀生而砌双湖入谱,因双湖而及胡溢、三公,其他皆所不顾也。今为一一查出,使百年之疑窦一旦剖明,历世之讼根一旦拔去,清华即人百其喙,亦难复置一词矣。①

明经胡氏不但取得胡方平父子奉祀生资格,而且获准将判决勒石刻碑,树立在婺源县儒学乡贤祠门口,"永清两派之源,以息混争,以垂永久。"②

明经胡氏大获全胜的同时,对常侍胡氏也作出了一定的让步,不要求剥夺胡璠的衣顶:

> 至胡璠衣顶,并恳宪慈俯念清华之七贤主鬯无人,曲赐衿全,免其褫革,使奉本祖蒸尝。一转移间,则两家十四贤之灵不均妥乎?③

这样一来,胡璠虽然没有取得胡方平父子的奉祀资格,却成为"清华七贤"的奉祀生,仍旧可以跻身于儒绅行列,也就没有必要再花费巨大的代价上诉了。此后,常侍胡氏确未再兴讼端,长达百余年的"二胡争祀"案,最终以对明经胡氏有利的结果而宣告结束。

三、冲突的持续:围绕地方志记载的斗争

(一)关于"二胡争祀"案的文献剖析

"二胡争祀"案,经由婺源县的判决,最终有了结论,明经胡氏获得了奉祀生资格。但是官府的判决没有也不可能解决矛盾冲突的根本问题:胡方平父子究竟系属何族?

由于胡方平父子二人并没有留下足以说明其族属来源的可靠文献,在诉讼中双方引以为据的文献,除了《新安名族志》外,还有其他一些明经胡氏与常侍胡氏的家传文献。如明经胡氏列举的胡次焱称胡方平为"宗家"的跋:

---

① 胡陆秀:《考川明经胡氏宗谱》卷首《非宗冒祀判断详文》。
② 胡陆秀:《考川明经胡氏宗谱》卷首《非宗冒祀判断详文》。
③ 胡陆秀:《考川明经胡氏宗谱》卷首《非宗冒祀判断详文》。

"宗家耆英有以玉斋自号者,名方平,于予为老友,其子双湖于予为益友。"①详析其意,此处之"宗家"并不能作为双方同属明经胡氏的铁证。因为,在诉讼中,常侍胡氏家谱中也有胡一桂为清华胡道存所撰的文章,称其为"宗人",甚至还有一篇胡一桂在大德元年(1297年)所撰的常侍胡氏谱序。蒋国祚在判决中将"宗家"作为同出一族的证明,而视"宗人"为泛泛之称,这样的解释,并不能令人信服。

诉讼中还涉及另一个问题,即明经胡氏祖上三公究竟是否出自常侍胡氏?尽管明经胡氏独修的宗谱中一般回避这一点,但确实有相当多的家谱中认为三公是常侍胡氏,如清乾隆二十七年(1762年),歙县胡宝瑔(时任河南巡抚)聚合若干常侍胡氏与明经胡氏支派统修的《胡氏家乘》,称胡瞳生七子,第七子胡学为清华常侍胡氏始迁祖,而第六子胡珍生胡瓒玑,瓒玑排行第三,即三公,则三公实为胡学之侄。三公养昌翼为义子,是为明经胡氏,后世奉三公为"义祖"②。既然明经胡氏"义祖"三公出于常侍胡氏,则两派之间含混而互称"宗家"或"宗人",也不能说完全无据。更何况常侍胡氏所争的是胡方平父子是胡学后裔,而非三公出于常侍派,更从未涉及胡次焱、胡炳文,蒋国祚以明经胡氏并非出于常侍胡氏作为判决根据之一,可谓无的放矢。

对常侍胡氏来说,其真正的缺陷在于胡方平父子的世系问题,常侍派家谱中的世系较汪幼凤所记世系缺少一代,这是硬伤,也是致命伤,因此今传常侍派家谱中关于胡方平父子世系确实有不可靠的地方。不过,家谱中的记载不可靠,并非常侍胡氏所独有。蒋国祚称常侍胡氏家谱中没有胡方平父子的详细传记资料,但明经胡氏家谱中同样没有相应的资料。明经胡氏家谱与《新安大族志》《新安名族志》之间存在明显的矛盾,在康熙年间的判决中却完全没有提到。

总的来说,在双方文献依据都存在缺陷的情况下,蒋国祚判决的主旨是仔细寻找常侍胡氏家谱中的各种缺陷,而置明经胡氏家谱中的同类问题于不

---

① 程敏政:《新安文献志》卷七。
② 胡宝瑔:《胡氏统修家谱》序,清乾隆二十七年(1762年)刻本,黄山学院图书馆收藏。

顾,不能不说是相当偏颇的。因此,这个判决作出之后,常侍胡氏虽未再度兴讼,却一直耿耿于怀,在家谱中大发不平之鸣:

> 先贤双湖公者,常侍公十一世孙也。公之曾讳溢者,自清华迁居梅田,遂为梅田派。父子俱以儒科著述有功圣学,与紫阳道脉相承,殁祀乡贤,葬梅田深字号庚师坞,本支胡太户全税供纳,城东地字号馆驿前建有双湖专祠,志载常侍后裔建本支胡文奎户供纳。历代谱牒册籍郡县三志炳若日星,与考川明经之胡风马牛不相及。先朝崇祀乡贤,凡先贤嫡派子孙给衣巾奉祀,时考川胡锦鳌等窥公梅田子孙伶仃,冒认玉斋、双湖二公为其祖,胧呈学宪金(讳兰沐),犀鉴批驳。后本族生员胡之瑞等公举梅田双湖公嫡派胡法舜,呈请沐准给衣巾奉祀。不意本朝梅田支裔衰微,而与公同祖者又散处四方,至康熙年间,有胡璠呈请嗣袭,讵考川胡天秩等遂乘间与璠一人讦争奉祀,捏以故宦潘雪松撰《七贤祠记》并先朝伪札,胧朦蒋县主,赚砌石碑,以伏冒祖根。①

可见,常侍胡氏与明经胡氏围绕宗族历史的冲突不但没有消除,反而长期化了,而地方志则成了双方争夺的新焦点。

(二)冲突的持续:围绕方志记载的斗争

除了家谱之外,各类地方志尤其是徽州府志和婺源县志中的记载也是诉讼中的重要依据。随着冲突的持续,地方志中与"二胡争祀"案有关的各位胡氏祖先的记载,受到了双方的高度重视,并成了双方展开争夺的新战场。

依据元末汪幼凤所撰传记,胡方平祖上有胡昂、胡溢两位进士,这两人在各类文献中有时作胡昂、胡益。据《新安名族志》,则还有胡铉、胡铨两位先祖,也都是进士。关于胡方平的这些先祖,成书于南宋淳熙年间的《新安志》进士题名记载如下:

---

① 胡国华:《金川胡氏宗谱》卷四《双湖公支属辨证》,1932年木活字本,黄山学院图书馆收藏。

政和二年(1112年)莫俦榜,胡铨,婺源;政和八年(1118年)王嘉榜,胡昂;绍兴二年(1132年)张九成榜,胡溢,婺源,承议郎①。

上述记载中,胡昂未列出属于何县,胡铨、胡溢未列出属婺源何地。至于《新安名族志》中提到元丰年间有进士胡铉、胡铨,《新安志》所列的元丰年间进士并无其人,唯元丰二年(1079年)有婺源进士胡安节,元丰五年(1082年)有婺源进士胡铉,未列出婺源何地,姓名与《新安名族志》所载显有出入。弘治十五年(1502年)汪舜民所纂的《徽州府志》、嘉靖四十五年(1566年)何东序所纂的《徽州府志》,完全承袭了《新安志》的上述记载,一字未改。弘治《徽州府志》载有胡一桂祠宇:"双湖胡先生祠,在县治东馆驿故址,弘治中建。"②嘉靖《徽州府志》与之完全相同。

上述记载,在康熙三十三年(1694年)蒋灿纂修的《婺源县志》中发生了明显变化,在历代科第谱中,胡铉、胡昂、胡铨、胡溢都注明是考川人,胡铨下注明是胡铉之弟,胡溢下注明字于谦③,而双湖胡先生祠下加注"常侍后裔建"④。这些记载上的变化,显然是明经胡氏与常侍胡氏各自努力争取来的结果。康熙三十八年(1699年),赵吉士纂修的《徽州府志》中,胡铉、胡铨、胡溢的记载与《婺源县志》同,而胡昂则注明是歙县城东人⑤,至于双湖祠下则没有"常侍后裔建"字样。从这些变化来看,总的形势对明经胡氏是有利的。

乾隆十九年(1754年),婺源再修县志,当时蒋国祚判决已经生效,明经胡氏乘胜追击,将县志中与胡一桂族属有关的文献悉数按本派要求进行修改,与常侍胡氏再度发生冲突。据常侍胡氏家谱记载:

> 乾隆甲戌纂修邑志,考川恃胡天泽在局,遂埋奸将双湖祠下原镌"常侍后裔建"五字擅行铲削。赖祖宗有灵,众派知觉,具呈县主

---

① 罗愿:《新安志》卷八《进士题名》,清康熙四十六年(1707年)刻本。
② 汪舜民:《徽州府志》卷五《祀典》。
③ 蒋灿:《婺源县志》卷三《科第》。
④ 蒋灿:《婺源县志》卷三《祀典》。
⑤ 赵吉士:《徽州府志》卷九《科第》。

俞公,复照旧志详载。不料天泽等欺身众派无人在局,于志书告竣时,又捏故宦潘雪松撰《明经书院记》内砌入玉斋、双湖二公名讳,私附于纪述门类,以埋冒认根线。迨后志散,众派检阅始觉,殊令人发指。今因续修宗谱,恐后人不知其详,谨将考川私纂之由,并从前梅田支裔辨证揭帖暨金学宪批呈、周学师金参,悉载于谱末,以便后之君子览焉。①

显然,在这场围绕县志记载而展开的斗争中,明经胡氏也占据了上风,而常侍胡氏只能将此事载入家谱,寄望于后人了。

四、"二胡争祀"案中的文献篡改现象分析

名贤是宗族确立望族地位的重要资源,攀附名贤是家谱中的常见现象,但是如同婺源"二胡争祀"案那样缠讼百年的,还是相当罕见的,对研究徽州宗族文化具有特殊意义。这个案件会延续这样长的时间,是因为奉祀生资格具有真正的实际利益,而非单纯的关乎宗族声望,更因为涉及本案的两大宗族均为徽州望族,既各有凭恃又都缺乏过硬的证据,因此诉讼过程久拖不决,一波三折。康熙年间蒋国祚的判决在宣告明经胡氏最终获胜的同时,也在一定程度上照顾了常侍胡氏利益,从而避免了讼案再起。但是,民间的自我认同和家谱纂修却不可能因官府的判决而终止,两大宗族在家谱中均以胡方平父子为本派宗族史上的重要名贤,在这个根本问题上都不可能让步,因此,不但双方的不同记载都完整载入了家谱之中,而且还围绕地方志中的有关记载产生了新的冲突。

从这个案件中还可以看出徽州宗族围绕名贤争夺而发生的诉讼案件的一些基本特点:

第一,族内精英人物的参与是诉讼能否成功的重要条件。在本案中两大宗族均有多名生员卷入,生员作为地方精英,对地方事务有相当的影响力,崇

---

① 胡国华:《金川胡氏宗谱》卷四《双湖公支属辨证》。

祯年间常侍胡氏扭转局势、康熙年间明经胡氏最终获胜,均是在本族生员全力参与下方取得成功的。

第二,家谱和地方志的记载是诉讼中的重要依据,但在双方记载有冲突的情况下,最终的判决与官府自身的倾向密切相关,而不完全取决于哪一方的证据更为可靠。

第三,家谱中常见的文献篡改现象,既是兴讼的原因,也是兴讼的结果。某些宗族为了争取在诉讼中的有利地位,常常会将历史文献篡改得面目全非。以"二胡争祀"案为例,前述胡一桂致谢枋得书中自述家世的简略文字,在两派文献中都遭到了严重篡改。常侍胡氏文献作:

> 一桂安定微宗,古歙士族,盖自始祖银青公恢复唐室,而后六世祖安节彭年接武元丰之第,而高伯祖天矜、天麟,政和间由辟雍第太常,与吏部朱韦斋先生有同邑同年之好。高祖溢,字知止,绍兴初分路省元,中博学科,复收高第。诗书之传、道德之脉,三百年于此矣。一桂五六岁而读父书,十二三而能文,十八而登名于天府。①

明经胡氏文献作:

> 某安定微宗,古歙士族,盖自鼻祖明经公昌翼以唐昭宗嫡子遇朱温之难,而寄姓于胡,同光乙酉叨中明经,尚义不仕,聚徒讲道,南唐职方舒雅、集贤院学士吕文仲、谢泌皆师其门。至八世两伯祖铉、铨接武元丰之第,而高伯祖昂政和间由辟雍第太常,与吏部朱韦斋先生有同邑同年之好。高祖溢,绍兴初分路省元,复收世科,诗书之传、道德之脉,三百年于此矣。某五六岁而读父书,十二三而能文,十八而登名天府。②

面对这两段被改得面目全非的文字,初次见识时可能有如坠雾里之感,

---

① 胡大成:《清华东园胡氏勋贤总谱》卷八,1916年木活字本。
② 胡一桂:《双湖先生文集》卷三,见《续修四库全书》第1322册,第569页。

如果没有《新安文献志》中保存的早期文本，甚至无从寻觅其更改痕迹。然而，相对于两大宗族围绕本案展开的旷日持久的斗争而言，此种文献篡改则是完全可以预料的。

第二节　从黄氏家谱文献透视明代徽州统宗谱的兴起与文献冲突

明代徽州是中国民间大型统宗谱的发源地①，产生了多部囊括徽州六县并包括很多外地支派的大型统宗谱。以存世明本统宗谱而论，据《中国家谱总目》所载，冠以"统宗谱""会通谱"的明本统宗谱仍有七十余种存世，徽州以外的寥寥无几②。与一般家谱相比，统宗谱以规模庞大、内容丰富著称于世，其文献价值早已引起学术界的关注。不过，目前以明代统宗谱为主题的研究成果仍相当有限，仅在若干学者的著述中作为明清徽州家谱研究的一个侧面有所涉及，有待开拓的领域仍然很多。

笔者认为在明代徽州统宗谱的研究中，有一个非常重要的现象值得注

---

① 关于统宗谱的起源问题，涉及统宗谱的概念界定以及对中国传统谱学发展状况的研究，不同学者之间存在分歧。钱杭曾对通谱出现的年代问题作过详细考察，认为从汉末至唐末的谱学发展，已经包含了通谱的一些基本原则，而"大规模联合型"的通谱和统宗谱，大约在宋元之际开始出现，明代中期以后形成较大的规模（钱杭：《血缘与地缘之间——中国历史上的联宗与联宗组织》第四章《联宗历史溯源之二：通谱》，上海：上海社会科学院出版社，2001年，第134～183页）。常建华则认为统宗谱主要产生于明代的徽州，并对其原因进行了简要的分析（常建华：《宗族志》第四章《族谱》，上海：上海人民出版社，1998年，第295～297页）。笔者认同常建华的观点。

② 据笔者对《中国家谱总目》所载明本家谱条目的统计结果，冠以"统宗""通宗""会通""统谱"名称的明本家谱共七十一种，其中除嘉靖年间江西乐平《鄱阳洪氏统宗谱》、万历年间安徽泾县《荥阳潘氏统宗世谱》《泾川吴氏统宗谱》和崇祯年间浙江湖州《沈氏统谱》四种之外，其余全部为徽州家谱。笔者过目的明本家谱在一百种以上，发现有极少数冠以各类统宗名称的实为一村一镇之谱，不具备通常意义上统宗谱的规模和质量，但也有一定数量的虽无统宗名称，却具备统宗谱的实质内容。将两种情况综合考虑进去，存世明本统宗谱的数量与地区分布与前述统计可能略有差异，但出入仍很有限。故此一统计虽非完全精确，但仍可反映出存世明本统宗谱数量与地区分布的概况。

意:参加统宗谱兴修的各个不同支派,由于对家谱文献的认识不同,对宗族历史的认识往往不一致,在某些重要问题上甚至大相径庭,由此引发了严重冲突。围绕此类冲突,产生了大量的谱辨类文献。同一宗族的不同支派在长期冲突中,往往你辩我驳,此起彼伏,造成各统宗谱中的谱辨随时间推移而不断增加,有的甚至积成巨帙,成为中国家谱中的一大奇观。此一文献冲突现象既体现徽州宗族文化的特质,也关系到对徽州家谱资料价值的判断,值得认真研究。

黄氏是徽州强宗大族之一,从明代中期开始,各支派围绕统宗谱中的文献产生了极为严重的冲突,分裂成为长期对立的两大阵营,这是徽州统宗谱纂修中文献冲突的典型事例。本书将在对明代徽州统宗谱兴起进行简要概述的基础上,以明代徽州黄氏统宗谱纂修过程中的文献冲突为中心,对此一历史现象进行深入分析。

一、明代徽州黄氏统宗谱的兴起与纂修概况

(一)五代与宋元时期黄氏家谱纂修活动:统宗谱兴起的基石

徽州黄氏通常以东晋新安太守黄积为始迁祖。明代嘉靖年间《新安名族志》称:"黄出嬴姓,陆终受封于黄,世奉黄帝之祀,子孙以国为氏,世望江夏。晋有讳积者为考功员外郎,从元帝渡江,任新安太守,卒葬郡西姚家墩。积生寻,庐于墓,遂家焉,改曰'黄墩'。"①

作为徽州历史最悠久的宗族之一,黄氏各派的家谱纂修活动起源甚早。明代徽州黄氏统宗谱的纂修,是建立在五代、宋、元以来大量支谱纂修的基础上的。目前虽尚未发现明代以前的黄氏家谱存世,但其修谱活动,依据明本徽州家谱中所记,可列表如下:

---

① 戴廷明、程尚宽:《新安名族志》前卷,朱万曙等点校本,第153页。

五代宋元时期徽州黄氏家谱纂修概况表①

朝代	年号纪年	公元纪年	支派	纂修者	身份
后梁	龙德二年	922	祁门左田	黄叔宏	武安将军
宋	雍熙二年	985	婺源横槎	黄叔仲	儒士,未仕
	雍熙二年	985	休宁高堨	黄禹	儒士,未仕
	庆历五年	1045	休宁西坑	黄吾二	未仕
	至和二年	1055	祁门左田	黄希逸	儒士,未仕
	政和五年	1115	祁门左田	黄天衢	进士,新乡县尹
	乾道年间	1165—1173	婺源横槎	黄钦承	未仕
	淳熙十四年	1187	休宁古林	黄文益	儒士,未仕
	绍熙四年	1193	休宁五城	黄侃	儒士,未仕
	绍熙年间	1190—1194	凤阳盱眙	黄元之	钧州判官
	庆元三年	1197	休宁黄村	黄万仁	未仕
	嘉泰四年	1204	祁门左田	黄鼎	进士特奏名
	绍定年间	1228—1233	休宁五城	黄何	进士,太府寺丞
	咸淳八年	1272	祁门左田	黄遇龙	进士,从事郎
	德祐元年	1275	祁门左田	黄公选	进士
元	至元二十二年	1285	休宁五城	黄麟	紫阳书院斋长
	至元三十年	1293	休宁黄村	黄隆	未仕
	大德十年	1306	祁门左田	黄显卿	儒士,未仕
	皇庆二年	1313	休宁古林	黄立	婺源州儒学学正
	延祐年间	1314—1320	浮梁勒功	黄原宪	未仕
	至正十三年	1353	休宁西坑	黄胜祖	未仕

从遗留下的记载来看,五代和宋元纂修的黄氏家谱主要是各派支谱,如绍熙四年(1193年)黄侃所撰的《休宁五城黄氏家谱序》中称:

> 侃自绍兴之初,侍兄念七丞事藻彦文、三八丞事仪彦美、四五丞事廷瑞振甫,因问吾宗支派图,皆曰:"昔罹兵燹之后,莫有存者。"相

---

① 本表资料来源于明弘治刻本《新安黄氏会通谱》和明嘉靖刻本《新安左田黄氏正宗谱》,依据两谱中列出的历代修谱名氏,并结合谱中其他文献,制作本表。

传自迁祖谦公始卜居休阳南乡,地曰西涌。……比以地隘人繁,乃
徙五城之市居焉。其余支派,迁彼江淮,子孙散处,莫知世次。伣因
质以旧日所闻,父兄之言,详究本末,始知先世丘陇所在。其余历世
既多,故难稽考,惟自高祖而下,昭然可据者书之。①

此序称五城派旧谱"罹兵燹之后,莫有存者",对祖先只追溯到"相传自迁
祖谦公始卜居休阳南乡",而重点记载的则是"自高祖而下,昭然可据者",显
然,这是一部主要记载近世祖先的支谱。从宋元各谱序看,其余各派的家谱
大致也是如此。

这一时期家谱纂修者多为民间儒士,也有的如黄天衢、黄何,则是进士出
身,做过中下级官吏,属于官绅阶层。总的来说,家谱的纂修者大都有相当的
文化水平,保证了所修家谱的水准。修谱者多立足于儒家的伦理道德思想和
宗法观念,阐述修谱的意义和功能,如宋庆元年间休宁黄村谱序称:"族谱之
作,周官小史职也,奠世系,辨昭穆,别亲疏,祖宗由是而尊,先德由是而昭,孝
弟由是而兴,此谱之所以作也"②;淳熙年间古林谱序则称"谱牒之作,特以统
伦纪,厚风教,俾子孙知其所自根本足矣"③。一些纂修者还提出了编纂家谱
的若干原则和方法:"世次事迹一仿苏氏图而谱之,详其亲而略于疏"④;"以
始居此地者为祖,自祖而下,支分派析,巨细书之,上此者则存其略于首"⑤。
五代、宋元时期徽州黄氏各派支谱的纂修实践和理论累积,为明代统宗谱的
兴起奠定了重要的基础。

从这一时期的修谱活动中可以看出,祁门左田派是修谱时间最早的支
派,次数最多,影响最大,其次是休宁五城派。正是这两派在明代统宗谱纂修

---

① 黄云苏:《新安黄氏会通谱》旧序,明弘治十四年(1501年)刻本,上海图书馆收藏。
② 黄积瑜:《新安左田黄氏正宗谱》旧序,明嘉靖四十三年(1564年)刻本,中国国家图书
馆收藏。
③ 黄文明:《古林黄氏重修族谱》卷一,明崇祯十六年(1643年)刻本,安徽省图书馆
收藏。
④ 黄积瑜:《新安左田黄氏正宗谱》旧序。
⑤ 黄积瑜:《新安左田黄氏正宗谱》旧序。

中发挥了主要的作用,也酿成了长期的冲突。

(二)明代徽州黄氏统宗谱的兴起

在宋元时期家谱纂修的基础上,明代前期徽州黄氏各派纂修了更多的支谱,这包括:洪武年间的祁门左田、休宁约山、五城、黄村、古林,永乐年间的黟县石山,天顺年间的休宁五城、高堨、浮梁石鮓,等等。明代早期的支谱,如洪武年间休宁约山派的《休邑黄氏思本图》,尚有明本存世。除了大量的支谱纂修外,明代前期徽州社会各方面的发展,也为大型统宗谱的出现创造了条件,这主要包括:

1. 徽州宗族组织得到了长足的发展,以始迁祖为中心的祠堂不断出现,出现了较高水平的统宗收族活动。依现有资料,明代前期,徽州黄氏至少已经建立了两座以始迁祖为中心的祠堂,这包括歙县潭渡的孝子祠,建于成化元年(1465年),以唐代中期的黄芮为始祖①;休宁古林的大宗祠,建于嘉靖元年(1522年),以唐代晚期黄思敏为始祖②。除此以外,弘治年间,休宁五城派修谱之后,"相与奠诸宗祠"③,足见五城当时已建有祠堂,唯不知其建成的具体时间。除此之外,各类以始迁祖为祭祀对象的族社、社屋也大量出现。在各派祠堂不断创立的基础上,创立以东晋新安太守黄积为始迁祖的整个徽州黄氏的统宗祠则被提上议事日程。嘉靖十年(1531年),五城派黄问在歙县黄墩重修黄积墓祠,次年联合徽州黄氏各派在黄墩共祭始祖,"三月初五日,会同各派齐至黄墩肇举祀典。于时,缙绅文学五十余人,仆从车舆骈阗一市,祭奠礼仪森备炫煌,睹听观者云集,盖亦数百年盛举哉"④。可见,在嘉靖十五年(1536年)明世宗诏令天下臣民得祭祀始祖以前,徽州黄氏宗族组织已经得到了长足的发展,以各支派始迁祖为中心的统宗收族活动已经比较普遍,甚至出现了囊括整个徽州黄氏的统宗收族活动。黄氏统宗收族活动的不

---

① 程敏政:《篁墩文集》卷四十六《故唐孝子黄府君祠堂碑铭》。
② 黄文明:《古林黄氏重修族谱》卷四。
③ 黄云苏:《新安黄氏会通谱》卷首。
④ 黄臣槐:《潭渡孝里黄氏族谱》卷五,清雍正九年(1731年)刻本,上海图书馆收藏。

断发展,必然要求纂修整个徽州黄氏的统宗谱。

2. **徽商势力的勃兴为大型宗谱的纂修提供了必不可少的经济基础。**作为区域商人集团的徽州商帮兴起于宋代,经过数百年的发展,在明代中期掌握了全国的经济命脉,成为中国的第一大商帮。从家谱记载来看,徽州黄氏各派在明代前期就有"牵车服贾"的记录,到明代中期,歙县和休宁两县黄氏涌现出了不少富商巨贾。如休宁五城黄敬宗(1354年—1432年),"挟赀走荆湘,北游淮甸……不数年得缠十万贯矣"①,黄寿乞(1427年—1487年),"年既壮,以亲命,挟赀游于江淮之间"②;休宁古林黄天相,"考父思馨,以资雄浙邸,大闳厥家……行鹾吴越间,信洽于人,贾无滞利"③;歙县竦塘黄惟清(1471年—1498年),"嗣先世鹾业,居下河,据计氏画,审盈缩,与时低昂,开利塞弊,裒然为曹偶推首"④;歙县潭渡黄廷祉,"以儒术饬贾事,远近慕悦,不数年赀大起,驻维扬理盐筴,积贮益浩博"⑤。黄氏商人从事的众多行业中,最值得注意的是盐业。万历《歙志》称:"邑之以盐筴祭酒而甲于天下者,初则有黄氏,后则汪氏、吴氏相递而起,皆由数十万以汰百万者。"⑥此处的黄氏,主要指的就是竦塘和潭渡两地的黄氏。盐业是明王朝重要的经济命脉,黄氏商人在两淮、两浙盐业中都有相当规模的经营,很多还是世代沿袭的盐商世家,以至成为领袖众商的"盐筴祭酒",说明其财力非同凡响。大型统宗谱的纂修,需要的人力、物力绝非常人所能企及,黄氏宗族商业的发达,为统宗谱纂修奠定了物质条件。

3. **明代中期,徽州黄氏出现了一批热衷修谱的人才。**如五城黄云苏(字思济,1418年—1493年),出身富商家庭,熟读经史,藏书万余卷,对修谱非常

---

① 黄云苏:《新安黄氏会通谱》文献录外集上。
② 黄云苏:《新安黄氏会通谱》文献录外集上。
③ 黄文明:《古林黄氏重修族谱》卷四。
④ 方信年:《竦塘黄氏统宗谱》卷六,明嘉靖四十一年(1562年)刻本,中国国家图书馆收藏。
⑤ 黄臣槐:《潭渡孝里黄氏族谱》卷九。
⑥ 谢陛:万历《歙志·传记》卷十《货殖传》。

热心,"尝起敬宗收族之念,取欧苏二家谱式,作《黄氏一览图》,与绘工胡本中负簦裹粮,如左田、黄墩、横槎、勒功、盱眙、江夏诸派,推究祖宗本始之由,颇得异同之故以归"①;古林黄莘(字世瑞),出身书香门第,是新安理学家黄枢的曾孙,留心谱事,"本其父景高之志重辑之,世瑞不以其谱为足,出而求证于四方,得浮梁黄氏所藏黄墩旧谱,乃克上推其源"②;潭渡黄华(1444年-1520年),成化十七年(1481年)进士,官至福建布政司参议,勤于修谱,"旁搜博访,详参细究,积二十年之勤而成此谱,殊核而悉,登载有法,异于他氏谱"③。从上述各派修谱主持者的履历可以看出,虽然出身各有不同,有的位至显宦,更多的则并无功名,但都属于深受宗法思想熏陶的儒士,有强烈的宗族认同感和归属感,热衷于通过修谱来实现"尊祖、敬宗、收族"的目的,家庭条件也都不错,有足够的时间和资源从事修谱。徽州黄氏最早的统宗谱就是由这批人主持编纂的。

(三)徽州黄氏统宗谱的两大阵营:弘治会通谱与嘉靖正宗谱

成化年间,五城黄云苏与古林黄莘首次提出合修大型统宗谱。五城与古林是紧紧相邻的两个村子,地理位置上本来就很近。两派原来的旧谱都是从唐代的本村始迁祖开始的,黄侃序中称五城派始迁祖是谦公;而古林派始迁祖,据成化元年(1465年)程敏政所撰的黄莘之父黄维天墓志铭称:"其先自霍山徙浔阳,有讳坚者,唐乾祐中自浔阳徙休宁之古林"④,即古林派始迁祖是坚公。五城黄氏在修谱过程中,一度认为"谦即坚、坚即谦"⑤,即五城与古林始迁祖为同一人,这成为双方可以接近乃至会同修谱的基础。成化年间,黄云苏与黄莘一度准备联合祁门、浮梁、黟县、歙县等地的黄氏合修统宗谱,拟定名为《休宁黄氏正宗谱》。据林瀚所撰的谱序称:

---

① 黄云苏:《新安黄氏会通谱》文献录外集上。
② 程敏政:《篁墩文集》卷三十二《古林黄氏续谱序》。
③ 黄臣槐:《潭渡孝里黄氏族谱》卷首。
④ 程敏政:《篁墩文集》卷四十二《处士黄君景高墓志铭》。
⑤ 黄云苏:《新安黄氏会通谱》文献录甲卷。

古林之裔曰世瑞、五城之胤曰思济者,既自谱其派矣,又并考集祁门、浮梁、黟、歙诸派,合而一之,复取正于程春坊,而为统宗之谱。谱成,世瑞乃不远五六千里,奉至京师,介其姻友汪进士守贞、大行人从仁二昆季,过访小轩,因出以示余,征序其首。①

据此序中有"谱成"之言,这部汇集休宁、祁门、黟县、歙县、浮梁等地黄氏的大型统宗谱应该已经完稿。但是,该谱并未刊行过,而且,古林与五城两派从此再未有合修家谱之举。造成这部统宗谱胎死腹中的关键是,随着修谱的进展,双方对家谱文献的认识发生分歧,五城派认为谦公为坚公的五世祖,谦、坚并非一人;而古林派则认为本派并非出自坚公,而是从左田迁来的益谦(即谦公),益谦长子思敏为古林派始迁祖,次子思聪为五城派始迁祖。由于"谦即坚、坚即谦"的共识破灭,双方失去了可以合作修谱的共同文献基础。古林派遂自行纂修了本派的支谱,而黄云苏则继续致力于纂修统宗谱。

弘治三年(1490年),黄云苏发起纂修统宗谱,来自徽州六县和外地的黄氏共二十六派参与其会,但完稿后未及刊成,弘治六年(1493年)黄云苏去世。其后,黄云苏族人将其定名为《新安黄氏会通谱》,于弘治十四年(1501年)正式刊行。该谱目前有四册与八册两种本子存世,内容完全一致,卷首为序言、像赞,世系谱图十六卷,文献录五卷。

《新安黄氏会通谱》称黄氏出自黄帝之孙陆终,陆终后裔缙在周成王时受封,其后为黄国,以战国春申君黄歇为远祖,黄歇之后黄东明在秦末随吴芮起兵,后来受封于江夏,为江夏黄氏。谱中奉东汉年间江夏人黄香为一世祖,徽州始迁祖新安太守黄积则是黄香的九世孙。由于会通谱是由五城派主修的,因此出自五城的支派特别多,包括休宁县的溪口、会里、商山、星洲、岭南、龙湾、汉口、潜川、闵口、陈村等,还包括绩溪翚岭下、石门、池州、南陵、六安、两淮等处。显然,会通谱是以五城派为主体的,以本宗为中心兼统他宗的色彩是非常明显的。该谱是徽州黄氏的第一部统宗谱,规模宏大,刊刻精良,内容

---

① 黄积瑜:《新安左田黄氏正宗谱》旧序。

丰富,影响甚大,但也激起了那些对家谱文献有不同解读的支派的强烈不满。

从明清黄氏各派的家谱纂修情况看,大约有一半的强宗大派没有参加会通谱,如歙县潭渡、竦塘、休宁高堨、黄村等。即使是参加了会通谱的一些支派,对文献的解读也很不一致。会通谱纂修之后不久,不满的声浪就开始浮现,来自祁门左田一带的黄氏反应最为激烈。嘉靖三十七年(1558年),祁门霞坞派黄应榜修成本派支谱,指责会通谱:"褻乱构讼……循私而失真,则短褐负薪之徒无望其为连枝共叶,而轻裘佩玉者俱大族胤矣,非类而聚谱,亦何益?"①嘉靖四十三年(1564年),祁门和村儒士黄积瑜纠集了左田的多个近支宗派,并联合众多被会通谱排斥在外的支派,纂修了《新安左田黄氏正宗谱》。

嘉靖刻本《新安左田黄氏正宗谱》共十二册,卷首为谱序、凡例、谱辨像赞等,派系图二十卷,文献十九卷,卷帙篇幅超过会通谱,刊刻也相当精良。正宗谱号称有七十五派,远远超过会通谱。实际上,黄积瑜是将会通谱的二十六派悉数纳入其中,而其中的五城、溪口、岭南、星洲、龙湾等派并未与会。未入会通谱而加入正宗谱阵营的强宗大派主要有休宁古林、黄村、高堨、伦堂,祁门曹源、黑桥、张闸,歙县竦塘、建德峡峰等,婺源横槎与浮梁勒功是为数不多的既参加会通谱又参加正宗谱的支派,而歙县潭渡是唯一的既没有参加会通谱又没有参加正宗谱的强宗大派。

正宗谱对会通谱的一大修改,是以徽州始迁祖黄积为一世祖,修谱凡例称:"参考旧谱,有以汉丞相霸公列为一世者,有以尚书令香公为一世者。窃谓世次遐邈,莫若以太守积公为一世者,乃吾新安始迁之冢也,其不可易也,必矣。"②

纂修统宗谱,原本是为了进一步加强徽州黄氏各派之间的联系,所谓"联其族而合其同原异流者"③,但是由于对家谱文献的不同解读与取舍,却导致

---

① 黄应榜:《新安左田黄氏孟宗谱》序,明嘉靖三十七年(1558年)刻本,徽州文化博物馆收藏。
② 黄积瑜:《新安左田黄氏正宗谱》凡例。
③ 程敏政:《五城黄氏会通谱序》,见《篁墩文集》卷三十四。

了双方关系长期紧张,以至对簿公堂。旨在加强徽州黄氏凝聚力的统宗谱,却成了引发长期冲突的导火线。

二、明代徽州黄氏统宗谱中的文献冲突与司法诉讼

(一)围绕主干世系的冲突

徽州家谱中往往有这样一种现象,虽然始迁祖迁入徽州在晋代乃至更早,但徽州始迁祖之后的很长一段时间内,各个世代的人数都很少,甚至有多达十余代的单传,直到唐代晚期和五代、北宋初的百余年的时间里,才大量分迁到徽州各地,繁衍昌盛,真正形成庞大的血缘宗族集团。某些徽州统宗谱中,往往将徽州始迁祖之后、各支派分迁始祖之前的世系列为总谱,而分迁始祖之后的世系则分别列为各派的支谱。就徽州黄氏而言,其徽州始迁祖为两晋之交的新安太守黄积,但黄积之后直至唐代晚期的黄仪(字元和),每一世代的人数都很少,而黄仪之后每一世代的人数则大量增加,迁居外地者尤其多。虽然黄氏会通谱与正宗谱中都没有总谱与支谱的名目,但其世系图中黄仪之前没有分派,黄仪之后则分为各派进行分别叙述,显然也有总谱与支谱的实际区别。从学术角度而言,可以将总谱中的世系称为主干世系,而支谱中的世系称为分迁世系。徽州黄氏的两种统宗谱,无论是主干世系还是分迁世系,差异都是严重存在的,而主干世系的差异更为令人瞩目。这种差异,是由于双方所依据的文献不同造成的。

在黄云苏纂修会通谱时,五城派家谱中的早期文献是非常有限的,始迁祖谦公以上的世系原本无考,因此在修谱过程中利用了其他各派提供的文献。对这些文献,黄云苏曾经进行过细致辨别,在会通谱中有《谱考》四篇,批驳了一些他认为不可靠的文献,"凡族有可据而迹有所载者,登而录之,其他自称太守公后而无佐验者,辟而却之"①。会通谱中的主干世系,是依据盱眙派文献确立的。盱眙派有一篇题为宋代钧州判官黄元之所撰的《新安黄氏宗

---

① 黄云苏:《新安黄氏会通谱》卷首。

谱图序》,提及的世系如下:

> 曰积者,晋建兴中入仕,为祭酒。元帝中兴,擢新安太守,卒于官,都亭侯陶瞻为树墓碑。子寻,隐居教授,庐守先墓,遂造家于姚家墩,新安之有黄氏,实自太守始。寻之子原奕,官都尉,讨苏峻有功,湘东太守范珧立传。原奕子奇远,奇远子达道,达道子伯随,伯随子昌,昌子章靖,靖子邈,邈子仲繁,仲繁子碧璇,璇子德,任御史中丞,若曰晋阳县令昂,其伯子也。县令生协律郎景,景生员外郎论、县令训。训为县于洛,有治绩,民立祠祀之。论以进士初官尉绩溪,擢尚书刑部员外郎,寻改为河南令。冢子宗器,屡迁礼部侍郎,致政。侍郎生损,迁吏部侍郎,知衢州。子士尧,接父武,官起居舍人,起居子县尉仪,家祁门。仪子逊翁、谦翁,谦翁家海宁。①

黄元之序提供了徽州黄氏早期的详细世系,这个世系据说出自黄墩派唐代御史黄明高,是会通谱确立主干世系的文献基础,因此会通谱中盛赞此黄元之序:"词意敷畅,文理密顺,有足感动人者。其上世人物,本唐御史公所录家藏而传著也。获元隐士清夫公所藏版本,三复考据,而统宗会元之举决矣。"②会通谱的主干世系就是抄录该序而成的,黄积以后的主干世系可以列图如下:

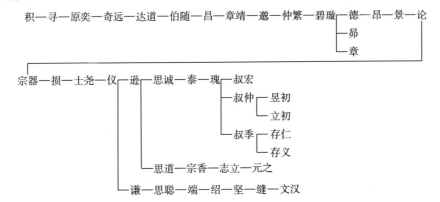

---

① 黄云苏:《新安黄氏会通谱》旧序。
② 黄云苏:《新安黄氏会通谱》旧序。

据会通谱,黄积的十九世孙仪,在唐代晚期任闻门尉,迁居左田。黄仪之后的分迁派系众多,黄仪次子谦迁居休宁西涌,其七世孙文汉迁居五城。黄仪长子逊,逊长子思诚,思诚之孙瑰生三子:叔宏仍居左田;叔仲迁婺源,其长子昱初迁婺源石门坳,次子立初迁婺源横槎;叔季迁浮梁勒功。逊次子思道,迁盱眙。上述迁徙时代大致在唐末至宋初,参加会通谱的二十六派就是上述各派繁衍分迁而成的。

黄积瑜纂修正宗谱时,其文献依据是北宋至和二年(1055年)左田黄希逸所撰的《新安祁闻左田黄氏源流序》。该序称:

> 积,字元集,生西晋太康庚子,初仕主簿、督邮,次转考功员外,初祭酒。太兴庚辰,任新安太守,殁于官,葬郡南姚家墩。……子寻,字伯常,庐墓,家焉,因以姓名其地曰黄墩……子二,贞奕,字敬贤,任吴郡守,家食于吴;原奕,字世昌,生东晋永和丁亥,官封都尉,亡阵于秦。……公兖子远期,任临水簿,生子伯泽,任金华郡守,因家金华。伯汉子碧衡,迁常州。碧璇孙德涵,字从道,生隋大业乙丑,历官御史中丞、上柱国,赐紫金鱼袋。子昂,字仲轩,任晋阳公,生子景福,字子与,时官任协律郎。子彦伦,字永华,生唐咸亨辛未,历官刑部员外郎。子二,宗唐迁绩溪,宗器字廷珍,生天授庚寅,历任礼部侍郎。子曰损,字时中,生景隆丁未,任吏部侍郎。子仪,字元和,生唐开元丙寅,世居黄墩。天宝间入仕,初任绩溪尉,次任青阳尉,三任闻门尉,大历丁未,肇基治东左田,卒大历己未,墓葬本处安陆源口栢林墩龟形亥向。……生子四,益逊,字尧夫,生天宝甲申,建中时官秘书省正字,娶程氏,同葬虎坑口;益光,字子亮,迁歙黄屯园;益谦,字循礼,子孙居休南;益让,字尚卿,任浔阳令。①

---

① 黄积瑜:《新安左田黄氏正宗谱》旧序。

依据黄希逸序言所列出的徽州黄氏主干世系可列图如下：

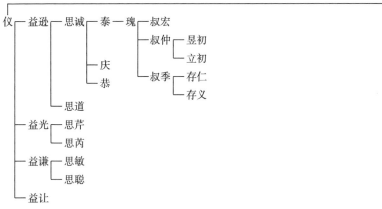

从上图可以看出，正宗谱比会通谱多出了不少支派：会通谱黄仪二子逊、谦，正宗谱则有四子益逊、益光、益谦、益让，其中益光为歙县潭渡派祖；会通谱思诚仅泰一子，正宗谱多出庆、恭二子，其中恭为休宁黄村派祖；会通谱谦一子思聪，正宗谱益谦有二子思敏、思聪，思敏为古林派祖，思聪为五城派祖。正宗谱以仪公四子益逊、益光、益谦、益让与瑰公三子叔宏、叔仲、叔季为中心，称为"四益三叔"，构成了比会通谱更为庞大的宗族体系。

从上图还可以看出，会通谱与正宗谱在主干世系上的差距极大：会通谱黄积至黄仪为十九世，而正宗谱为十五世，较会通谱少四世，其中的人名也有不少出入。这个世系上的重大差异，加上分迁支派的不同记载，使得徽州黄氏从此分裂为遵循不同世系的两大阵营，不但在家谱记载中上世系相差很大，而且在祠堂神主、墓志碑铭中也是如此。另外，由于遵从会通谱的支派世系是以东汉黄香为一世祖，而正宗谱是以东晋黄积为一世祖，因此同一时期出生的族人中，采纳会通谱的，其世代往往会比正宗谱多出十三世以上。

黄积瑜认为黄希逸谱序是可靠的，而会通谱依据的盱眙序则妄谬，世系也是错误的，从东晋初年至唐代晚期容纳不下如此多的世系：

> 太守公至元和公一十九世，以三十年一世计之，历年五百七十。

然我左田谱载太守公生西晋太康戊申,下距元和公一十五世,历年四百二十有八,彼乃谬增代者四,谬增年者一百二十。①

针对主干世系中的差异,黄积瑜在《正宗谱》中专门撰有谱辨六篇,其主旨都是针对会通谱的,详细列举了会通谱在世次、人物、事实以至祖墓等方面的诸多错误。

(二)围绕分迁世系的冲突:关于大园黄氏的真伪

主干世系中的冲突虽然令人瞩目,但毕竟时间久远,各派尚可求同存异,如清代修谱者所言:"凡此播迁之派,或遵会通,或守正宗,总以晋任新安太守积公为始迁之祖,左田元和公为继迁之祖,四益三叔为分迁之祖。"②但是分迁世系,尤其是近支的分迁世系,往往关系着各支派的切身利益,其冲突一旦发生,通常无法调和,以至酿成官司。会通谱与正宗谱围绕大园黄氏真伪问题的冲突,就是突出的一例。

祁门左田原名火烧坦(今名社景),黄仪迁居此地后,后裔不断迁出,据明代家谱记载,当时仍居左田的黄氏后裔为数甚少,但左田附近的霞坞、和村、大园等村有不少自称是黄仪后裔的黄氏居住。其中的霞坞与大园离左田都只有二里路左右的距离,早在会通谱纂修之初,两派就曾发生冲突。据黄云苏记载:

> 今左田有店前后二黄氏,历考各谱,俱出元和公裔孙文锡、文机、文戴兄弟之后,分为二族。弘治庚戌,二族之人各携本支谱系来会,两不相面,阴言抵毁,甲以乙为非族,乙以甲为非族,版籍为之变乱,几至成讼。……由是询其地之众人,知二黄之为族,以气势相凌,以奢吝相抗,而至此也。③

此处所称店前黄氏即大园黄氏,店后黄氏即霞坞黄氏。黄云苏在权衡再

---

① 黄积瑜:《新安左田黄氏正宗谱》谱辨。
② 黄世恕:《新安黄氏大宗谱》序,清乾隆十七年(1752年)刻本,黄山学院图书馆收藏。
③ 黄云苏:《新安黄氏会通谱》新安黄氏支派。

三之后，决定将两派并行载入会通谱，并采纳了大园黄氏的部分文献。其中最为重要的是由大园黄氏提供的黄仪墓图和祁门人谢翾（时任监察御史）所撰的《祁门左田黄氏家谱序》，称大园黄氏是左田黄汝贤之子添禄后裔。然而，霞坞派根本就不承认大园黄氏是黄汝贤之后。正宗谱中有一篇黄积瑜所撰的《背义辨》详叙其事：

> 逆奴栗木坦江瑞英，系于祖汝贤之长子德诚、次子德清所蓄家奴，有抚育之恩，有衣食之惠，生居死葬皆籍主土。汝贤公生元贞二年丙申，殁洪武二年己酉，祖妣休阳大溪吴氏，生大德二年戊戌，殁洪武九年丙辰。德清公弃儒就武，至正丁酉为石埭元帅王友仁下，克仁安翼万户。时值弗偶，谪戍滁州，悔曰："吾为子孙，百死一生，岂陷于此？"计将长子应详弊立民籍。故逆奴乃敢乘不测之机，肆无主之志，占祖遗之产。惧清查之患，竟尔逞奸背义，于弘治年间插入休邑五城宗人黄云苏统宗会谱，将主汝贤妄称伊祖，宋恭宗廿九年生，洪武元年卒，主母吴氏捏作李氏，妄称德祐二十六年生，至正二十年卒。切查德祐继统，止有年半，并无廿九、廿六年历数。噫，逆奴吾家所蓄也，主仆大义，人皆得而知之，彼虽越分，则玉石殊质，朱紫异采，君子小人同形而异类矣，恶得不严其辨，以绝其妄冒之端，以防万世之大闲哉！谨以吾祖年德行实备载诸谱，使观者识逆奴为背义之贼，而唾骂于千载矣！是为辨。①

按照《背义辨》，汝贤仅生二子德诚、德清，因德清谪戍之故，家奴江瑞英趁机侵占家产，冒充黄姓，其后裔更混入了黄云苏会通谱。查会通谱左田派下汝贤与其妻的记载②，与《背义辨》所指吻合，可见其事确有蹊跷。另外，正宗谱中还有汪克宽撰的题为《黄翁汝贤传》和汪潭撰的题为《黄公德清传》，所述与《背义辨》合。左田附近各派中，和村、尚源、龙源黄墩、漆园、饭萝嵯、何

---

① 黄积瑜：《新安左田黄氏正宗谱》背义辨。
② 黄云苏：《新安黄氏会通谱》卷三。

宗坑、径路等派都不承认大园黄氏为黄汝贤后裔,如果没有确实证据,各派何必如此得罪人?可见,《背义辨》所述有相当程度的真实性。

正因为如此,正宗谱对会通谱载入大园黄氏并依其文献确立左田谱系的做法,极为不满,称会通谱"盱眙序谬,谢御史序伪,左田者又大谬","云苏公辨诸族有谬者,考之宜也,殊不知其信谬而自谬误者多矣。……信伪妄载元和公墓图,大谬也"①。从这些指控也可以看出,正宗谱真正关心的其实还是左田派下各族的真伪,即与自身直接有关的那些部分的记载。

(三)家谱文献冲突酿成的司法诉讼:崇祯二黄互控案

正宗谱刊刻后,徽州黄氏围绕家谱文献冲突,分裂成了会通谱和正宗谱两大阵营,而大园黄氏真伪问题则成为双方对立的焦点。会通谱虽然遭到黄积瑜驳斥,但五城派本身实力强大,隆庆年间又得到了歙县潭渡派的有力支持,因此,两大阵营之间长期对立,相持不下。

大园黄氏仍在为自己的左田正宗身份而努力。隆庆年间,大园黄氏在村头横路下街亭挂起"左田里"匾额,令人瞩目。大园黄氏认定左田始迁祖黄仪之墓在祁门县七保嵯上柏林墩,已列入会通谱,遂请各派前往祭拜,起初没有获得成功。崇祯十六年(1643年)八月,休宁龙湾派族人御史黄澍道经祁门,大园黄崇德等盛情款待,获赠匾额"斗南望宗"。黄崇德于是大修上祖坟,由五城派出面,邀请各派前往祭拜。而霞坞派一向认定黄仪之墓在祁门县九保的柏林墩,遂出面阻止,引发暴力冲突。据霞坞派文献记载:

> 八派守坟裔孙聚众计议,今日任恶造假,异日玉石难分,今日任恶造假,异日朱紫难清,理宜送揭帖辨帖,通知各派,免使渭泾混淆,龙蛇杂乱。蒙各派齐集一本堂,居住七日,上访吴姓,下询许宅,然后勘其新旧二墓,验其墩嵯两形,此十月初六日事也。……而伪黄崇德等机埋变乱板籍,移山换井,贿买光棍七八人来拜新墓,遮羞掩丑。……十九黎明回去,八派众等候诸道左。……伪黄崇德等希图

---

① 黄积瑜:《新安左田黄氏正宗谱》谱辨。

指鹿为马,谁料画虎类狗,见讥于邻里,取笑于亲朋,哨聚群凶,鸣锣持械,扬兵抄掳,杀至一本堂前,路有三里之遥,毁宗祠,碎宦扁。八派人等遂以黄本政名字奔告县主吴公台下。①

黄仪墓究竟在祁门七保还是九保?一向有争议,五城派曾指霞坞派认定的九保之墓"向传为崇法院寺墓,余干段一带田园皆僧业,田心乃僧坟也"②。但霞坞派显然得到了徽州黄氏多数支派的支持,即使是系出五城并参加会通谱的龙湾、商山等派也支持霞坞派,后世的徽州方志也承认黄仪墓确在九保③。然而围绕祖墓的这场激烈争论,由于双方积怨已久,终于爆发了公开冲突,大打出手,直至对簿公堂,情况之严重,实属罕见。

崇祯十七年(1644年)十一月,祁门县令最终就二黄互控案作出判决:

> 经本县亲临两地详勘,两黄各有元和公墓。据本政之宗生员黄士望等多人执有谱牒,留有遗像,载其地,则系九保栢林墩之土名,坟外四至皆田,离县四十里,阅之较真。据崇德之宗生员黄扉亦执有谱牒,载其地同曰栢林墩,其文同曰左田派,坟外四至皆山,离县三十里,坟虽新修,实列有黄侍御之讳,且赠有扁额曰"斗南望宗",即歙休两庠黄生皆来远护,似亦非伪。总之,黄无二姓,家乘两有足征,独是元和公之墓互争真伪,迄今九百余年,尽人无前知之哲,言念水木本源,孝子慈孙之用情,未有不各极其至者。况各祀各坟,两不相碍,何强何弱,同翼元宗,归敦睦而光大之。元和公有灵,当必其歆蒸尝也。一切毁扁殴伤事情,两造相当,可不深究,俱取纸免供。④

这个判决,对双方的争执焦点即祖坟的真伪问题,认为霞坞派九保之坟

---

① 黄金甲:《左田黄氏著宗全书》左田八派黄本政等与栗树坦伪黄崇德等讦讼原由事实,南明弘光元年(1644年)刻本,安徽省图书馆收藏。
② 黄金甲:《左田黄氏著宗全书》左田柏林墩真墓十八辩。
③ 马步蟾:《徽州府志》卷二《舆地志·邱墓》。
④ 黄金甲:《左田黄氏著宗全书》县主审语。

"阅之较真",大园黄氏七保之坟"似亦非伪",言语之中虽略微倾向九保,但驳回了其他诉讼请求。显然,由于双方各有文献依据和势力靠山,祁门县令采取了两不得罪的调和立场。

对坚决不承认大园黄氏的霞坞派来说,这场官司并未真正解决问题,于是在次年邀集了众多派别,订阅了攻守同盟合同(字迹无法辨认者以□代):

> 新安六邑共盟合同,黄本政、黄慕先等,原始祖新安太守元集公墓葬歙之黄墩,谦公支下十三派立会摽祭。而传至十五世唐阊门县尉元和公,墓葬祁东左田火烧坦九保栢林墩,逊公支下八派拜扫奉祀。两派分守,历世无异。至崇祯年间,有栗树坦冒认左田,私往贿赂混入黄墩大会。十六年,复于七保嵯上新造假坟,设立伪碑,暗地邀祭,已经告明。今因五城汝璘、嘉寿等□□□□,特合谦公、逊公各派察明宗谱鳞册,真伪日星□□,凡我同盟之后,各宜恪守条规,毋得□□□□,如有仍前附会栗树坦者,众共攻之。为此共立合同一亲,每派各执一张存□。
>
> 弘光元年四月初一日立合同①

合同后附有徽州黄氏一百二十七个支派名目,但有众多支派未见有人签名。

总的来说,在明末两黄互控案中,大园黄氏确立左田正宗的目的未能实现,而霞坞派也未能真正将大园黄氏驱逐出去。对大园黄氏来说,无论祖上在元末是否真的为仆冒主姓、侵吞主产,他们从明初开始早已不复为人奴仆了,弘治年间谢罄称明初大园黄曙英"克绳祖武,为一乡之翘楚者"②,而崇祯年间霞坞派亦称黄崇德"富甲都邑,恶逾虎狼"③,判决书中提到的黄扉还取得了功名,其社会地位与霞坞等派已无不同。

---

① 黄金甲:《左田黄氏著宗全书》龙津大会合同。
② 黄云苏:《新安黄氏会通谱》序。
③ 黄金甲:《左田黄氏著宗全书》黄本政生员呈词。

三、徽州黄氏统宗谱文献冲突分析

(一)在分析会通谱与正宗谱的文献冲突时,必须看到的是,双方的文献依据都是有缺陷的,家谱文献中疑伪之处颇多

会通谱确立主干世系的关键在于盱眙派的黄元之谱序,而这个谱序中的世系据说来自唐代御史黄明高。然而,黄明高其人不但未见诸史传,即使是各类徽州方志中也不见其踪影,不免令人起疑。尤其是序中提到的晋代都亭侯陶瞻为黄积撰墓碑一事,极为可疑。

会通谱中载有《新安太守黄君积墓碑铭》,题为《散骑常侍都亭侯瞻撰文》,即黄元之序中提及的黄积墓碑,全文如下:

> 公讳积,字元集,先世江夏人,汉邡乡侯琼之裔孙,今部将期季弟也。累叶牧守,印绶典据,十有余人,皆德任其位,名丰其爵,是故宠禄传于历世,策勋著于王室。君钟其美,受性渊懿,含和履仁,治诗书,兼览群籍,靡不寻畅。州郡更请,屈己匡君,为主簿、督邮,入为考功员外郎,所在执宪,弹绳纠枉,忠洁清肃,进退以礼,允道笃爱,先人后己,克让有终,察孝必行,寻为祭酒。上歆其德,于招俯就,羔羊在公,四府归高。国家东祚,擢君为新安太守。到官正席,流恩褒善,纠奸示恶,旬月化行,风俗改易。轓轩与辔,飞跃临津,不日不月。皓天不吊,歼此良人,以事诖误,卒官,呜呼痛哉!臣隶辟踊,悲动左右,百姓号咷,若丧考妣。咳孤喷泣,忉怛伤摧,勒铭金石,惟以告哀:
>
> 于穆皇祖,天挺英特。佐时理物,绍纵先轨。积德勤约,燕于孙子。君之群戚,并时繁祉。明明君德,令闻不已。高山景行,慕前贤列。庶同如兰,意愿未止。中遭冤夭,不终其纪。凤世賈祚,早丧懿美。抱器幽潜,永归高里。痛矣如之,行路感动。倘魂有灵,垂后不朽!①

---

① 黄云苏:《新安黄氏会通谱》文献录甲卷。

据赵明诚《金石录》载,宋元祐年间(1086年—1093年),因治河堤,洺州掘得石碑一块,"距今千岁矣,而刻画完好如新"①,他称此碑为"汉淳于长夏承碑"。明代人都穆曾记载他得到的该碑的一个内容完整的拓本,将其与黄积墓碑铭对照,夏承碑开头部分为"君讳承,字仲充,东莱府君之孙,大尉掾之中子,右中郎将弟也"②,其后的内容与黄积碑铭几乎完全一致。可见,黄积墓碑铭显然是在夏承碑的基础上,将其中的人名、世系、年月加以替换,略为改头换面,"创作"而成。只不过由于"创作"者历史知识有限,除了内容上基本相同外,其替换的官衔也露出了破绽。清初,潭渡人黄生曾撰《东晋新安太守元集公碑文辨》,详考其伪:

> 甲辰春,予阅黄氏各派统谱。首载《晋故新安太守黄君碑》,署"散骑常侍陶瞻撰"(原注:瞻,士行之长子也)。余一见即斥其伪。……谓元集府君曾为考功员外郎,不知员外郎之官,隋开皇中始置,东晋无有也。其后得《夏承碑》,乃知此文即取此碑,小加点撰而成者,自喜其说之不谬,然犹愧见夏碑之晚也。……此文乃明代浮梁县宗人所录,亟宜削去。③

可见,陶瞻曾为黄积撰墓碑纯属子虚,所谓的黄元之序、黄明高世系也很有问题,极有可能为明代人杜撰。

正宗谱是在批驳会通谱的基础上而进行纂修的,其谱辨专攻会通谱缺失,但它的文献可靠性并不比会通谱更高。会通谱载入的黄积墓碑铭,正宗谱同样全文载入,并无任何质疑。不但如此,正宗谱赖以确立的主干世系的关键黄希逸谱序,而此谱序本身也存在问题。黄希逸序中称左田始迁祖黄仪"天宝间入仕,初任绩溪尉,次任青阳尉,三任闾门尉,大历丁未,肇基治东左田,卒大历己未",即黄仪入仕后的第一个职务是绩溪尉,时间在天宝年间

---

① 赵明诚:《金石录》卷十六,北京:中华书局,1987年影印宋本,第375页。
② 都穆:《金薤琳琅》卷六,见《文渊阁四库全书》第683册,第260页。
③ 许承尧:《歙事闲谭》,彭超、李明回等点校本,第588~589页。

(744年—755年)。然而,《元和郡县图志》称:"绩溪县……本梁大通元年于此置梁安县,武德中废,大历二年,刺史长孙全绪奏分歙县置。"①《太平寰宇记》则称:"绩溪县……为歙之华阳古镇,梁大同元年置为梁安县,唐武德年中废,至永泰二年,宣州旌德县贼王万敌入寇其地,贼平,置县。"②两书所载绩溪置县年份有所不同,后世徽州方志对此多有考证,大多从《太平寰宇记》,如清代道光年间《徽州府志》即称:"诸书多作永泰二年置县,郡县志作大历二年恐误。"③无论绩溪置县是在永泰二年(766年),还是在大历二年(767年),天宝年间都不可能有绩溪县,黄仪如何能在天宝年间出任绩溪县尉呢?可见黄希逸序如同黄元之序一样,可信度同样不高。正宗谱依据黄希逸序列出的主干世系,其文献基础同样是薄弱的。黄积瑜曾在正宗谱中讥笑会通谱的谱考不足为训:"云苏公辨诸族有谬者,考之宜也,殊不知其信谬而自谬误者多矣。"而实际上,正宗谱的谱辨也同样难逃"信谬而自谬误"之讥。

(二)家谱对宗族历史的追溯历来受到文献不足的客观限制,宗族光宗耀祖的主观追求与客观的文献限制之间存在着内在矛盾,这是导致疑伪屡作和文献冲突的根本原因

通常而言,越是早期的历史,文献越是有限,历史的真实面貌就越加模糊不清。古史辨学派强调"层累地造成的古代史",其重要的原因在于古史本身因为文献记载有限而早已无法清楚地追溯。否则,若古史本身清楚明白,又何来层累创造的可能性?客观环境的限制,使得后人对历史的追溯很难具备彻底"真实还原"的可能,越是早期的历史,"真实还原"的可能就越小。同时,无论何种古代文献,其载体的性质决定了其存在必有时间上的限制,更何况战乱兵燹、自然灾害对文献也有破坏,不但私修家谱出现以前的早期宗族历史有着文献上的严重限制,就是宋代私修家谱出现以后的宗族历史,乃至于

---

① 李吉甫:《元和郡县图志》卷二十八,北京:中华书局,1983年点校本,第688页。
② 乐史:《太平寰宇记》卷一百四,中国古代地理总志丛刊点校本,北京:中华书局,2007年,第2064页。
③ 马步蟾:《徽州府志》卷一《舆地志·建置沿革。》

清代、民国年间的宗族史,其文献都有难以追溯之处。清代歙县西沙溪汪氏宗族曾经感叹:"每见世家巨族修谱若过百年,无从稽考,纵有大才亦难重葺。"①家谱中对子孙要及时修谱的大量告诫,乃至于"三世不修谱为不孝"一类的家规、祖训,都充分说明了家谱纂修者所面临的严重的文献困境②。

家谱的本质是宗族的历史文献。宗族作为一种基于血缘关系而组成的社会群体,它必须建立起自始祖以来的明确世系,这与文献不足的客观环境之间存在着内在矛盾。源远流长、门第高贵是宗族组织激发宗族成员荣誉感、凝聚力、向心力的重要资源,而清晰明确的世系则是确立宗族内部关系,尤其是丧服制度的重要依据。宗族在修谱时,主观上要求历史越悠久越好、世系越清晰越好。如歙县潭渡黄氏,早在明代初年就已经建立了从晚唐始迁祖忠乙府君开始的本派世系,但由于始迁祖以上的世系不明,仍视为极大的缺憾:"独慨始祖忠乙公前莫究其自,譬诸身而无首,私窃悼之。"③由于缺乏可靠的文献依据,对宗族历史的追溯中,运用"氏族家法"人为创造文献依据,以致进行作伪和篡改,是不可避免的。

(三)明代中期徽州兴起的统宗会谱运动,是导致文献冲突现象大量出现的导火线

统宗谱首先出现在明代中期的徽州。程敏政为弘治黄氏会通谱撰序时称:"通都大邑之间号巨室、能仅谱其家者,盖不多得矣。若进而能谱其族,则加鲜焉,况又能推而谱其所同原异流者哉?是非其心之仁、志之远、力之健,

---

① 汪志琦:《新安歙邑西沙溪汪氏族谱》重修族谱凡例,清道光二十九年(1849年)刻本,黄山学院图书馆收藏。

② 唐力行曾经以绩溪宅坦胡氏宗族为例,研究了咸丰、同治年间的大规模战乱之后,胡氏宗族通过修谱追溯宗族历史的过程。由于战火中大量家谱文献被毁,虽经多方努力,在民国初年完成了家谱的续修,但居于本土的不少先祖仍是"待查待访",而且外地的百余派中,也只有邻近各派得以入谱。此一个案研究证明,即便是宗族的近期历史,由于各种复杂原因,其家谱文献也存在着难以追溯以至不可能追溯的困境(唐力行:《"千丁之族,未尝散处":动乱与徽州宗族记忆系统的重建——以徽州绩溪县宅坦村为个案的研究》,载《史林》,2007年第2期)。

③ 黄臣槐:《潭渡孝里黄氏族谱》卷末。

固不能有此,而或一二见于吾乡。"①所谓"或一二见于吾乡",说明当时统会"同原异流"各支派的大型统宗谱才刚刚兴起。大规模的统宗会谱运动,要求建立起自迁徽始祖之后的明确世系,而且通常还要往前追溯至三皇五帝。在统宗会谱的过程中,各派文献互相对照之后,出现了巨大的差异。弘治年间,潭渡黄华曾准备参与会通谱纂修,但发现五城、左田、横槎、古林等支谱文献叙述中存在着严重矛盾,让他深为苦恼,以至于感叹"氏族之书难言者,久矣"②。本来,支谱中的不同记载大可各说各话,"井水不犯河水",但统宗谱的纂修就必须建立起整齐划一的世系,"井水"与"河水"必须统一,否则统宗就失去了意义。在文献严重矛盾的情况下,谁是谁非?如何取舍?家谱中都强调取舍要有文献依据,会通谱自称"文献足征,不期信而自信矣"③,正宗谱也强调"刊世系以纪其实,载文献以征其信"④。但实际上各派在争论之中,对早期历史的一些关键问题,往往都缺乏过硬的证据。在这种情况下,大量的伪作应运而生,文献冲突也就不可避免。明代中期以后,徽州家谱中的文献冲突现象愈演愈烈,统宗会谱运动是直接的导火线。

对于家谱的纂修者来说,家谱中的历史记载与自身利害息息相关,功利主义倾向往往是决定性的,因而不可能从超然的第三者立场来书写自己祖宗的历史。相反地,从功利主义的需要出发"处理"早期文献是常见的做法。已有学者研究证明,徽州各地的小姓为摆脱大姓的控制,往往会寻找同姓大族的支持,其重要的途径就是通过与同姓大族联宗通谱,证明自己系出名门望族,并非世仆皂隶⑤。对于这些宗族而言,家谱中与自己有关的文献,所具备的不仅仅是光宗耀祖的意义,而且直接关系着自身的社会地位和社会权利,是生死攸关的大事。家谱是在宗族内部流通的文献,与面向社会大众的学术

---

① 程敏政:《篁墩文集》卷三十四《五城黄氏会通谱序》。
② 黄臣槐:《潭渡孝里黄氏族谱》卷二。
③ 黄云苏:《新安黄氏会通谱》序。
④ 黄积瑜:《新安左田黄氏正宗谱》旧序。
⑤ 王振忠:《明清以来徽州村落社会史研究》,上海:上海人民出版社,2011年,第109~137页。

著作具有不同的性质。家谱中的文献,外人相信与否,无关紧要,重要的是本族内部必须达成共识。无论家谱文献是否真正具备学术意义上的可信度,只要宗族成员共同认定其可信,就成了宗族内部的信史。那些"处理"过的文献,一经载入家谱,也就具备了相应的权威,成为激发宗族荣誉感、维系宗族凝聚力的重要资源。只是,对今天的研究者而言,此种文献冲突固然为研究提供了绝好的对象,也带来了资料引用上的巨大挑战。倘若没有其他可资参考的文献存在,更会造成难以克服的困难。就此而言,当可感叹:"氏族之书难言者,久矣。"

第三节 《汪氏渊源录》研究

元代泰定年间,休宁石田人汪松寿纂修的《汪氏渊源录》,在汪氏家谱纂修史上具有划时代的意义。该谱的重要价值早已引起前辈学者的重视,二十世纪七十年代初,罗香林先生就曾撰文介绍过美国哥伦比亚大学图书馆所收藏的《汪氏渊源录》,并将其定为元刊明补本。[①] 徽学研究兴起后,《汪氏渊源录》得到了学界的进一步研究,尤其是赵华富先生,曾多次运用过这部家谱,对元代徽州宗族社会及其家谱纂修进行阐释,取得丰硕的研究成果[②]。近年来,笔者先后得睹该谱在中国国家图书馆和美国哥伦比亚大学图书馆两部藏本的全部内容,并阅读过安徽省图书馆所藏该谱的部分内容,深感对该谱的研究仍有进一步深入分析的必要,其谱学研究尤其值得重视。

一、汪松寿与《汪氏渊源录》的由来

关于汪松寿其人,在徽州府志、休宁县志和《新安名族志》《休宁名族志》

---

① 罗香林:《中国族谱研究》,香港:中国学社,1971年。
② 赵华富:《徽州宗族研究》,合肥:安徽大学出版社,2004年;《徽州宗族论集》,北京:人民出版社,2011年。

中都有提及①,但往往附在其父汪云龙传中,语焉不详,后人对其生平不甚了然,生卒年月亦无从知晓。唯国家图书馆藏本《汪氏渊源录》第五卷《详亲录》后,附有汪松寿后裔汪维立墨笔抄补《汪维立本支详亲录》,其中有对汪松寿的详细介绍,兹全引如下:

> 七十二代松寿,字正心,生宋咸淳辛未正月十四日寅时。标格不群,姿性颖敏,酣贯经史,超拔儒林,文为翰林程敏正公嘉重。任前绍兴路余姚州学正,著有《姚江集》,转升四川绍庆路教授。尝编《汪氏渊源录》,博综平阳氏族,率土无遗,始克成编,为我汪氏谱牒首倡,源委详明,功莫大焉。父殁,恪守遗言,不用僧、道二氏道场,一遵文公《家礼》,邻里率多取焉。作为《家规》若干条,大都道义贻谋,其他善行嘉绩未易记称,姑特率其大概云。殁元至正辛巳八月廿一日巳时,葬十三都金竹唐公源壬山丙向。初娶二十都朱氏,讳申娘,生宋咸淳癸酉四月初四日,殁于元至正乙酉九月廿一日申时,生次男序,葬石田柏木园,壬山丙向。再娶余姚李氏秀娘,生于咸淳己卯二月十五日卯时,殁于元至正己丑十月十一日亥时。

从这段介绍中可知,汪松寿生于宋咸淳年七年(1271年),殁于元至正九年(1349年),享年七十九岁。从文中还可以出,汪松寿出生在一个有着正统儒家信仰的仕宦家庭里,其父汪云龙特别要求儿子在办葬礼时不用僧、道。汪松寿在家学渊源的影响下,也是一位典型的儒家学者,还曾经做过学正、教授一类的儒学官员。在各类记载中,大都称赞汪松寿聪慧博学,所谓"文为翰林程敏正公嘉重",是指弘治年间大学者程敏政在编纂《新安文献志》时,将汪松寿列入了《先贤事略》中②,这是对其徽州先贤地位的一种肯定。文中特别强调汪松寿编纂《汪氏渊源录》的功绩,以今日研究来看,"源委详明,功莫大

---

① 彭泽:《徽州府志》卷八《人物志·宦业》;李乔岱:《休宁县志》卷六《人物志·宦业》;戴廷明、程尚宽:《新安名族志》,朱万曙点校本,第204页;曹嗣轩:《休宁名族志》,胡中生等点校本,第221页。

② 程敏政:《新安文献志》先贤事略上。

焉"确属实录,但"为我汪氏谱牒首倡"则略有夸大,《汪氏渊源录》是汪松寿在吸收众多前人成果的基础上编纂而成的。

徽州汪氏家谱的纂修起源甚早。今传徽州汪氏家谱中,往往有题为晋咸康二年(336年)汪旭、唐贞观十二年(638年)汪华的《上谱表》各一篇①,有些家谱中还有题为唐开成四年(839年)汪芬的谱序②,这些早期的家谱纂修记录难以得到确切的验证,然而在传世的元代汪氏家谱中已经有汪旭之表,因此这些文献的起源还是相当早的。宋代,徽州汪氏家谱纂修有可靠的记录。以传世典籍而言,南宋早期,汪藻为其父汪谷撰行状中提到汪氏与春秋汪锜为同族,虽然中间家谱有阙,但从五代时迁居婺源开始有清楚的世系③,显然依据的是其本族的家谱。存世徽州家谱中的宋代序言不少,虽然其中真伪杂糅,但如新建汪氏家谱中的淳熙十五年(1188年)朱熹之序④,唐模汪氏家谱中绍兴二十八年(1158年)汪陟明序⑤,等等,都是较为可靠的。婺源大畈汪氏修谱也是较早的,今传婺源大畈(又称鲷溪)汪氏家谱称宋天禧三年(1109年)汪仔曾修家谱,绍兴、咸淳间又有续修者。另据明代汪氏家谱纂修者的统计,宋代徽州汪氏共有十四次修谱记录,元代则有二十四次⑥。从各派修谱存留谱序来看,宋元时期的徽州汪氏修谱记录数量是相当可观的,不过,大都是各派的支谱,因此称《汪氏渊源录》"为我汪氏谱牒首倡",是夸大的,但是它是首部囊括徽州汪氏各派的带有统宗谱性质的大型家谱,因此仍然是开创性的。

关于《汪氏渊源录》的纂修起因,汪松寿本人有过一段说明:

---

① 汪尚和:《休宁西门汪氏本宗谱》卷一,明嘉靖六年(1527年)刻本。
② 汪尚琳:《新安汪氏重修八公谱》卷一,明嘉靖十四年(1535年)刻本。
③ 汪藻:《浮溪集》卷二十四《奉议公行状公》,见《文渊阁四库全书》第1128册,第222页。
④ 汪玑:《汪氏通宗世谱》卷一百一十七,清乾隆五十二年(1787年)刻本,上海图书馆收藏。
⑤ 汪椿:《唐模上汪汪氏流芳集》旧序,明嘉靖三十八年(1559年)抄本,上海图书馆收藏。
⑥ 汪士贤:《汪氏统宗谱纂要》卷四,明万历八年(1580年)刻本,中国国家图书馆收藏。

汪氏旧谱,自始祖颍川至叔和凡五十二代,代录名字婚宦,叙祖墓一篇,叙支派一篇,汪旭表一篇,唐族望敕一篇,共为一帙,历代相传授,本末大抵可考。三十四代前,经晋时汪旭所录;五十二代止,为唐世志高所传,年代永积,简编断错,销逸兼之,递相传写,字读讹阙,乱误失真。亥豕鲁鱼,孰原画迹?金根杜若,莫辨由来,接牒惘然,至于掩卷。仆凤病其故,思欲厘葺,而宦学东西,因循未暇。泰定乙丑春,宗人阅家录,创为新谱,辄改旧编,至弃吾祖铁佛,窜属旁支。余既驰书白其缪冒,遂取家藏旧谱补其遗绝,究其讹杂,循名征实,即事引时,通为注释,其有不类不同,率从删正,续以代表,聚系亲族之蕃,较之画图,事尤简白。于是推明姓氏之源,叙赞谱书之旨,辟汪野、汪芒之诞误,决平阳、阳夏之钩龙,最集名贤,条陈支裔,虽族散万途,而宗归一本,视今秦越,于古为亲,稽牒则同,明伦不远。编帙既成,号为汪氏渊源录。①

可见,汪松寿修谱的远因,是石田汪氏祖传旧谱"简编断错""乱误失真",所以亟须厘正,而近因则是泰定二年(1325年),有族人重修新谱,放弃旌城汪氏历来相传的出自汪铁佛的传统谱法,改以汪华为祖,他除了去书制止以外,还决心重修家谱。汪松寿修谱依据的是石田汪氏(自休宁旌城分迁)所传旧谱,相传出自唐代汪世高,加以考订辩证、旁征博引而完成的。据廉希贞序言称,汪松寿为修谱,"凡百氏之书文,诸家之记录,尘编绝简,无不窥也"②,可见他曾广泛参考各派已有的修谱记录和典籍记载,加以本人的博学高识,因而得以成此伟业。

二、《汪氏渊源录》的编纂宗旨、主要内容和基本特点

关于《汪氏渊源录》的编纂宗旨,如汪松寿所述,不但要驳斥族人新谱的

---

① 汪松寿:《汪氏渊源录》卷一《叙谱》。
② 汪松寿:《汪氏渊源录》序。

谬误,而且要彻底厘正石田汪氏已有的相当混乱的祖传旧谱,并进一步对整个徽州汪氏的宗族历史和支派渊源进行整理考订,以其实现"族散万途,而宗归一本"的宗族主义理想,因此将谱名定为《汪氏渊源录》。就是想说明该谱并非仅仅是汪松寿本族的家谱,而是将整个徽州汪氏各派的渊源概括其中,已然具备了后世大型统宗谱的雏形。

从《汪氏渊源录》存世的明刊本来看,该谱前有泰定三年(1326年)廉希贡序,正文共八卷:第一卷为叙谱、原姓、谱论、周鲁叙系、汪字说、汪芒辨、平阳辨、颍川辨、平阳后辨,主要是对汪姓的起源进行考辨;第二卷为晋汪旭上旧谱表、旧谱叙祖墓、旧谱叙支派、旧谱唐族望勅,录入了从晋至唐官修汪氏家谱的记录,并简要叙述了徽州汪氏的来历;第三卷为五十二代旧谱,自汪氏得姓始祖颍川侯至五十二代叔和,相当于后世统宗谱中的总谱;第四、五卷为续谱、代表、支始图,相当于各派的支谱;第六、七卷详记石田汪氏所出的休宁旌城派;第八、九卷为辞源集,相当于后世家谱中的文翰;第十卷为古今地图、唐越国公告、唐白渠府统军告,并附有后序和字音。十卷家谱,共约七万余字,内容相当丰富,特点也相当突出。

从谱学角度来看,《汪氏渊源录》的突出特点是强调汪氏出鲁成公次子颍川侯汪,彰显汪氏的中原正统身份。汪松寿为此倾注了相当多的心血,并不惜笔墨,写作出汪芒辨、平阳辨、颍川辨和平阳后辩等多篇考辨文字,对旧传的汪氏起源于漆姓汪芒氏之说进行严厉的批驳。

在宋代以前,论及汪氏起源,往往会引用《国语·鲁语》中孔子论大骨的一段对话:

> 吴伐越,堕会稽,获骨焉,节专车。吴子使来好聘,且问之仲尼,曰:"无以吾命。"宾发币于大夫,及仲尼,仲尼爵之。既彻俎而宴,客执骨而问曰:"敢问骨何为大?"仲尼曰:"丘闻之昔禹致群神于会稽之山,防风氏后至,禹杀而戮之,其骨节专车。此为大矣。"客曰:"敢问谁守为神?"仲尼曰:"山川之灵,足以纪纲天下者,其守为神;社稷之守者,为公侯。皆属于王者。"客曰:"防风何守也?"仲尼曰:"汪芒

氏之君也,守封、隅之山者也,为漆姓。在虞、夏、商为汪芒氏,于周为长狄,今为大人。"①

《国语》成书于战国时,作者称孔子说防风为汪芒氏之君,漆姓,守封、隅之山,韦昭注以为其地在吴郡永安县,即宋代以后的湖州府武康县。人的骨节显然不可能"专车",此处的问答颇具神话传说色彩。司马迁采其说写入《史记·孔子世家》,作汪罔氏。由于此说起源很早,因此后来论及汪姓起源,多以为出自汪芒氏。宋代谱学专著,如邓名世《古今姓氏书辩证》、郑樵《通志·氏族略》,都以汪姓为汪芒之后②。

以今日所见文献,北宋前期徽州汪氏尚无自称出于姬姓之汪的先例。但到南北宋之交,以汪氏出于姬姓之汪的文献骤然增加。绍兴九年(1139年),汪藻作汪澥神道碑称:

> 公讳澥,字仲容,姓汪氏。惟汪氏世次绵远,古有汪芒氏者,当三代时国于封、嵎之王,其人皆魁梧寿考,汉张衡有所谓跨汪氏之鱼龙是也。或曰汪,姬姓也,鲁成公支子食采于汪,因氏焉,故哀公十一年童汪锜死齐师之难,孔氏所褒。自汉讫陈,漫不见史。隋唐之际,始班班有人,曰华、曰纲,率以武显,而其人皆本黟歙。③

此碑作于南宋初,汪澥则是北宋晚期人,汪藻所记应当是依据其子孙提供的资料。碑中对汪氏始祖来源,采汪芒和鲁成公支子两说,这是一个非常重要的变化。罗愿生活的时代稍晚于汪藻,在论证汪姓起源时说:

> 氏族之书皆以汪姓出汪罔氏,亦曰汪芒,孔子所谓漆姓守封、嵎之山者。……内翰汪公志其宗人司城墓,推姓所起,亦先本汪罔,又采或说云:"汪,姬姓也,鲁成公支子,食采于汪,因氏焉。"汪罔之汪,

---

① 左丘明:《国语》,曹建国注说,郑州:河南大学出版社,2008年,第181~182页。
② 邓名世:《古今姓氏书辩证》卷十五,见《文渊阁四库全书》第922册;郑樵:《通志》卷二十八,见《文渊阁四库全书》第373册。
③ 《泾县志》卷十二《金石》,清嘉庆十一年(1806年)刻本。

见于传记,而姬姓之汪,特出于今里中所传,故内翰两存之。①

此处之"今"即修志的时淳熙二年(1175年),罗愿称姬姓之汪"出于今里中所传",说明汪氏出于姬姓之说已经相当流行了。与罗愿同时代的王炎为大畈汪氏撰《汪端公渍祠堂记》则称:

> 炎窃惟汪氏得姓自鲁颖川侯始,童子汪锜能执干戈以卫社稷,夫子正色称之,汪氏之名遂著于经史。及隋末越国公奄据歙、宣、杭、睦、婺、饶六州之地,庇护其民。值唐兴运,纳款归朝,位至金吾,爵上公。既殁,六州之民庙事之,荐以阴功进爵为王,而汪氏由是滋大。②

王炎称自汪氏出于鲁颖川侯,其后有汪锜,隋末唐初越国公汪华壮大汪氏,而汪渍于唐大中年间(847年—859年)迁大畈,为始迁祖,至南宋初十余世,并提及汪叔达为汪渍十世孙,这显然是依据当时大畈汪氏自己的家谱。由此可见,至迟到南宋初期,汪氏各支派对得姓之始祖已倾向于鲁成公支子,且迅速为各派所接受。当然,仍有某些支派未完全接受此说,如咸淳年间汪高梧为岩镇派家谱作序仍称汪氏出于汪芒:

> 吾宗鱼龙汪氏,由人皇之世以迄于今,聚族新安,数千年矣。……汪芒氏再得国于斯,显圣王复开国于此。③

正因为各支派对始祖来源尚未有完全统一之说,汪松寿在渊源录中作《汪芒辨》,反复申明徽州汪氏出于姬姓之汪:

> 后世姓氏书谓汪姓出汪芒,其说依于《孔子家语》及世家……谓汪罔为汪茫氏,守封嵎山,漆姓,于周为长翟氏,且若所云,则汪芒氏当夏时在今东南湖州矣。《左氏传》:"宋武公之世,鄋瞒伐宋,敉班

---

① 罗愿:《新安志》卷一。
② 程敏政:《新安文献志》卷九十六上。
③ 汪云龙:《新安汪氏族谱》旧序,元后至元三年(1337年)刻本,河北大学图书馆收藏。

败狄于长丘,获长狄绿斯。长丘,宋地也。……三传所云虽各有异,然考其地域,则周之长狄固入乎中土矣。"《说文字林》:"郑字,从邑奠,北方长狄之国也,在夏为防风氏,在殷为汪芒氏。"则郐瞒之国,又在北方也。《山海书·海外西山经》有汪野之地,李善遂谓汪氏国在西海之外,张平子引之曰:"超轩辕于西海兮,跨汪氏之龙鱼。"则汪氏之国又在西海也。诸纪不同,何也?……且古之为氏,数世辄更,逐时称谓,其字号未必相因也。唐杜之支或为范,祝融之裔或为苏,阴氏非阴康之余,朱氏非朱襄之别,高阳之后亦为李,而高姓反本于齐宗,陆终之后亦为刘,而陆氏自承于田族,迦叶不通于叶,鲜于不预于于,防风固不袭女娲之风,而长狄亦不传仁杰之狄,岂缘一字之同而遂合为一姓耶?汪锜亲承仲尼干戈社稷之誉,与孔氏同国而居,苟为长狄之后,孔子奚不之知?又何至远举封嵎之居,而近曾不及之耶?……彼姓氏书取一字之同姓,遽附汪罔为汪氏,其与执干戈卫社稷居于鲁国者,又邈然不相干矣。若必取一字之同,而遂附会而传,则非特郐瞒,四海之外可为吾国,而秦之汪城可为汪氏之都,燕之汪陶可为汪氏之县,郑周氏之汪可为汪氏之池,举古今天下地理人物之汪其云者,皆为吾氏之有矣。……吾汪氏谱录上承姬鲁,下历汉唐,盖五十二代相传,不为无证。……况凡谱录所载,考诸经史著记之书,引物连类无一不合。吾于是乎知汪氏果出于鲁成公之后,而汪芒、汪野,汗漫不相入之辞,有非辨而自明者矣。①

此辨包含几层意思:第一,古书对汪芒及相关的长翟、长狄、汪野等国,说法不一,方位各异,难称信史;第二,以一字之同,牵合汪芒为汪氏之祖,是很不慎重的,古代姓氏来源与之相反的例证极多;第三,汪锜与孔子为同时代人,孔子并没有鄙视他为长狄之后;第四,汪氏家谱称出于姬姓之后并非没有证据。汪松寿还撰有颍川、平阳之辨,竭力论证其地域皆在春秋鲁国境内,汪

---

① 汪松寿:《汪氏渊源录》卷一《汪芒辨》。

氏向来以颍川、平阳为地望,与出于鲁成公之后并不矛盾。

以今日所见,上古史难以考证之处颇多,各姓得姓之始都不免有某些神话传说色彩,不独汪姓为然。就文献而言,汪氏出于汪芒是相沿已久的旧说,而出于鲁成公之后则是宋代才有的。汪氏得姓之祖的变迁,反映出从唐末以来,伴随着徽州经济文化水平的提升,汪氏宗族科举仕宦日益发达,逐渐成为南方显著的大姓,因此遂力图改变自己在其他人眼中的南方土著后裔的身份,而以中原正统自居。

就体例而言,《汪氏渊源录》处理得相当灵活机变,在以本支为主的同时,兼顾其他诸支,这是该谱在谱法上的一个重要特点。从《汪氏渊源录》的定名和"虽族散万途,而宗归一本"的提法来看,它应该是一部统宗谱,而汪松寿作为石田汪氏的后裔,突出强调自己所属的石田汪氏也是自然的。后世统宗谱纂修者在处理此类问题时,通常会以本支谱为中心兼统他支,这是一种常见的做法,如明代成化年间程敏政所修的《新安程氏统宗世谱》正是如此。但对汪松寿来说,他面临的一项特殊困难在于,石田汪氏出于旌城汪氏,而旌城汪氏则出自汪华的堂弟汪铁佛,而在徽州汪氏各派中,出于汪华诸子的派别占了绝对多数,以石田或旌城汪氏为中心兼统其他支相当困难。针对这个问题,汪松寿采取了灵活的处理方式,在不放弃突出本身所属支派的同时,对汪华诸子的支派给予充分重视。《汪氏渊源录》的第三卷为五十二代旧谱,其中从始祖颍川侯至四十二世汪勋明(汪华与汪铁佛的祖父),相当于后世的总谱。在介绍汪勋明时,简要介绍其长子僧莹、长孙汪华,其后下接汪勋明次子汪僧湛,汪僧湛生汪铁佛,以下则为汪铁佛后裔,至五十二世汪叔和为止。第四卷则紧接第三卷,从第五十三世汪起祖开始,至第六十四世汪文昉,汪文昉五子,分为仁、义、礼、智、信五大房,这是旌城汪氏的续谱。在续谱之后是代表,收录汪氏其他支派的主要世系,包括歙县唐模、歙县石冈、婺源大畈、休宁西门、德兴银港等主要的强宗大族。第五卷的支始图,收录汪氏各支派的早期的世系,各派的后人,可以将"本支近代宗族揆以今时,约其代次,上接支始图,于代表后填写",①建立起本支的世系。其后的详亲录,则是汪松寿本人的家谱世系,上接第四卷的旌城汪氏世系,直至汪松寿之父汪云龙为止。汪松寿的此种变通处理的体例,兼顾了尊己与尊人的双重要求,对于那些早期谱系不全的支派来说,《汪氏渊源录》中的早期世系极为珍贵,通过将已知的早期祖先与《汪氏渊源录》中的代表、支始图相连接,可以相当便利地建立起本派的谱系。《汪氏渊源录》在后世汪氏许多支派中广受欢迎,与这一特点密不可分。

重视宗族文献的收集,这是《汪氏渊源录》的又一重要特点。汪松寿在修谱时,非常重视宗族文献的价值,他以为"辞无文,不达道,不远矣。……汪氏录既谱其家世,而系集以其文,著其源之有自。"②即是说,要通过宗族文献来显现徽州汪氏文化昌盛,渊源有自。谱中的卷八和卷九皆为辞源集,共收录历代汪氏先人诗一百一十四首、文十八篇(包括汪松寿本人诗文四十篇),数量之多,在今存世的元代徽州家谱中还是相当罕见的,开创了后世徽州家谱纂修大量收录诗辞文献之风,影响深远。

三、《汪氏渊源录》的影响与争议

《汪氏渊源录》是徽州历代家谱中影响最大的之一,并对其后的汪氏家谱纂修具有极为深远的影响。明洪武十五年(1382年),婺源浯溪派(自大畈分迁)汪叡依大畈汪氏旧谱,参考《汪氏渊源录》,重编新谱,其后汪斌、汪回等相继纂修。正德三年(1508年),汪叡玄孙汪奎再次重修,以汪华及其八子为纲,收录一百六十五个支派,成为规模较大的统宗谱。隆庆四年(1570年),浯溪汪湘统合各派,纂成《汪氏统宗谱》一百七十二卷,收录七百余派,是徽州家谱中前所未有的巨型统宗谱。汪湘修谱时,各派对收录支系有不同看法,次年汪云程等人纂成《汪氏统宗正脉》二十八卷,所收支派远较汪湘谱为少。此后的汪氏统宗谱因此形成了统宗谱与正脉谱两大体系,在清代仍各有流

---

① 汪松寿:《汪氏渊源录》凡例。
② 汪松寿:《汪氏渊源录》卷八《辞源集》。

传。这两大体系的统宗谱尽管在一些具体的支派问题上看法不尽一致,但都遵循《汪氏渊源录》的体系,在其总谱部分几乎完全照抄《汪氏渊源录》。汪松寿的汪芒、颍川、平阳诸辨,力证徽州汪氏为中原正统,也都载入了两大统宗谱中,并在非常多的徽州汪氏族谱、支谱、家谱中都可以看到。不仅如此,《汪氏渊源录》中的一些宗法和谱学方面的论述,不但汪氏修谱时奉为圭臬,明代其他各姓修谱时也往往参考其体例,其原姓、谱论两篇甚至为他姓略加修改后载入黄姓家谱①。正因为后世的徽州汪氏各派基本参照《汪氏渊源录》来修谱,所以没有发生其他某些大族中曾经发生过的围绕祖先世系问题的尖锐对立,对后世的修谱者帮助极大。

另外,《汪氏渊源录》大量收录了历代文献,其字数几乎占到全书的三分之一,开创了徽州家谱精收文献的传统。虽然后代徽州修谱者对此颇有不以为然者②,但从保存宗族历史文献的角度来看,具有极为重要的意义,对于今天的徽学研究者来说,则可谓功德无量。

当然,作为徽州的第一大族,汪松寿以一人之力编纂囊括各个支派的统宗谱终究有力不从心之处,因而也就不可避免地会留下某些遗憾和争议。《汪氏渊源录》中尽可能地收录徽州汪氏的强宗大族,但仍有不少支派没有能够列入,一些世系的排列也有引人争议之处。早在《汪氏渊源录》刊行不久,(后)至元二年(1336年),歙县唐模上汪派汪公宝即撰有《汪松寿正心渊源录著述有误辨》,指责汪松寿所列唐模派世系有误,而且误将石冈汪氏列为唐模汪氏的分派③。作为《汪氏渊源录》谱系核心的汪氏出于春秋鲁国颍川侯之

---

① 明代弘治年间休宁人黄云苏所修的《新安黄氏会通谱》中,有原姓、谱论两篇,除将内容中涉及汪氏处改为黄氏外,其余内容逐字照抄,完全一致。

② 明代休宁隆阜戴氏家谱中称:"今人不思敦本,专务声华,以至一帙之中诗赋传记居其强半,而云仍之绪反约略易终,殊为可笑。不知谱以世系为重,何取夸靡?"对家谱中大量载入文献不以为然。见戴尧天:《休宁戴氏族谱》凡例,明崇祯五年(1632年)刻本,上海图书馆收藏。

③ 汪椿:《唐模上汪汪氏流芳集》旧谱考异。

说,后世汪氏修谱者也有不以为然者①。

对于《汪氏渊源录》中存在的这些问题,汪松寿本人生前就已经意识到了。就在《汪氏渊源录》修成的当年,他看到了此前未见到的歙县潜口派旧谱,发现自己修谱时的若干叙述可能有误,并为无法及时订正感到遗憾:"惜余操笔之始未获兹编,见闻所拘,无不舛误,业已入梓,无庸追矣。"②这样的态度是谦逊诚恳的。因此,《汪氏渊源录》存在的某些争议与不足,无损于它的重要地位:这是徽州汪氏历史上具有划时代意义的一部家谱。

第四节 《珰溪金氏家谱补戚篇》研究

明清时期徽州家谱如同全国其他各地一样,是以宗族男性成员为主体的,女性一般是作为男性的附属角色列入的。胡中生曾对清代徽州家谱女性上谱的规范作了全面的考察,认为女性上谱的书法遵循夫为妻纲、母以子贵、重门第、正名分、彰显节烈等原则,与男性相比,女性上谱带有更多的耻辱性③。但是,在男尊女卑天经地义的徽州家谱中,明代万历年间,休宁珰溪金氏却编纂出了一部完全以庶母为主的家谱——《珰溪金氏家谱补戚篇》,曾有研究者认为"家谱是一种被供奉于祠堂,接受族人祭拜的极为正式的家族文献,在这种文献中,正式确立了庶母在封建家族中的地位,不能不引起后人的重视。可以这么认为,庶母谱的出现,对于中国传统礼教是个冲击"④,对该谱给予了很高的评价。近日,笔者有幸得睹《珰溪金氏家谱补戚篇》,其体例确实罕见而特殊,而其间涉及的家谱编纂中的嫡庶之争更值得研究者注意。

---

① 清末歙县著名学者汪仲伊,著《汪氏原姓篇》,引书五十余种,反复辩证,以为汪姓确为汪芒之后,完全推翻了《汪氏渊源录》中汪华以上的谱系。参见汪宝树:《汪氏文献考》卷三《汪氏原姓篇》,清光绪二十五年(1899年)木活字本,上海图书馆收藏。
② 汪文斌:《潜口西山汪氏流芳世谱》旧序,明代抄本,中国国家图书馆收藏。
③ 胡中生:《清代徽州族谱对女性上谱的规范》,载《安徽大学学报》,2007年第1期。
④ 徐建华:《中国的家谱》,天津:百花文艺出版社,2002年,第15页。

一、明代徽州家谱关于庶母入谱的通常体例

徽州家谱以男性宗族成员为主体,妻子附在丈夫名下,但妾、媵等庶母是否入谱、如何入谱,往往与嫡母的区别很大。检阅存世明代徽州家谱中的编纂体例,对庶母入谱有严格的规范,一般有如下两条原则:

(一)严格区分嫡母与庶母,元配、继配等嫡母与妾、媵等庶母采用不同的记载体例

如歙县《长原程氏重修家谱》:

> 正妻书配,续娶则书继,妾则书侧、书媵,所以明嫡庶之分也。①

《古歙谢氏统宗志》:

> 妻书娶,妾书纳,所以明嫡庶之分也。②

(二)庶母入谱以有子为先决条件

如祁门《沙堤叶氏家谱》:

> 配必书地、书氏、书某公女……继娶亦如之。妾有出者书氏,不知其氏者名之,无出者不书。③

《休宁县市吴氏宗谱》:

> 子不分嫡庶,妾有子,方收所出,无子者不书。④

休宁《新安毕氏会通谱》:

> 妇人书嫡不书妾,正名也,妾之有子者书之,以子贵也。⑤

婺源《萧江全谱》:

---

① 程本华:《长原程氏重修家谱》凡例,明万历二年(1574年)刻本,上海图书馆收藏。
② 谢廷谅:《古歙谢氏统宗志》凡例,明万历三十二年(1604年)刻本,上海图书馆收藏。
③ 叶盛春:《沙堤叶氏家谱》凡例,明万历七年(1579年)刻本,上海图书馆收藏。
④ 吴津:《休宁县市吴氏本宗谱》凡例,明嘉靖七年(1528年)刻本,上海图书馆收藏。
⑤ 毕济川:《新安毕氏会通族谱》凡例。

> 初娶妻曰配,再曰继娶,妾曰侧室,娶再谯曰娶妇,继与侧室亦如之。初娶无子必书,继室、侧室有子者得书,重所出也。①

有的家谱对庶母除有子者之外,将守节者也吸收入谱。如歙县《唐模上汪汪氏流芳集》:

> 正妻无子,外娶侧室或收媵妾,并黜而不书,妾后有子者则备书之,以其有子承宗祀也,准律法翁为冢妇反服例。若媵妾有遭不幸,能守节不二以终天年者,宜悉书之,嘉其忠知向上,敦伦理也。②

庶母即使入谱,与嫡母的待遇也很不相同,在前述明代徽州家谱中体现得很明显。

休宁《新安毕氏会通族谱》:

> 胡保……娶隐允汪叔贤女,生至正丁亥十一月二十二,卒洪武戊寅九月九月初九,葬同处,子社奴、观奴。……庶生子端奴。

> 协德……娶临溪程彦仁女,生洪武己未王月十一,子广文。侧室姜氏,子武烈。③

《休宁县市吴氏宗谱》:

> 寿童……娶谢氏,生永乐丁亥五月初三日,殁弘治己酉四月廿七日。……女二,长适城北查用辉,次适后市邵志万。庶女一,适九都谢文恭。

> 宗仁……娶汪氏,生宣德丁未二月十八日,殁天顺壬午二月十四日,葬二都赵家巷丙山壬向,女一,适东门汪大端。继张氏,生女一,适蓝渡陈卜,葬五都栈桥。再继汪氏,生天顺丁丑正月初四日,殁弘治壬戌年十二月初五日,葬十都渭桥林塘巳山亥向。庶女,适

---

① 江旭奇:《萧江全谱》凡例,清乾隆间传抄明万历三十九年(1611年)刻本,黄山学院图书馆收藏。
② 汪椿:《唐模上汪汪氏流芳集》凡例,上海图书馆收藏。
③ 毕济川:《新安毕氏会通族谱》卷三。

儒学生方希庆。

> 宗智……娶王氏,生正统甲子九月二十六日,没弘治乙卯七月初三日,葬枫林园丙山壬向。妾孙氏,生子钊,出继兄以杰。①

上述二谱中,嫡母不论元配还是继配,都记载了姓氏和详细的生卒年月,也记载了详细的埋葬地点;庶母记载则相当简略,有的只有姓氏,而毕胡保、吴寿童的侧室连姓氏都没留下来。

某些明代家谱尽管在阐述修谱原则时,对庶母入谱没有作出明文规定,但从记载内容看,嫡庶之间的区别还是非常明显的。

《绩溪积庆坊葛氏重修族谱》:

> 以茂……娶市南高长寿公女,名慕真,孺人绰有才致,经纪家务,助公之殷富者,孺人之力也,生永乐丁酉二月初四日戌时,殁成化甲午正月二十五日未时,葬同穴,生子一,彦恭,女一,适市南余永昭公。妾王氏,生子一,彦光。②

休宁《新安苏氏宗谱》:

> 汪童……配方塘汪氏,生书房,没甲子。配吴田吴氏,生癸丑,没癸巳,葬十八都由山塘丑山未向。继小郭程氏,生丙午,没癸丑,葬一都胡瓜。子男三,庶出,曰泽、曰渭、曰潮。③

以上二谱中,对嫡母的记载非常详细,对庶母的记载则很简略,这与前举各谱的情况基本相同。

可以说,徽州家谱中,嫡母无论有无子女,一般皆有详细记载,而庶母即使有子女,记载也很简单,甚至不知究竟为何人。由此可见,在嫡庶之争中,

---

① 吴津:《休宁县市吴氏本宗谱》卷二。
② 葛文简:《绩溪积庆坊葛氏重修族谱》卷二,明嘉靖四十四年(1565年)刻本,上海图书馆收藏。
③ 苏景元:《新安苏氏族谱》卷五,清乾隆元年(1736年)忠孝堂据明成化三年(1467年)刻重印本,安徽图书馆收藏。

徽州家谱中明显倾向嫡母,这是一种常态。

二、不遵常例的庶母记载体例的出现

然而在庶母记载体例已经常态化的明代徽州家谱中,也出现了若干"反常"的家谱。例如婺源《溪源程氏本宗续谱》就有如下记载:

> 武仲……娶浯溪汪奴干女,生子一、女二……永乐丙申八月二十五日生,正统丁卯四月廿九卒。侧室李氏生子流、纲,宣德丙寅九月十五日生,成化丙午十月十日卒,葬长源头,并见墓图。①

此条记载中,无论是嫡母还是庶母,记载得都很详细,基本上没有差别。不仅如此,婺源《重修俞氏统宗谱》还针对歧视庶母的现象给予了批评,其凡例中称:

> 窃思有夫则有妻有妾,书妾某氏何害?纵无子而夫不在,嫡子亦当养之,死当葬之,非重妾也,重吾父也。父母之所爱者,亦爱之,如食束践食皆触不忍,而况其爱加籍帷者乎!此盖启子孙以孝而为善垂训者也。今刻妻妾有子无子,一例得书,惟父死另醮者削之。②

主张"妻妾无论有子无子,一例得书",其立论重点在于"启子孙以孝",即庶母的地位虽低于嫡母,但也是父之所爱,子孙既然孝顺,就应当尊重父之所爱,因此不论庶母有子无子,只要没有改嫁,一律加以记载。此类"反常"的例子在明代徽州家谱中为数不多,但不可忽视,《珰溪金氏家谱补戚篇》则是"反常"得最突出的一例。

三、《珰溪金氏家谱补戚篇》的由来

休宁珰溪金氏自称祖上出于汉秺侯金日磾,其后裔在唐末迁居休宁白

---

① 程凤:《溪源程氏本宗续谱》卷一,明嘉靖十二年(1533年)刻本,上海图书馆收藏。
② 俞敬吾:《重修俞氏统宗谱》凡例,明天启元年(1621年)刻本,上海图书馆收藏。

茅。北宋初年,七府君由白茅迁石田。南宋时,七府君的八世孙金文藻迁居休宁珰溪村①,为珰溪金氏始迁祖。元末明初,珰溪金氏曾出过一批仕宦,开始兴旺起来。十二世金震祖(1299年－1362年)在元末大乱时起兵捍卫乡里,以功授忠翊校尉、平江路十字翼万户府镇抚,其长子金符五授武德将军、常熟千户所正千户,次子金符申授宁国路榷茶提举司提举,三子金符丑洪武十三年(1380年)举贤良,任大同府同知。金震祖及其同辈族弟九人,其后裔成为珰溪金氏宗族的九大支,特别是金震祖之后的总管公支、金晋祖(1316年－1362年,曾任税务大使)之后的大使公支,最为兴盛,家谱修撰主要也是由总管公支和大使公支的后裔承担的。

珰溪金氏的第一次修谱在元至元二十九年(1292年),第九世金革(南宋咸淳年间进士、曾任新宁县主簿)在旧谱基础上编成《珰溪金氏家谱》一卷。明洪武二十六年(1393年),金谕(曾任上犹知县)在金革谱的基础上,纂成《珰溪金氏族谱》。正统五年(1440年),金希宗在金谕谱的基础上继纂族谱。嘉靖三十四年(1555年),第十七世贡生、原庐陵县丞金瑶(1495年－1591年)在族人支持下,依照金谕谱体例并加以变通,开始修纂新谱,历时十四年,于隆庆二年(1568年)完成。这部《珰溪金氏族谱》②,分著居、溯迁、叙族、明宗、征贤、录仕、纪节、存述、哀翰、陈俗十门,共十八卷,体例既严谨又有创意,叙事简洁,行文流畅,刊刻精良,是明代徽州家谱的精品之一,为其作序的季本、王畿、汪道昆、洪垣、陈有守等名士盛赞"其事核,其律严,其言往往称先王,一以反本修古为务,盖谱之良也"③,虽不乏溢美,但大体属实。

---

① 珰溪村即今黄山市休宁县陈霞乡小珰村。
② 金瑶:《珰溪金氏族谱》,隆庆二年(1568年)歙县黄氏刻本,据《中国家谱总目》记载(王鹤鸣主编,上海:上海古籍出版社,2008年),中国国家图书馆、北京大学图书馆、中国科学院图书馆、中国社会科学院历史研究所和文学研究所、上海图书馆、杭州图书馆皆有不完整的版本收藏。笔者阅读过的为国家图书馆藏本(缺卷一至三)、上海图书馆藏本(缺卷三、卷六至十一)、中国科学院历史研究所藏本(缺卷一至十一)。本书引用部分系出自上海图书馆藏本,以下不再注明。
③ 金瑶:《珰溪金氏族谱》序。

金瑶纂修《珰溪金氏族谱》时，在凡例中对家族中女性入谱作了极其细致的规定：

> 初娶,书娶;再,书继妇;书某处某人第几女某,书生、书卒、书葬。妇失节,无子,书已娶、已继娶,后改适,不书氏。书娶者,存其夫之迹也;不书氏者,没其人也。有子(女同)及有妾子、继子者,书氏。有子,书云娶某氏生子某,改适;有妾子,书云娶某氏,无子,改适,妾生子某;有继子,书云娶某氏,无子,抚某人子为后,改适。前母前妾子及改适后立继者,与无子同。失节妇来嫁,书氏,不书卒葬。又改适者有子(亲生子,女同),书氏,无子者没之。没之者,不留其迹也。娣书媵,妾书妾,媵、妾有子书氏,失氏书名。妾已嫁,虽有子,不书氏、名。①

家谱中的记载严格依据凡例进行，以下是典型的一条：

> 宗……娶五城黄道女乔,生永乐庚子八月十六日巳时,殁成化庚寅十一月初九日酉时,葬下山头午向,生女使。……继俞氏。又继张氏。妾吴氏,生子永玹,女增,适江潭吴善俨。又妾汪氏,生子永琀。②

金瑶之谱,与多数徽州家谱一样是重嫡母而轻庶母的,并且非常重视有无改嫁等失节之处,庶母如果改嫁,即使生有子女,也不得入谱。

金瑶的族侄金应宿(名潇,字应宿,以字行,1526—?)虽然参加过家谱的修撰,但认为金瑶的做法有严重缺憾,在若干族人的支持下,决心为之补缺：

> 从季父参军公德温作珰溪谱,余得侍笔,研闻绪论,其所垂训,不徒内德,即外传亦严,故系生卒葬四者,一氏之大较也。太上该之,其次三之,其次二之,其次不载,所以正婚媾、明义节、昭名分者

---

① 金瑶:《珰溪金氏族谱》凡例。
② 金瑶:《珰溪金氏族谱》卷四。

于是乎在。及告而颁,余弟应旺读而疑之,俟余归而追之途,问曰:"母有二乎?他且勿论,君子有终身之丧,忌日是也。孔子葬母而曰'予东西南北人也,不可以弗志。'今予辈母并是二者略之,母廼不可也。"余闻惊曰:"有是?余悟而镜不及是,余之罪也夫,余之罪也夫!然亡为也,惟别计以补之尔。余将徐图之。"既又八年……即索诸书读之,深惟遐究,而得母子说,廼按谱考事,补是篇云。……又六七年,余年且逾六十,发种种白矣,慨然以是篇未布,终亡以慰诸母心,于是出而谋于同是母者二三弟侄,会二三弟侄亦恻然以为余家不可亡是篇也,恳恳焉,遂相瑟捐贵而授之梓。①

万历十四年(1586年),金应宿将所补诸篇定名《珰溪金氏家谱补戚篇》,刊刻付梓。关于定名的由来,金应宿曾有解释云:"是篇专为所生母作,补者,谱之所不及,不曰外戚而直曰戚者,人各有戚,不肖之所戚在是也。"②换言之,《珰溪金氏家谱补戚篇》是为补《珰溪金氏族谱》之缺,是以《珰溪金氏族谱》的存在为前提的,而不是一种单独另行的家谱。用金应宿自己的话说就是:"凡是篇所称谱,即今所刊布谱也,然实与之相表里。"③然而,这样一种专门记载庶母的家谱文献的出现,其内容与体例确实有非同寻常之处,值得研究。

四、《珰溪金氏家谱补戚篇》的内容分析

金应宿所纂的《珰溪金氏家谱补戚篇》除序跋外,共六卷,七万余字。卷一为礼图,包括庶母之子祭拜生母及庶母神主、墓碑等,共十五幅;卷二为义宪考,申明尊崇庶母的依据;卷三为综实表,罗列历代庶母的姓名;卷四为要终传,是庶母的简传;卷五、六为文翰略,载庶母的传记资料及其子女的诗词文赋。分析《珰溪金氏家谱补戚篇》的内容,确实有其独特之处。

---

① 金应宿:《珰溪金氏家谱补戚篇》序,明万历十四年(1586年)刻本,上海图书馆收藏。
② 金应宿:《珰溪金氏家谱补戚篇》凡例。
③ 金应宿:《珰溪金氏家谱补戚篇》凡例。

(一)论证尊崇庶母、纂修《珰溪金氏家谱补戚篇》的合理性

《珰溪金氏家谱补戚篇》的内容是独特而有针对性的,尤其是在是否应当尊崇庶母这个关键问题上,《珰溪金氏家谱补戚篇》与《珰溪金氏族谱》是针锋相对的。金瑶在《珰溪金氏族谱》中专门撰有《陈俗》一门,用以批驳他眼中的"薄俗浇习","尊庶母为嫡"就是"薄俗"之一:

> 母有嫡庶,吾家前代庶出者多,未闻有尊庶母为嫡者。迩来族中一二庶子遇嫡母死,即尊其母,与嫡母齐,假之服饰,崇之居处,使其下之人与其子若孙以嫡母之呼呼之。死则尊其主与嫡母同床,祭则与嫡母同席,虽不敢正其名于人,人已然占其有无嫡之心。岂惟嫡母之目不瞑于地下,使庶母有知,岂能自安,是之谓以非道尊其母,徒使其母得罪于死者,见笑于旁人,徒使一身得罪于名教,明有人非,幽有鬼责,所宜深省。①

在金瑶看来,尊崇庶母,即使是在嫡母死后也是不妥的,既得罪于嫡母于地下,也见笑旁人于世间,实为名教罪人。正因为如此,金瑶才在《珰溪金氏族谱》凡例中对庶母入谱作出非常细致的规定,仅存其氏,不载其生卒葬所。从前引明代徽州家谱的一般情况看,金瑶的看法在徽州宗族社会中是相当普遍的。

金应宿协助过金瑶编纂《珰溪金氏族谱》,对金瑶的看法当然是熟悉的,他对徽州社会的普遍看法也非常清楚,因此在《珰溪金氏家谱补戚篇》中贯穿全篇的宗旨就是为尊崇庶母辩护,不但有《义宪考》这样的专篇,其他各卷中也不惜篇幅,反复阐明。金应宿尊崇庶母的立论着重于以下几点:

1. 庶母亦母,是子女的本源之一,必须尊崇,也应当尊崇。金应宿认为父母同为子女的本源,庶母即生有子女,当然也是子女的本源,庶母子女不尊重其母,就是自绝根本,将得罪于天地:

---

① 金瑶:《珰溪金氏族谱》卷十八。

人皆曰水木本源,不知父母皆有源本也。夫人之所以有此身者,惟父与母遗之也,迺源本之所在顾详于父而略于母,非水之半涸而树之偏枯者乎?……世有卑视所生之母而不以事父事之者,是自绝其母矣!自绝其母,即自绝其天也,绝天之生,幸而免。①

为了进一步证明尊崇庶母的重要性,金应宿在《义宪考》中列举了许多庶母为家族作出决定性贡献的事例:赵简子的贱妾生赵襄子无恤,赵襄子联合韩氏、魏氏,灭掉智氏,奠定赵氏强盛建国的基础;汉景帝之妃唐姬生长沙定王刘发,其后裔刘秀中兴汉室,建立东汉;陶侃之母湛氏、朱寿昌之母刘氏虽皆为妾,然有贤德,其子有为有守,振兴门庭。因此,庶母常常"植人之绪而使之不坠,振人之微而使仆者起焉、烬者燃焉"②,有如此功德,岂能仅仅因为是庶母而不加尊崇?

2.尊崇庶母,合理合法。中国古代实行一夫一妻多妾制,妾不可比妻,庶不可匹嫡,经典早有明训,如《左传》桓公十八年载辛伯谏周公黑肩:"并后、匹嫡、两政、耦国,乱之本也。"③周公黑肩不听,与周庄弟王子克作乱,结果被杀,后世遂以"并后匹嫡"为大戒。金应宿贡生出身,熟读经史,对严嫡庶之分的历史传统非常清楚,名不正则言不顺,所以他费尽心思从经典和法理中寻找尊崇庶母的依据。由于经典之中严嫡庶之分的训诫比比皆是,因此金应宿尊崇庶母的理论建构殊为不易。

金应宿遵孔子做《春秋》之说,以为"春秋之褒贬在于笔削,有一字之笔,则褒贬寓于所笔,有一字之削,则褒贬寓于所削,不笔不削,褒贬何寄?"④因此,他竭力从"笔削大义"中寻找尊崇庶母的依据:

> 若于成风、敬嬴、定姒,则异于是,其书卒也皆曰"夫人",皆曰"薨",其书葬也皆曰"小君",皆系之谥,无一贬辞焉。夫三氏,亦诸

---

① 金应宿:《珰溪金氏家谱补戚篇》卷二。
② 金应宿:《珰溪金氏家谱补戚篇》卷二。
③ 杨伯峻:《春秋左传注》,北京:中华书局,1990 年,第 154 页。
④ 金应宿:《珰溪金氏家谱补戚篇》卷二。

候妾也,立以为夫人,则夫人之奉以母仪一国,遂称"我小君"焉。①

既然《春秋》对成风(鲁庄公妾)、敬嬴(鲁文公妾)、定姒(鲁成公妾)这样的庶母皆称为"夫人""小君",去世皆书为"薨",与嫡母并无不同,那么孔子对待庶母并无任何贬低。既然孔子都不贬低庶母,后世之人又岂能贬低?所以金应宿以为"读《春秋》者慎毋以嫡妾之旧,蔑母子之性,而悖孔子爱亲之旨"②。

金应宿尊崇庶母,还从当朝律法——《大明律》中寻找依据,认为《大明律》待庶母与嫡母并无多少不同:

> 昔者,母子之说未明,故所生母或可容喙。我朝念生育之恩,重似续之谊,令其子一以母之尊尊之。在家则得与嫡母而并事,律论亲属,有其嫡母、继母、慈母、养母与亲母同一条。在官则得与嫡母而俱封,律论封爵其及于妇人者,止有其妇人犯夫及义绝者,得与其子之官品同一条,余无律。自生迄死,虽至利之喙,不得一隙而容焉。何以知之?于其所制之服而知之也。夫三年之丧,天下通丧也,今曰三年而且曰斩衰,是所生之母与父也、嫡母也,其尊等尔,焉得有先后彼此者在也!③

金应宿所举的《大明律》内容,系指《大明律》"名例"篇规定,刑罚适用上"嫡母、继母、慈母、养母与亲母同"④。所谓"封爵其及于妇人者,止有其妇人犯夫及义绝者得与其子之官品同",也是"名例"篇中的内容,是指妇女虽然与丈夫断绝了关系,但儿子有官职,仍然可以依例获得封赠。至于庶子为庶母服三年斩衰之制,则是明太祖朱元璋规定的服制,也纳入了《大明律》。

金应宿还以明神宗万历皇帝尊崇嫡母和生母皆为皇太后为例,说明尊崇

---

① 金应宿:《珰溪金氏家谱补戚篇》卷二。
② 金应宿:《珰溪金氏家谱补戚篇》卷二。
③ 金应宿:《珰溪金氏家谱补戚篇》卷二。
④ 《大明律》卷一,怀效锋点校本,第21页。

庶母的合理性:"今圣天子新立,隆孝尊亲,奉册绶以崇两宫,于皇后则尊之曰'仁圣皇太后',于皇贵妃则尊之曰'慈圣皇太后',两宫并称,又非为臣子者所忻幸而诵祝者邪?"①

金应宿对嫡子应如何对待庶母没有多加着墨,但强调庶子待其亲生庶母应当依照待嫡母之礼:

> 生而养,死而祭且葬,一如嫡母焉,即事所生母之礼。……若父亡而嫡亦亡,及祭母而父不在,则所生母为独尊矣。②

3. 严嫡庶之分为夫道非子道。既然应当尊崇庶母,那该如何面对经典中的"并后匹嫡"之戒呢?金应宿认为这是出发点的不同:

> 分嫡妾者,夫道也,非子道也,故以子事母与以夫御妻不同。以夫御妻,当严嫡妾之辨;以子事母,则天下无二母,必无二情。先王制服,所以定情也。嫡母在,为其党则为服,不在则不,此岂苟然哉?先王不敢妾其母故也。③

换言之,在金应宿看来,作为丈夫应当严嫡妾之别,作为儿子则应当孝敬亲生母亲,都是天经地义的,二者理应并行不悖,不能因为丈夫严嫡妾之别,庶子就不能孝敬生母。

(二)以庶母为主,详细记载其基本情况

基于尊崇庶母的宗旨,《珰溪金氏家谱补戚篇》在体例上一改历来家谱以男性为主的谱法,以庶母为主。据《珰溪金氏家谱补戚篇》所载,珰溪金氏历代庶母及其所生子女人数如下:

十一世:庶母二人,子女二人;十二世:庶母六人,子女七人;十三世:庶母四人,子女五人;十四世:庶母六人,子女八人;十五世:庶母四人,子女四人;十六世:庶母十二人,子女十七人;十七世:庶母三十七人,子女五十三人;十

---

① 金应宿:《珰溪金氏家谱补戚篇》卷二。
② 金应宿:《珰溪金氏家谱补戚篇》卷二。
③ 金应宿:《珰溪金氏家谱补戚篇》卷二。

八世：庶母五十人，子女九十二人；十九世：庶母三十六人，子女四十八人；二十世：庶母十二，子女二十八人；二十一世：庶母二人，子女三人；二十二世：庶母一人，子女一人。①

对《珰溪金氏族谱》中一笔带过的各位庶母，《珰溪金氏家谱补戚篇》详细补充了她们的姓名、生卒时间、埋葬地点，并对其子女的状况也作了较为详细的记载。如金符午妾徐氏，《珰溪金氏族谱》记载为：

> 符午，行麟一。……妾四娘，生女迎璋，适十九都临溪程奴。②

《珰溪金氏家谱补戚篇》记载为：

> 徐氏，千户麟一府君。名燕，北平人，号四娘，生元丁卯九月初四日卯时，卒洪武戊辰七月十四日酉时，葬西坑弯汰，生女子一迎璋，适临溪程奴。③

又如金玲妾宋氏，《珰溪金氏族谱》记载为：

> 玲，行昌三十。……媵宋氏生子玄元，女迟弟，适石田汪岩金。④

《珰溪金氏家谱补戚篇》记载为：

> 宋氏，昌三十府君。名员，石田使俨女，生弘治辛酉正月二十四日子时，卒隆庆庚午十二月二十六日亥时，葬下山庚向。生男子一玄元，娶陈氏；女子一迟弟，适石田汪岩金。⑤

庶母大都出身寒微，很多人年纪尚幼就被卖为妾了。从《珰溪金氏家谱补戚篇》记载看，修谱时在世的某些庶母连自己的姓都不记得，有更多的记不

---

① 以上数据依《珰溪金氏家谱补戚篇》卷四统计得出。
② 金瑶：《珰溪金氏族谱》卷四。
③ 金应宿：《珰溪金氏家谱补戚篇》卷四。
④ 金瑶：《珰溪金氏族谱》卷四。
⑤ 金应宿：《珰溪金氏家谱补戚篇》卷四。

清自己父母、家庭状况，金应宿能够补足了大量《珰溪金氏族谱》不载的庶母资料，难能可贵。

金应宿对改嫁的庶母也给予了同情。徽州受理学的影响非常大，极端强调妇女守节，地方志和家谱中充斥了大量的节妇烈女的记载，而改嫁者往往被视为失节，备受歧视，据万历《休宁县志》记载："彼再嫁者必加之戮辱，出必毋从正门，舆必毋令近宅，至穴墙乞路，跣足蒙头，儿群且鼓掌随之，知耻者宜无所死矣。"①金瑶修《珰溪金氏族谱》，对改嫁者也削其名不载。对于此种风气，金应宿不以为然，认为应加变通：

> 嫁者贬而不削，子必有母，不欲绝之。……改嫁诸人，不复为传，但其子在焉，故于一支既综之后仍存其氏、详其子而及其葬。夫生卒不书而葬独书者，以其骨犹与其子孙无间也，故令识之。律：嫁母，杖期。谱泯之，误矣。②

因此，在《珰溪金氏家谱补戚篇》综实表中以低一格的形式记载了改嫁庶母的姓氏，姓氏遗失者载其名字，名字并失者从其子女称为"某某母"。如金积宝有妾改嫁，《珰溪金氏族谱》记载为："积宝，行盛四十二。……妾生子有声。"③《珰溪金氏家谱补戚篇》在综实表以低一格记载为："孙氏，有声母。"④在"要综传"中记载为："孙氏，盛四十二，生男子一有声。"⑤又如金璨有妾改嫁，族谱记载为："璨，行昌十六……妾生子进保、法保、良保。"⑥《珰溪金氏家谱补戚篇》未能找到此妾姓氏，仅知其名为进喜，"要综传"则记载为："进喜氏，昌十六府君。生男子三，进保娶夏氏；法保继壮，娶郑氏，余见文翰略上；良保娶汪氏，继毕氏，葬上溪口。"⑦《珰溪金氏家谱补戚篇》保存了二十一位

---

① 李乔岱：《休宁县志》卷一《风俗》。
② 金应宿：《珰溪金氏家谱补戚篇》凡例。
③ 金瑶：《珰溪金氏族谱》卷四。
④ 金应宿：《珰溪金氏家谱补戚篇》卷三。
⑤ 金应宿：《珰溪金氏家谱补戚篇》卷四。
⑥ 金瑶：《珰溪金氏族谱》卷四。
⑦ 金应宿：《珰溪金氏家谱补戚篇》卷四。

改嫁庶母的记载,这在徽州家谱中是非常少见的。

五、《珰溪金氏家谱补戚篇》产生的背景分析

从体例和内容可以看出,《珰溪金氏家谱补戚篇》在徽州家谱乃至中国家谱中,确实是独一无二的,对于这样一部相当"反常"的家谱,有必要推究其出现的背景。

(一)《珰溪金氏家谱补戚篇》的出现,是庶母社会地位提高的反映

在考察庶母社会地位时,礼教影响值得注意。一方面,传统礼教严嫡庶之分,贵嫡而贱庶;但另一方面,又非常强调孝道,封建帝王更有以"以孝治天下"之说。就本质而言,庶母具有双重身份,在夫妻之间为庶,在母子之间则为母,故庶母为庶则贱,为母则贵。从中国历史进程看,先秦及秦汉时,强调庶母之"庶",地位较低;魏晋以后,庶母之"母"较前受重视,地位上升;明清时期,庶母地位达到了传统社会的高峰。这种变化,从礼制中的丧服制度演变可以看得很清楚。

《仪礼》丧服之制规定,父卒,子为嫡母服齐衰三年;父在,为齐衰杖期。但士人之子为庶母仅服缌麻三月,大夫以上为庶母无服。嫡母与庶母服制差别巨大。秦汉时期,大抵遵从《仪礼》之制。但东汉晚期,郑玄注《仪礼》丧服齐衰"慈母如母"章时,以为:"大夫之妾子,父在为母大功,则士之妾子为母期矣,父卒则皆得伸也。"①即是说,若父亲在,大夫之庶子当为其生母服大功,士之庶子为其生母服齐衰杖期。一旦父亲去世,庶子为其母应服齐衰三年。郑玄之注,是汉末社会思潮的反映,认为庶子仅为其母服幼缌麻,服制太轻,应当加重,反映出时人对庶母的地位已较从前重视。

魏晋之后,贵嫡贱庶之习仍然浓厚,如三国时魏人裴秀,少年好学,知名一时,"然秀母贱,嫡母宣氏不之礼"②。又如北魏人崔道固,"贱出,嫡母兄攸

---

① 郑玄注、贾公彦疏:《仪礼注疏》卷十一,见《文渊阁四库全书》经部第102册,第372页。
② 房玄龄:《晋书》卷三十五《裴秀传》,北京:中华书局,2000年,第678页。

之、目连等轻侮之"。① 但同时也有相当多的人主张应尊敬庶母："晋解遂问蔡谟曰：'庶子丧所生，嫡母尚存，不知制服轻重？'答云：'士之妾子服其母，与凡人丧母同。'钟陵胡澹所生母丧，自有嫡兄承统，而嫡母存，疑不得三年，问范宣，答曰：'为慈母且犹三年，况亲所生乎？'"② 为庶母服丧三年的更大有人在，东晋时，"汝南王统、江夏公卫崇并为庶母制服三年"③；北魏刘丰的八个儿子俱为庶出，"每一子所生丧，诸子皆为制服三年"④。唐代名将李愬，生母早丧，抚养于晋国夫人王氏，王氏去世后，李愬之父李晟以王氏"本非正室，令服缌，号哭不忍，晟感之，因许服缞"⑤。

明太祖朱元璋是具有雄才大略的开国之君，颇有"礼乐征伐自天子出"的气势。开国之初，所定礼制尚多沿前代之旧，至洪武七年（1374年），因孙贵妃去世后的服制争议，决定将生母之丧，无论嫡庶，一概定为三年：

> 先是贵妃孙氏薨，敕礼官定服制。礼部尚书牛谅等奏曰："周仪礼，父在，为母服期年，若庶母则无服。"太祖曰："父母之恩一也，而低昂若是，不情甚矣。"乃敕翰林院学士宋濂等曰："养生送死，圣王大政。讳亡忌疾，衰世陋俗。三代丧礼散失于衰周，厄于暴秦。汉唐以降，莫能议此。夫人情无穷，而礼为适宜。人心所安，即天理所在。尔等其考定丧礼。"于是濂等考得古人论服母丧者凡四十二人愿，服三年者二十八人，服期年者十四人。太祖曰："三年之丧，天下通丧。观愿服三年，视愿服期年者倍，岂非天理人情之所安乎？"乃立为定制。子为父母，庶子为其母，皆斩衰三年。嫡子众子为庶母，皆齐衰杖期。仍命以五服丧制，并著为书，使内外遵守。⑥

---

① 魏收：《魏书》卷二十四《崔道固传》，北京：中华书局，2000年，第421页。
② 杜佑：《通典》卷九十四，见《文渊阁四库全书》史部第604册，第222页。
③ 房玄龄：《晋书》卷八十三《顾和传》，第1442页。
④ 李延寿：《北史》卷五三《刘丰传》，北京：中华书局，2000年，第1259页。
⑤ 刘昫：《旧唐书》卷一百三十三《李愬传》，北京：中华书局，2000年，第2502页。
⑥ 张廷玉：《明史》卷六十《服纪志》，第999页。

明太祖改定的庶母服制,成为明代的定制,清代予以沿袭,以国家法制的形式成为正式的制度,具有不容置疑的权威,有力地提高了庶母的地位。这一服制的重大变化,是《珰溪金氏家谱补戚篇》能得以出现的前提。金应宿在申明纂修宗旨时,多方借重明太祖的权威并大加赞颂:

> 所生之母之道其不明于世久矣!至我高皇帝起,明伦定制,而其气始信。①

> 先代为所生之母之服者,可谓悖且乱矣,不有我朝一扫而定之,其何以明慈母之分,而信孝子之情。猗与大哉!我朝高皇帝之为君也,巍巍乎!立百王之极,而垂千万世仁孝之统!②

(二)《珰溪金氏家谱补戚篇》的出现也是明代中期以后徽州社会变迁的反映

明代中期是徽州历史发展中的一个重要阶段,成化、弘治年间,徽商在两淮盐业中取得了主导地位,这标志着徽商正式成为具有影响国家经济实力的大商帮。商品经济的大发展,对徽州传统的农村宗族社会造成了严重的冲击,出现了某种程度的"礼坏乐崩"的情形,万历《歙志》中对此有生动的描述:

> 长老称说,成弘以前,民间椎少文、甘恬退、重土著、勤穑事、敦愿让、崇节俭。而今则家弦户诵,夤缘进取,流寓五方,轻本重末,舞文珥笔,乘坚策肥。世变江河,莫测底止。③

此种"礼坏乐崩"在徽州婚姻家庭关系上的一大体现,就是富商纳妾的普遍化。徽商强大的经济实力,为其纳妾提供了物质基础,而许多商人长年在外,与远在家乡的元配长年分离,更为其纳妾提供了便利。万历年间歙县人汪道昆称:"新安多大贾,其居盐筴者最豪,入则击钟,出则连骑,暇则招客高会,侍越女,拥吴姬,四坐尽欢,夜以继日,世所谓芳华盛丽非不足也。"④珰溪

---

① 金应宿:《珰溪金氏家谱补戚篇》序。
② 金应宿:《珰溪金氏家谱补戚篇》卷二。
③ 谢陛:万历《歙志》序。
④ 汪道昆:《太函集》卷二《汪长公论最序》。

金氏所在的休宁县,"贾人子掠外地子女,人挈数口以归,岁入不下千百"①。从前述珰溪金氏各代庶母情况来看,第十一、十二世为元末明初,十三世、十四世为明代早期,十五世至十七世为明代中期,十八世以后为明代晚期。从人数分布看,珰溪金氏庶母人数在十七世开始大幅增加,十八世、十九世庶母人数众多,说明明代中期以后珰溪金氏纳妾人数大增,这与整个徽州社会的大背景是一致的。至于二十世以后庶母人数减少,则是由于这些世代在修谱时已经出生的人数还较少,与纳妾之风盛行并不矛盾。

本来,《大明律》对民间纳妾是有严格规定的:"其民年四十以上无子者,方许娶妾。违者,笞四十。"②但明代中期以后,此一规定很少得到遵守,珰溪金氏同样如此。如金箎(1437年—1513年),为盐业富商,他的嫡妻朱氏在他二十四、三十二岁分别生有二子,而妾罗氏则在他四十八岁再生一子③,这显然是违背律法的。更有人在四十岁以前就娶妾生子的,如金珮(1488年—1555年),嫡妻吴氏在他三十岁时生长子玄祐,而妾李氏则在次年生子玄经,这是严重违法。④ 结合《珰溪金氏族谱》和《珰溪金氏家谱补戚篇》所载,明代珰溪金氏共有四十四人在已有儿子的情况仍然娶妾并育有子女,有二十人未满四十岁就有庶生子。二十个未满法定年龄娶妾的,其庶生子出生在洪武年间的一人,成化、正德年间各二人,其余十五人均为嘉靖年间。考虑到纳妾进门的时间通常要早于生子时间,因此,上述统计数据说明,富商在纳妾普遍化的同时,是纳妾年龄的年轻化。据金瑶称:

> 族中旧时娶妾者少,吾祖四十八、吾祖母四十五才生吾父,彼时家道亦颇裕,尚未娶妾。今人未三十,无子即娶妾,年四十而不娶者鲜矣,间又有有子而娶者,习俗浇敝,淫冶成风。⑤

---

① 李乔岱:《休宁县志》卷一《风俗》。
② 《大明律》卷六,怀效峰点校本,第60页。
③ 金瑶:《珰溪金氏族谱》卷五。
④ 金瑶:《珰溪金氏族谱》卷五。
⑤ 金瑶:《珰溪金氏族谱》卷十八。

与富商纳妾普遍化、年轻化相适应的,是庶生子女的大量出现。庶生子在徽州一般享有与嫡生子大致相等的权利,庶子在分家或父亲去世后,按"诸子均分"的原则,一般都能够得到与嫡子大致相等的财产份额,这从存世的大量徽州分家书中可以得到证明。至于那些只有庶子的家庭,庶子更承担起了支撑门户、传宗接代的重任。众多的庶子,无论是出于孝道,还是为提高自身的地位,都会要求尊重自己的母亲,而晚明礼法约束松弛的社会现实又为其提供了可能性。金瑶称珰溪金氏中,"一二庶子遇嫡母死,即尊其母,与嫡母齐"①,即是真实的写照。

(三)《珰溪金氏家谱补戚篇》的出现与金应宿等庶子个人的努力密不可分

金应宿之父金论(1481年—1563年),长年在南京一带经商,"贾大行,赀日以起"②,是一位富有的徽商。金论先娶吴氏,早卒,后取汪氏(1486年—1535年),先后生有二女二子,但除一女外皆夭折。金应宿之母樊氏(1493年—1576年)是江苏溧水人,十五岁时被金论买为媵,带回休宁珰溪老家,"休去溧六百余里,俗又重嫡贱媵,既归,与其家遂不相闻"③。樊氏在与母家隔绝的状态下,侍奉嫡母汪氏,操持家务,备尝辛劳,据金应宿回忆称:

> 时先世母秉家,专严难近。母以卑人从其事,人率难之。已奉先祖母给井臼,诸务未尝或后至,供堂构之役,襄丧祭之事,即茶苦百状,亦毕力克承,率又啧啧称之。事先嫡母素勤。④

直到樊氏三十四岁时,她为金论生下独子金应宿,她在家中的处境方有改善。汪氏病逝后,金论未再娶妻,樊氏母以子贵,其后四十余年中,在家中的实际地位相当于主母。但因为出身微贱,仍然为人轻视,金瑶修《珰溪金氏族谱》,在金论名下仅载"媵樊氏生子潇"⑤而已。

---

① 金瑶:《珰溪金氏族谱》卷十八。
② 金瑶:《珰溪金氏族谱》卷十四。
③ 金应宿:《珰溪金氏家谱补戚篇》卷五。
④ 金应宿:《珰溪金氏家谱补戚篇》卷五。
⑤ 金瑶:《珰溪金氏族谱》卷五。

金应宿是孝子,对母亲的坎坷遭遇非常同情,恪尽孝道。樊氏八十岁时,金应宿大张筵席庆寿,还专门撰有《寿母樊答问》一篇,反复申明庶子应当孝敬生母,议论中透露出他的不平之气:

> 宿何人?安敢以妾视母,又安敢以僭事母也!……嫡妾之别,孰与父子之严?父死,子之子不以父故不得父其父。今嫡死,而妾之子独以嫡故不得母其母,是嫡当存而父不必存也!……夫人不幸而为妾,屈已甚矣,幸而生子,方冀可以信前日之屈也,酒犹以妾限焉至死,使其子不得尊之以母道,此岂第宿之不信,自有天地以来,凡为父母所生而为人之子者,必不以为然矣。①

金应宿对重嫡贱庶之说耿耿于怀,对《珰溪金氏族谱》中不列庶母详情自然非常不满。而他的这种不满在珰溪金氏宗族众多庶子中也并非孤立,同样是庶子出身的金应旺在《珰溪金氏族谱》初成时就当面向他表露过,要求进行补救。金应宿是贡生出身,又曾亲身参与《珰溪金氏族谱》的纂修,加之家产丰厚,具备了纂修《珰溪金氏家谱补戚篇》的必要条件。他以救亡补阙为己责,费十余年心力,最终完成《珰溪金氏家谱补戚篇》。据《刻珰溪家谱补戚篇诸子题名记》记载,出资协助金应宿将《珰溪金氏家谱补戚篇》付梓的共五十人,除二人外,均为庶子②。这说明,《珰溪金氏家谱补戚篇》的出现,也是珰溪金氏众多庶子共同努力的结果。

可见,《珰溪金氏家谱补戚篇》的出现不是偶然的,它是明代庶母社会地位提高的体现,也是晚明徽州社会变迁的反映,更是金应宿等珰溪金氏众多庶子不懈努力的结果。同样,也应该看到,《珰溪金氏家谱补戚篇》的出现,虽然表明明代晚期徽州社会嫡庶之分出现了某种程度的松动,但它毕竟是仅此一家的个案,还不是普遍现象。《珰溪金氏家谱补戚篇》反复提及的是"生母",而很少用"庶母",它用大量的篇幅从儒家经典和《大明律》中寻找理论依

---

① 金应宿:《珰溪金氏家谱补戚篇》卷二。
② 金应宿:《珰溪金氏家谱补戚篇》附录。

据,这也反映出,《珰溪金氏家谱补戚篇》对庶母的尊崇,同样是建立在儒家传统伦理的基础上的,更从未超出国家律法约束的范围。因此,认为《珰溪金氏家谱补戚篇》"对于中国传统礼教是个冲击",这样的观点是勉强的,在《珰溪金氏家谱补戚篇》中是难以找到根据的。

第五节 《程氏贻范集》研究

明成化十八年(1482年),著名学者程敏政编纂的《程氏贻范集》,是一部新安程氏宗族的文献汇编,以其独特的编纂体例和丰富的内容,在明代家谱文献中独树一帜,价值很高。然而,该书存世刊本稀少,国内各主要收藏机构未见有藏。各类书目中,唯王重民的《中国善本书提要》在美国国会图书馆有藏[①]。近日,笔者得见该书,不揣浅陋,试对该书作一简要探析,以求教于同仁。

一、程敏政与《程氏贻范集》的编纂

程敏政之父程信曾任兵部尚书,为当时名臣。程敏政为成化二年(1466年)进士,历任翰林院编修、左谕德,为东宫侍讲。明孝宗继位以后,程敏政作为东宫旧臣,本有进阶之望,但因其恃才傲物,屡次招人中伤,弘治元年(1488年)被罢斥。弘治五年(1492年)起复,后升为礼部侍郎。弘治十二年(1499年),程敏政主持会试,遭劾下狱,被勒令致仕。出狱后不久,愤恨而亡,明孝

---

① 王重民:《中国善本书提要》,上海:上海古籍出版社,1983年,第141页。

宗追赠其为礼部尚书。《明史》与《明实录》都有他的传记①。

程敏政晚年遭遇危困,仕途坎坷,但作为成化、弘治年间的文坛领袖,他在当时享有"天下文章程敏政"②之誉。时人李东阳亦盛赞他："宏博伟丽,成一家言,质诸今日,殆绝无而仅有者也。"③程敏政著述繁富,除个人文集《篁墩文集》外,尚有《新安文献志》《明文衡》《宋遗民录》《真西山心经附注》《宋纪受终考》等二十余种、共四百余卷传世。清代《四库全书总目》对程敏政著述评价甚高："明之中叶,士大夫侈谈性命,其病日流于空疏,敏政独以雄才博学,挺出一时……其考证精当者亦多有可取,要为一时之硕学。"④

在程氏家谱纂修史上,程敏政作出了重要贡献。他曾自称："敏政最究心谱学,尝请于先襄毅公,会诸宗族,积之二十年,理淆伐舛。"⑤经过长期准备后,成化十八年(1482年),程敏政倡议纂修统宗谱,得到了程氏各派的热烈响应,来自徽州六县及外地的四十四派参与其会,最终修成《新安程氏统宗世谱》："为卷凡二十有奇,会者四十四支,名之登于谱者逾万人,先墓之可以共业者五十三世。"⑥这部统宗谱规模庞大,体例严谨,在中国民间家谱纂修史上是前所未有的巨著,对后世影响甚大。《程氏贻范集》就是在统宗谱纂修过程中完成的。

---

① 关于程敏政的传记,可参见张廷玉:《明史》卷二百八十六《程敏政传》,第4908～4909页;《明孝宗实录》卷一百五十一弘治十二年(1499年)六月壬辰条下《程敏政传》,第2662～2664页。关于程敏政生平及其学术思想的研究,可参见张健:《论明代徽州文献学家程敏政》,载《安徽师范大学学报》,2003年第5期;陈寒鸣:《程敏政与弘治己未"鬻题"案探析》,载《中国社会科学院研究生院学报》,1998年第4期;陈寒鸣:《程敏政的朱、陆"早同晚异"论及其历史意义》,载《哲学研究》,1999年第7期;解光宇:《程敏政"和会朱、陆"思想及其影响》,载《孔子研究》,2002年第2期;方钦玲:《程敏政著述考》,载《黄山学院学报》,2009年第1期;常建华:《故家文献:程敏政的宗族论与人才观》,载《安徽史学》,2013年第1期。
② 李乔岱:《休宁县志》卷六《程敏政传》。
③ 李东阳:《怀麓堂集卷》卷六十四《篁墩文集序》,见《文渊阁四库全书》第1250册,第667页。
④ 《四库全书总目提要》卷一百七十一。
⑤ 程敏政:《程氏贻范集》序。
⑥ 程敏政:《新安程氏统宗世谱》序。

关于《程氏贻范集》的编纂,程敏政在统宗谱凡例中称:"各派凡所得制命公移,及赠颂、哀挽、史传、金石、诗文,别为《贻范集》,辅谱以传。"①可见,《程氏贻范集》相当于后世家谱中的文翰,但并不附在统宗谱卷内,而是单独刊行,与统宗谱互为表里,相辅相成。至于《程氏贻范集》的定名由来,程敏政说:"尝见文简公所序《世录》有《贻范集》之名,窃意当宋盛时,此集为程门大备之书。"②此处所称的"文简公",即北宋名臣程琳,他为族祖程羽所撰《世录》中称:"略叙夫宗派世家,附于《贻范集》云。"③即宋代程氏家族曾有《贻范集》之书,不过,该书至明代早已亡佚,程敏政汇集新安程氏文献时,以此题名,以示追续之意。据程敏政自序,他曾有纂修百卷《贻范集》的宏大计划,只因力有所不及,故先成五集,梓布行世。

《程氏贻范集》存世刊本罕见,美国国会图书馆藏有该书④,共十二册,黑口,双鱼尾,每半页十一行,每行二十一字,若干页上钤有阴文"富波马氏宝藏""曼寿阁"、阳文"方九水印""胡裳鉴赏""胡公介印"等收藏印章。从版本形态上看,是典型的明代中期刻本。牌记中记载的刻工为:"婺源大畈汪道金、休宁西门汪克正缮写,歙仇村黄文敬、文希、文达、文汉、文通、永遥、永升、王充、仇以典、以茂、以忠、以森刊。"⑤据序文和牌记,该书刻于明成化十八年(1482年),应当是与《新安程氏统宗谱》同时刊刻行世的。目录页首行下有手书"中正坊裔孙文经什袭珍藏"字样,可知此书原由绩溪县坊市派后裔收藏,转手多次后,由美国国会图书馆收藏,历经五百余年,首尾俱完,是极为珍贵的徽州文献。

二、编纂思想和主要内容

关于《程氏贻范集》的编纂主旨,程敏政在自序中作了说明:

---

① 程敏政:《程氏贻范集》凡例。
② 程敏政:《程氏贻范集》序。
③ 程敏政:《新安文献志》卷六十二上。
④ 《程氏贻范集》成化刻本现藏于美国国会图书馆亚洲部,馆藏编号为DCLP06-B21206。
⑤ 程敏政:《程氏贻范集》牌记。

> 呜呼,家之有范犹国之有典乎!臣人于国而能守其典,则忠;子孙于家而能守其范,则孝。舍是,皆世之所大弃也。惟我程氏其先,仁义之德、文武之功、性命道德之言,所以贻后者甚远,殊方异姓且诵法之,而况气体之所传、祠墓之所在、家乘谱牒之足征者如是乎!凡我后人,奉前烈之余矩,其必上思所绍、下思所述,以求不失乎文献之传,庶几此集此名为无负哉!诗云"永言孝思,孝思维则",可不勉钦!①

可见,程敏政编纂此书,目的在于通过各类文献展现程氏祖先的"仁义之德、文武之功、性命道德之言",促使后代子孙世守祖先家范,"不失乎文献之传",加强程氏宗族的内部凝聚力和向心力,以最终实现"尊祖、敬宗、收族"的目的。显然,《程氏贻范集》是新安程氏光宗耀祖、承前启后的宗族文献。

基于这样的编纂宗旨,在文献收录标准上,凡能展现新安程氏光辉历史的各类文献,无论工拙,尽皆录入。程敏政称:

> 呜呼,于己之上世而思所以暴之者,仁也;于己之旁亲而不忍其泯焉者,恕也。惟仁与恕,皆道之大端,而吾宗两得之,是不可不书,以垂法于后来者。鄙朴之文,理不当厕先达著述之左,诸房难之曰:"文有系祠宇之废兴、具履历之首末、谨讳日之书、详世系之录者,亦惟取其备故实,俟参考耳,初何计其辞之工拙哉!"于是势不能尽删,而为献嘲腾笑之资,则有所不免矣。②

因此,程敏政在编纂《程氏贻范集》时,以"文有系祠宇之废兴、具履历之首末、谨讳日之书、详世系之录者"为标准,尽可能多地收录有助于展现程氏宗族历史的文献,这与他编纂的另一部文献汇编——《新安文献志》——显然有别。程敏政在编纂《新安文献志》时,依据真德秀《文章正宗》体例:"凡先达

---

① 程敏政:《程氏贻范集》序。
② 程敏政:《程氏贻范集》序。

时文,务取其平正醇粹有关世教者,否虽脍炙人口,不在录也。"①与《新安文献志》"务取其平正醇粹有关世教者"的严格标准相比,《程氏贻范集》的收录标准要宽松得多。之所以如此,是因为前者为整个徽州的文献总集,面向全社会刊行,而后者是程氏的宗族文献,主要在宗族内部流传,两者性质迥然不同。同时也因为程氏一族的文献远不如徽州一府来得丰富,若严格去取,删略太多,则难以"备故实,俟参考",因此纵然文辞鄙朴,只要有助于印证宗族历史,悉数收入。

尽管收录的文字工拙不一,但是程敏政依然进行了精心的编辑,依据文献体裁安排卷次:

> 程氏贻范集三十卷,敏政之所编也。甲集第一至第七卷,为王言及公移,间附以识跋之文,则以事相联属,势不可分也。乙集第一至第二十卷,为行实、传志、碑表之类,亦间以记序等作附焉。丙集一卷,为像赞,有未备者,稍以奠章挽词之类补之。丁集一卷,为谱辨,订其异也。戊集一卷,为谱号,要其同也。②

在同一卷中,则按时代先后排列顺序。如甲集第一卷,开篇为《诗经·常武》中的"王命尹氏,命程伯休父,左右陈行,戒我师旅"。因为这是古代典籍中最早提到程姓的,时间在西周宣王时期,而伯休父则被程敏政视为程氏始祖。此卷中共有各类诰敕檄铭三十二篇,末尾为五代的《晋王暨王德明、程岩三镇讨朱温檄》,读者通过本卷文献,对程氏从先秦至五代的发展轨迹,就可知其大概了。而五代以后,程氏宗族南北各派名人辈出,文献繁富,因此对五代以后同一体裁的程氏文献,大致按家族支派进行分卷,如乙集第五、六、七卷为北宋理学家程颢、程颐家族的文献,而第十七、十八卷为程敏政所属的休宁陪郭程氏文献。

程敏政少有神童之誉,自幼即读中秘之书,李东阳称其:"资禀灵异,少时

---

① 程敏政:《新安文献志》凡例。
② 程敏政:《程氏贻范集》序。

一目数行下。英宗朝以奇童被荐，入翰林，观中秘书。用经学及第，读诵常至夜分，遂能淹贯群籍，下上其论议，订疑伐舛，厥功惟多。"①足见程敏政知识渊博，才华出众。他对宗族文献留心已久，在修谱过程中又得到了程氏各派的全力支持："凡预宗盟，有自百里之外者，有自千里之外者。裹粮来会，有一再往返者，有五六往返者。正订异同，有一再易稿者，有三四易稿者。参考稽对，有居月余者，有居数月者。"②因此，他得以积累起极为丰富的文献资料。虽然未能实现编纂百卷鸿篇的夙愿，但已编成的三十卷本《程氏贻范集》乃包含了极为丰富的内容：

甲集七卷，为各类诏敕谕诰及政府公文，共一百七十一篇；

乙集二十卷，为各类碑铭、墓志、传记、序跋，共二百二十六篇；

丙集一卷，为纪念程氏祖先的像赞、奠章、挽诗，共六十二篇；

丁集一卷，为谱辨，以辩证程氏历代家谱得失，共三十六条；

戊集一卷，为参与纂修的程氏四十四派领谱字号，末尾附有题名记一篇。

上述五集三十卷，总计三十余万字，囊括自先秦到明代成化年间程氏宗族的重要文献，与程氏历史事实和人物事迹有关的文献几乎搜罗殆尽。

三、文献价值刍议

《程氏贻范集》旁征博引，取材极为丰富，除了程氏各派传世家谱原有的文献外，还包括了大量从公私典籍中录出的与程氏宗族有关的文献。仅以丁集的三十二条谱辨而论，先后引用的典籍包括：《汉书》《南史》《宋书》《齐书》《陈书》《旧唐书》《新唐书》《唐代宗实录》《唐德宗实录》《宋史》《资治通鉴》《建炎以来朝野杂记》《元和姓纂》《文苑英华》《唐登科记》《唐朝类苑》、欧阳修《六一集》《集古录》、韩琦《安阳集》、赵明诚《金石续录》、罗愿《新安志》、程彦明

---

① 李东阳：《怀麓堂集》卷六十四《篁墩文集序》，见《文渊阁四库全书》第1250册，第667页。

② 程敏政：《程氏贻范集》戊集。

《河南程氏宜振录》等二十余种,其中不乏今日已经失传者。至于谱辨中引用的宋代至明代成化年间程氏家谱三十余种,今日《中国家谱总目》尚有存本收录的,只有景泰年间程孟《新安程氏诸谱会通》一种了。对一些重要的或有争议的篇章,程敏政还在其后附以按语,进行考订。丰富的内容,加上程敏政的精心编纂和考订,使得《程氏贻范集》具有很高的文献价值,以下略举数条,以见大略。

(一)《程氏贻范集》保存了与新安程氏宗族历史和历代杰出人物事迹有关的大量文献资料

《程氏贻范集》收录的文献是以宗族杰出人物为中心的,特别重视与人物生平有关的资料,收录的文献中包括相当数量的稀见文献,这是它最重要的价值。乙集中的二百二十六篇文献,记载了从春秋至明代成化年间近百人的生平事迹。这当中有许多名垂史册的显赫人物,如:起义兵、卫乡里,战功赫赫,最终成为南朝陈朝开国功臣的程灵洗;北宋理学大师程颢、程颐兄弟;北宋名相,老臣谋国,善断大事的程琳;南宋名相,勤政爱民,力抗权奸的程元凤;南宋大学者,著作等身,"于古今事靡不考究"的程大昌;元末起义军战将,明代开国功臣,在鄱阳湖大战中英勇捐躯的程国胜;明代名臣,转战南北,有才力、识大体的程信。

这些著名人物大都有传记载在史册,《程氏贻范集》除录入史家传记外,还载入了他们的碑铭、墓志以及历代王朝册封赐祭的公文,并详细记载了各地立祠建庙追祀纪念的盛况,资料远较史书丰富。

以南宋名相程元凤为例,《宋史》中的程元凤传一千二百多字,而《程氏贻范集》中所载的程元凤之子程述祖所撰家传超过八千二百字,另载入宋理宗下达程元凤任命的制书四道、手诏一道、御书赓和诗一首,还有程敏政为程元凤所作的墓记一篇,记录程元凤事迹之详远远超过史书。《宋史》程元凤传称:"丞相郑清之久专国柄,老不任事,台官潘凯、吴燧合章论列,清之不悦,改迁之,二人不拜命去。元凤上疏斥清之罪,其言明白正大,凯、燧得召还。"①家传中则不仅记载了此事,称郑清之为"池边蹲不去",而且还载入程元凤两次上疏的主要内容,极力要求保护台谏言官,以维护言路:

> 迩来一二台臣不得其言而去,陛下未尝罪所论者,远近观望,良可骇怪。白简霜凝,罪状暴著,纵有回护,人谁不知? 自宜羞见吏民,幞被宵遁,今乃顽然无知,舒徐候代,反揭榜禁台章之传,纪纲安在乎? 职司耳目,事许风闻,掩耳盗钟,焉能欺众! 自宜退思内省,痛改厥愆,今乃公然强辨,巧肆诋讦,欲以此为钳制台谏之术,纪纲安在乎? 纪纲陵迟,何所不至! ……臣愿陛下以孝宗之待之敏者待二臣,则言路之气脉不壅,国家之纪纲获振,其于治体关系非轻。如是而顽然无知、公然强辨者尚得以肆无忌惮,臣当不避雠怨,弹击以闻。②

程元凤上疏时任监察御史,为台谏官之一。此疏内容,一方面展现了程元凤不畏权贵、直言敢谏的风骨;另一方面也是宋代台谏监察与宰相执政互为制衡机制的生动体现。

又如南宋大学者程大昌,《程氏贻范集》中不仅载入了杨万里所撰的神道碑,还收录了一篇程大昌的遗训:

> 大昌世为徽州人,休宁县治之南三十里而遥,地名会里,西北有山名西山,对西山而东南行,其墙围负略可数百丈者,大昌之祖居也。乡名会里,共声呼之,遂为外里也。大昌年二十一岁,当绍兴十三年中国学弟子选,至二十九岁始得科第,又积年五十七岁而长吏部。若官若学,多在浙右,徽境又无第宅可归,遂以吴兴寓屋为家而处孥累焉,其地在州城东北鹿桥西一二十丈地耳。身虽飘泊,而首丘之念常拳拳也。绍熙二年,念此身老矣,子孙将为浙人,遂叙世系

---

① 脱脱:《宋史》卷四百十八《程元凤传》,北京:中华书局,2000年,第9811页。
② 程敏政:《程氏贻范集》乙集卷十二。

乡里以贻之,凡尔后人未能复归先庐,则其著叙邑里,虽百世以外,犹当系缀徽州也。尔之世世祖先茔垅皆在会里旁侧,何可他识邪!①

此遗训撰于绍熙三年(1192年),在去世前三年,程大昌迁居湖州已久,且年迈体衰,自知无法返回徽州故乡,然"首丘之念常拳拳也",因此要求后世子孙"虽百世以外,犹当系缀徽州也",以示不忘乡里。后人得读此文,便知这位大学者垂暮之年不忘故土的绵绵情怀。

《程氏贻范集》不仅注重那些声名显赫的大人物,而且对那些因为各种原因而名声不显,但身具一技之长、有功德事业的仁人志士,同样给予了关注。如元末明初婺源人程达道,一生不曾为官,事迹少有人知。然而他在明初时曾挺身而出,为乡里免除征敛之苦:"先是,军籍多不役,民以田粮私入军籍,官中征敛毛起,民役愈烦,往往颠踬。众不便,将言之,莫敢为首。公身任之,有司以闻,获免,役遂均,民方苏息。"②因此,为了表彰程达道为民请命的功绩,《程氏贻范集》中载入了他的行状,盛赞他学术纯正、质行高洁,是真正的有道之士。

又如绩溪人程通,洪武末年为辽王府长史,在朱棣发动靖难之役后,他与辽王渡海归南京,"上封事数千言,陈御备策"③,为建文帝出谋划策。朱棣夺取帝位后,程通被逮捕处死,家人遭残酷迫害。由于家破人亡,到成化年间,"公没世既久,其遗事绝无知者"④。程敏政悉心谘访,并查阅京师档案,得知程通生平梗概,为他作传,称赞他:"初读书,即厉志圣贤之学。居常恂恂,如有弗逮。至临事,则毅然莫能夺,故所立如此。"⑤行文之间,对这位骨梗义士的不幸遭遇给予了极大的同情。

---

① 程敏政:《程氏贻范集》乙集卷十一。
② 程敏政:《程氏贻范集》乙集卷十六。
③ 张廷玉:《明史》卷一百四十三《程通传》,第2695页。
④ 程敏政:《程氏贻范集》乙集卷十一。
⑤ 程敏政:《程氏贻范集》乙集卷十一。

《程氏贻范集》收集的程氏文献非常丰富,今人欲考察明代中期以前程氏人物事迹,当以此书为渊薮。

(二)《程氏贻范集》记录了新安程氏的迁徙源流和发展壮大的历史

程敏政在编纂时很注意收入各类反映程氏迁徙源流的文献。以河南程氏为例,由于理学大师程颢、程颐出于此派,其来历以及与新安程氏的关系,历来为治谱学者所关心①。尽管包括"二程"后裔在内的程氏各派大都承认河南程氏源于新安程氏,但对其迁徙源流众说纷纭,迄无定论。程敏政从《文苑英华》中找到了唐代中期桂府长史程文英的神道碑,记录新安氏北迁世系为:"五代祖向府君,陈袭重安侯,隋萧县宰。四代祖育府君,隋车骑将军。曾祖皆府君,隋涿郡主簿。大父弘府君,皇朝安阳令。考大辨府君,泗水六合二县宰。……子皓、曜、曦等。"②又从赵明诚《金石续录》中找到了唐代晚期定州别驾程士庸的墓志铭,记载家族世系为:"高祖皓,定州刺史。曾祖日华,横海军使。祖怀直,归诚王。皇考权,邢国公。……子岩、孙秀。"③结合《陈书》记载程灵洗之子程文季"封重安县侯,邑一千户,以子向袭封"④,而程琳记录河南程氏祖先为程秀:"五代祖秀,生二子,长即吾之高祖也,次俶,赠少府少监,生公。讳羽,字冲远。"⑤将几种资料相结合,程敏政就建立起了从程灵洗至"二程"的完整世系:灵洗→文季→向→育→皆→大辨→文英→皓→日华→怀直→权→士庸→岩→秀→俶→羽→希振→遹→珦→颢、颐。这个世系是否完全可靠,另当别论,但程敏政收集资料之勤与考订用心之深,从中可见。

《程氏贻范集》中收录了大量程氏祠庙类文献,从中可以看出以祠堂为中心的徽州宗族社会逐步发展壮大的历程。据集中所载,程氏各类祠庙大都起源于宋代,一开始是相当简单的,主要是供奉程灵洗一人的世忠祠、忠壮庙,

---

① 关于河南程氏与新安程氏的关系以及"二程"家谱的世系问题,可参见拙稿:《二程家族与徽州关系考》,载《史学月刊》,2011年第3期。
② 程敏政:《程氏贻范集》乙集卷四。
③ 程敏政:《程氏贻范集》乙集卷四。
④ 姚思廉:《陈书》卷十《程文季传》,北京:中华书局,2000年,第117页。
⑤ 程敏政:《新安文献志》卷六十二上。

但随着程氏宗族的发展壮大,这类祠庙规模也愈加庞大,祭祀礼仪愈加复杂,逐渐向后世的祠堂发展。如元代至顺年间(1330年—1333年)的婺源龙首山忠壮庙:

> 正殿四楹,专祠忠壮公。公十四世孙唐检校工部尚书湘,以子全礼光禄大夫御史中丞上柱国兼领婺源都督,始居婺源,故特祀于西庑,所以尊祖而敬宗。东庑列祠宋监察御史里行纯公颢、崇正殿说书正公颐、尚书文简公大昌、枢密正惠公卓、翰林学士玧、丞相文清公元凤、待制九万,所以贵德而尚爵。庑皆四楹,北有堂以藏遗书、衣冠、世谱、祭器。每奠献礼毕,则合亲疏长幼聚拜听讲于此,所以明伦而序齿。其楹如殿之数,春秋及生辰祭皆用少牢,朔望脯醢。其登降裸荐牲币器皿,皆仿古释奠仪,设钟鼓,以节期会。庖廪仆隶以给洒扫,杂树蔬果于周垣之内,以备荐新。①

龙首山的忠壮庙供奉自程灵洗以下的历代程氏祖先九人,春秋及生辰致祭,合族老幼参与典礼,这与明清时期的祠堂已经相当接近了。《程氏贻范集》中提及的各地程氏祠庙共二十余所,其中婺源龙首山、龙陂、斤竹涧、歙县槐塘、休宁鞔龙山、汊口、德兴泸口等地的祠庙都祭祀自始祖以下的多代祖先,规模相当大,有的径直称为祠堂。这些祠庙的建立,都远在嘉靖十五年(1536年)明世宗诏令天下臣民得祭祀始祖以前,足见程氏宗族组织在当时已经得到了长足的发展。徽州会成为典型的宗族社会,是各类宗族组织长期发展的结果。

(三)《程氏贻范集》中的各类文献有助于考证宋、元、明三代史实

《程氏贻范集》中收录的文献,上起先秦,下至明代成化年间,而以宋、元、明三代为多,对考订这三代史实有一定的价值,以下姑且举二例。

1. 关于新安理学的史实。新安理学远宗"二程",以朱熹为中心,包括一大批徽州籍学者,成为宋明理学中的一个强大支派,影响很大。程敏政以程

---

① 程敏政:《程氏贻范集》乙集卷二。

颐后裔自居,早年即醉心于朱熹学说,"于朱子之说尤深考核,自以为得我师焉"①,所以对程氏宗族中的理学诸贤相当关注,除了"二程"之外,《程氏贻范集》中还收录了相当数量的程氏理学学者资料,包括程大昌、程洵、程端蒙、程先、程永奇、程绍魁、程复心、程若庸、程直方、程鼎、程文十余人。诸人虽显隐不一,但都沉研理学,潜心著述,是新安理学的中坚力量。有的有相当的影响,如元代婺源人程复心:"将文公《四书》分章为图,开析言意本末终始,精粗毕备,粲然可观。又取《纂疏》《语录》等书参订异同,增损详略,编注《纂释》二十余卷。凡用工二三十年,始成全书。……发明濂洛诸儒未尽之蕴,诚有功于后学。"②程复心编纂的《四书章图纂释》是元代《四书》学的代表作之一,它在明代初年与另一位新安理学家倪士毅的《四书辑释》合编在一起,成为永乐年间纂修《四书大全》的底本,悬为功令,"有明一代,士大夫学问根柢具在于斯"③,由此可见程复心著述的影响深远。而程复心不但未曾出仕,在新安理学家中名声也不大,关于他生平的资料很有限。《程氏贻范集》中载入了程复心小传一篇,另外还收有《江浙行省缴进程复心〈四书章图〉谘文》《集贤院保举咨文》《礼部呈中书省制》等公文三道,这说明程复心的《四书》著作在当时就具有一定影响,集贤院学士赵孟頫举荐他为徽州路教授,但他志向高洁,坚拒不仕,最后终老于乡。这些资料,对考订新安理学的史实有一定的价值。

2. 关于明代中期军事行动和军事制度的史实。程敏政的父亲程信,从正统年间北京保卫战开始即参加军事行动。天顺年间,任巡抚辽东金都御史时,负责对蒙古、女真诸部的监控防御。成化年间,程信任兵部侍郎,曾统领大军围剿四川叙州府的"都掌蛮",功成之后,出任南京兵部尚书、参赞机务,因此,他虽是文人出身,却久历戎行。《程氏贻范集》中保存了许多程信参与军事活动的记载,对了解明代中期的军事行动和军事制度很有价值。

---

① 李东阳:《怀麓堂集卷》卷六十四《篁墩文集序》,见《文渊阁四库全书》第1250册,第667页。
② 程敏政:《程氏贻范集》甲集卷五。
③ 《四库全书总目提要》卷三十六。

明代为防御北部游牧民族的侵扰,在每年冬季,由总兵率部分兵马分路出境,放火焚烧野草,使马无牧草,人无住所,当时称为"烧荒",被视为边防要务。《程氏贻范集》中保留了天顺年间朝廷给程信的两道"烧荒"敕书,管见所及,此类文献迄今未见有人称引。天顺二年(1458年)十二月二十一日的敕书称:

> 敕巡抚辽东都察院左佥都御史程信:即今霜降时月,草木枯槁,正当烧荒,以破贼马上潜伏之计。敕至,尔等照依上年事例,差拨官军,俟风力顺便,将贼马经行之处,尽行烧燎。务在十分严谨,哨探子细,不可轻忽,毋得委任非人,虚应故事。仍将拨过官军、烧过地方,明白开奏,尔其慎之。故敕。①

从敕书内容看,明代朝廷对"烧荒"极为重视,有关敕书都是由朝廷直接下发给地方统兵大员的。此类"烧荒"年年都要进行,已成惯例。可以想象,无休止的"烧荒"在给游牧民族活动带来巨大困难的同时,对长城沿线的生态环境也会带来严重的负面影响。

程信在南京兵部尚书任上,曾管理当地的漕运官军,朝廷在给他的敕书中称:

> 今得漕运总兵官奏:近年以来,运粮官军多有逃故,及今投托别项改差,以此负累,见在粮运迟误。敕至,尔等会同,将南京各该卫所旗军并新江口等处寄操旗军查勘,酌量选补运粮。若正军数少,即将殷实余丁点凑,照依正军事例,免其一丁差使,帮贴月支米一石,养赡家口,行粮赏赐一体关给。仍戒约管运官员,不许剥削克害,违者许总督等官拿问惩治。②

这份敕书中提到当时漕运官军多有逃亡,要求据"实余丁"补入,严格约

---

① 程敏政:《程氏贻范集》甲集卷六。
② 程敏政:《程氏贻范集》甲集卷六。

束管运官员,不得"剥削克害"。反映出当时军中的"剥削克害现象"相当严重,以致军人大量逃亡,这正是明代中期军官腐败、军事制度败坏的真实写照。

可见,《程氏贻范集》所保存的宋、元、明三代史料是相当丰富的,有些史料相当罕见,甚为珍贵,值得认真研究。在此,笔者深盼此书能够早日在国内影印或点校出版,必能进一步推动相关领域的学术研究。

四、《程氏贻范集》的影响和争议

《程氏贻范集》内容丰富,体例严谨,刊刻精美,加上程敏政的地位和影响,一经刊行,即风行一时。婺源人程宗洛曾盛赞程敏政的纂修之功:"先生篁墩廼起,大会远迩,执笔而订正之,然后亲亲之义大明,而此书遂为程氏不刊之典,其心何其仁,其事何其公欤!"①休宁人程一枝也称:"学士克勤……纠合诸程,勒成统宗……又搜纂先宗以来金石遗文,名曰《贻范集》。由是都官之谱遂暗而学士谱独彰,诸程以谱名字者靡然向风……无不本之学士矣。"②程一枝曾仿程敏政先例,搜集《程氏贻范集》未载及后出的文献,编纂成《程氏贻范集补》四十③。不独程氏宗族一度尊崇,外姓也多有仿效。如正德年间的汪氏统宗谱,其纂修凡例中即规定:"先世制命及各派名宦行实,名公所撰墓志、序记、赠颂、哀挽、诗辞、像赞,会议录为一集,辅谱以传。"④这种体例,就是仿效《程氏贻范集》。清代嘉庆年间婺源项氏修谱,也将宗族文献汇集为《贻范集》,附谱刊行⑤。凡此,都说明《程氏贻范集》在徽州各宗族中,影响甚大。

然而,《程氏贻范集》中的谱辨却引发了的长期争议。后世不断有辩驳之

---

① 黄积瑜:《新安左田黄氏正宗谱》序。
② 程一枝:《程典》序,明万历十年(1582年)刻本,中国国家图书馆收藏。
③ 程一枝:《程氏贻范集补》万历刻本,今唯国家图书馆有藏,当俟时另撰考论。
④ 汪奎:《重修汪氏家乘》凡例。
⑤ 项茂棋:《汝南项氏宗谱》序,清康熙四十九年(1710年)刻本。

作出现,尤其是嘉靖年间婺源程瓁所修的《新安程氏统宗列派迁徙注脚纂》,系统批判了程敏政的谱辨和统宗谱中的程氏世系。由于程敏政的谱辨改变了部分程氏支派相沿已久的世系,引发了他们的不满,这些支派后来纷纷以程瓁建立的世系为蓝本,重修族谱,甚至形成了一股势头甚猛的反对统宗谱的浪潮。几经波折以后,清代程氏各派家谱虽然仍称赞程敏政的纂修之功,但他的谱辨却基本上被放弃了。学界对此点已多有研究①,本文就此从略了。

---

① 关于程敏政统宗谱及其谱学问题的研究,可参见常建华:《程敏政〈新安程氏统宗苾〉谱学问题初探》,载《河北学刊》,2005 年第 6 期;林济:《程敏政统宗谱法与徽州谱法发展》,载《安徽史学》,2008 年第 4 期;徐彬:《程敏政的家谱编纂及其影响》,载《淮北师范大学学报》,2011 年第 5 期。

附 录

程信文献与明代成化讨伐"都掌蛮"的战争

"都掌蛮"是古代南方僰人的后裔,明代居于四川省叙州府,主要集中在叙州府东南部的戎县(今宜宾市兴文县)境内。从明初开始,"都掌蛮"即叛服不常,爆发过多次冲突。成化年间,明朝曾调集重兵,由兵部尚书程信统率,对"都掌蛮"发动了大规模的围剿,成为自明初统一以来,西南地区用兵最多的一场战争,树立了以大规模战争解决西南地方势力的典型,影响深远。明代对"都掌蛮"的多次征伐,早已成为民族史学界重要的研究课题,早在民国年间,即有学者深入实地进行过调查研究①。中华人民共和国成立后,此一课题得到了更多的关注,学术界对"都掌蛮"的民族属性、悬棺葬俗、明军对"都掌蛮"的历次征伐、明朝内部的剿抚之争、"都掌蛮"消亡原因给予了重点

---

① 芮逸夫:《川南民族的悬棺问题——僰人悬棺乎？僚人或仡僚悬棺乎？》,载《中央周刊》,1947年九卷十一期,第12页,转引自中国悬棺葬学术讨论会秘书组:《悬棺葬资料汇集》,1980年12月编印件,第46~47页。

关注①,屈川所著《"都掌蛮":一个消亡民族的历史与文化》是这一领域的集大成之作②。不过,当前对成化之战的研究成果甚少,而关于万历年间曾省吾剿灭"都掌蛮"之战的研究成果则较多。这是因为,反映万历之战的传世史料颇多,除了曾省吾本人编纂的奏疏档案汇编《西蜀平蛮全录》外,还有大量的碑铭存世③,而成化之战则远没有这样多的史料,除了《明宪宗实录》中的寥寥数条之外,可资立论的主要是散见明人文集和清代地方志中的一些片断,文献不足,难以立论。

近来,笔者在整理徽州程氏家谱资料时,发现明成化刻本《程氏贻范集》中保存了明宪宗在围剿"都掌蛮"期间发给程信的多道敕谕,另外还有当时朝中官员周洪谟等为程信所撰的记、志等文章多篇,这是关于成化之战的宝贵资料,迄今未见称引。因此,本文以《程氏贻范集》中保存的程信文献为基础,结合其他传世文献,对成化之战作一新的探讨。

一、程信其人及成化征讨"都掌蛮"文献概述

程信(1417年－1479年),字彦实,号晴洲,祖籍南直隶徽州府休宁县,因曾祖程社寿在永乐初年谪戍河间,故为河间军籍,历仕英宗、景帝、宪宗三朝,为知名大臣。关于程信生平的传记资料颇多,有其子程敏政所撰行状、刘翊

---

① 屈川:《川南"都掌蛮"反明斗争考述》,载《民族研究》,1987年第4期;屈川:《川南"都掌蛮"消亡原因探析》,载《贵州民族研究》,2003年第4期;屈川:《"都掌蛮"消亡原因补证》,载《四川大学学报》,2003年第5期;陈波:《论周洪谟对山都掌人的土流分治策》,载《西藏大学学报》,1994年第3期;刘复生:《"都掌蛮"研究二题——明代都掌蛮的构成和消亡》,载《四川大学学报》,1998年第2期;邓前成、倪芳:《有关"都掌蛮"的两个问题——都掌蛮的族属和明朝对之的统治措施》,载《云南师范大学学报》,2000年第2期。

② 屈川:《都掌蛮:一个消亡民族的历史与文化》,成都:四川人民出版社,2004年。笔者在写作准备过程,拜读了多位前辈学者的著述,获益良多。屈川教授的著述尤其有价值,对本书的写作帮助甚大,在此谨对屈川教授及诸位前辈学者深表感谢。

③ 王德勋:《九丝城与明碑》,载《四川文物》,1987年第4期;屈川:《兴文县建武城明碑九丝山石刻考述》,载《四川文物》,1990年第1期;《"都掌蛮"消亡的历史见证——兴文县建武城崇报祠明碑考述》,载《四川师范大学学报》,2004年第4期。

所撰墓志铭、万安所撰神道碑,明史中也有他的传记①。以下摘录《明宪宗实录》成化十五年(1479年)九月庚辰条下的程信小传,从中可见其生平大概:

> 南京致仕兵部尚书兼大理寺卿程信卒。信,字彦实,直隶休宁县人,先世谪戍河间,遂居焉。登正统壬戌进士,授吏科给事中。虏犯京师,信奉敕协守西城,上言兵备五事,多见采纳。迁左给事中。因灾异,言固本十事,时英庙在南宫,信首劝景皇帝隆孝友之实,以答天心之仁爱,其余亦切时务。升山东右参政,以忧去。更任四川。天顺初,奉表入贺,留为太仆寺卿。明年,转左佥都御史,巡抚辽东。都御史寇深劾信轻听佥事胡鼎,按都指挥夏霖事失实,调南京太仆寺少卿。逾年,召升刑部右侍郎。居母丧。上初即位,起复为兵部左侍郎。成化三年,进兵部尚书,提督四川、贵州军务,征山都掌蛮及九姓土獠。事平,加兼大理寺卿。六年,敕往南京参赞机务。十一年,以疾乞归。居休宁者四年,至是卒,年六十三。讣闻,赠太子少保,谥襄毅,赐祭葬。信性豪放,历官中外三十余年,多有劳效,然强愎好胜,所至与人不合,每为言者所论,而功过自不相掩云。②

从各类传记资料中可知,程信早在正统十四年(1449年)北京保卫战时,就奉命协守西城,开始参与军事行动。此后,在巡抚辽东时,组织对蒙古、女真部族的军事防御;在四川参政任上,攻打过松潘等地的地方势力,"时提督兵备刑部侍郎罗绮檄公总理松潘边储,进攻大姓夷寇,破其黑虎、三捷诸寨"③。程信虽是文人出身,却久历戎行,军事经验丰富,更直接指挥过对四川地方势力的作战,而成化之战爆发时,他正担任兵部侍郎,因此,朝廷派他

---

① 程敏政:《篁墩文集》卷四十一《资德大夫正治上卿南京兵部尚书兼大理寺卿赠太子少保谥襄毅程公事状》;《程氏贻范集》乙集卷十七《太子少保程襄毅公墓志》;《程氏贻范集》乙集卷十七《太子少保程襄毅公神道碑》;张廷玉等:《明史》卷一百七十二《程信传》,第3056~3057页。
② 《明宪宗实录》卷一百九十四,明成化十五年(1479年)九月庚辰条,第3431~3433页。
③ 程敏政:《篁墩文集》卷四十一《资德大夫正治上卿南京兵部尚书兼大理寺卿赠太子少保谥襄毅程公事状》。

指挥是顺理成章的。

程信去世三年后,程敏政纂修家谱,将历代家族文献统编为《程氏贻范集》。程信既是程敏政的父亲,又是一代名臣,与他相关的文献在该书中占了相当大的比重,其中甲集第六卷收录了正统、景泰、天顺、成化年间,朝廷颁发给程信的各类敕书、制谕、诰命,共三十二道。与成化之战相关的敕谕包括:成化三年(1467年)七月十九日《兵部尚书程信四川贵州提督军务敕书》《制谕》,九月二十八日《总督粮储敕书》;成化四年二月十七日《献捷奖谕敕书》,四月初十日《再捷奖谕敕书》,四月二十四日《班师敕书》,班师凯旋后尚有多道诰命,为程信加官晋爵,封妻荫子,追赠二代。另外,集中收录的周洪谟《平大坝都掌夷记》、倪谦《南征凯歌赠大司马程公还朝》等文,以及程信的多种传记资料和纪念文章,也从不同侧面反映了成化之战的情况。

这些文献的史料价值体现在如下两方面:

首先是编纂较早。《程氏贻范集》刻于成化十八年(1482年),而通常引用较多的《明宪宗实录》成于弘治四年(1491年),比《程氏贻范集》晚了将近十年。至于万历年间的《西蜀平蛮全录》以至清代的各类地方志,其时间就晚得更多了。

其次是资料权威。程敏政是成化二年(1466年)一甲进士第二名(榜眼),编纂该书时任左春坊左谕德、同修国史、经筵官兼太子讲读官,有条件看到各类官方档案。程敏政还是当时的文坛领袖,收录与他父亲有关的各类文献是经过精心挑选而编纂的。与成化之战有关的各类敕诰,以第一手的权威资料,揭示了明廷围剿"都掌蛮"的决策、部署和主要战役历程,价值甚高。

二、程信与明代成化讨伐"都掌蛮"概况

(一)战争的由来与规模

关于成化之战的爆发,周洪谟在《平大坝都掌夷记》中作了简要的叙述(原件字迹无法辨认处以□代):

> 大坝都掌,叙州戎县所辖夷也,其地在唐曾为晏州罗阳郡,领思

峨、柯阴、新宾、扶来、思、晏、多刚七县。宋革罗阳郡,置州县如故。元置大坝总管府,以夷酋得兰纽为大坝都总管。自元以前,皆治以不治,羁縻而已。国初,盖戎县汉民有吞噬夷民之事,故图经泯其旧置夷官之迹,而更置流官,以知县事,然流官不谙夷语,何以钤制夷众?故百年之内,叛服靡常,而征之者以其山箐险恶,徒然招抚,随抚随叛。比年以来,屠掠边民,流毒千里。今上纪元之初,命将征讨。洪谟上疏言:"剿抚无益,不如使诸夷自择首领,以长夷众,使汉夷两分,不相侵害。统属既定,自然归服。"□□□□万里之外,即允所请,而下之有司。未几,边帅及方岳奏报诸夷悦服,共举大酋领三人,以为之长,次酋领三十四人,以为之佐,欲设都掌、箐前、大坝三长官司。方印绶未降,而当路者杀之。于是诸夷咸谓诳杀其父兄,怨入骨髓,仇杀贵州官军凡数千人,而合江以上九县骚然,不胜凋劫。成化三年秋,百姓告急,国是既定,乃命兵部尚书程公督诸军往正其罪。①

从周洪谟的叙述中可知,明代以前,中央政府对"都掌蛮"采取的都是羁縻之策,即所谓的"治以不治"。明初在当地改土归流,由于流官不谙地方事务,官民矛盾与民族矛盾交织,引发了长期冲突。明朝内部亦有剿抚之争,成化元年(1465年)三月,周洪谟的招抚之策一度被采纳,朝廷曾准备在当地重设土司,任用"都掌蛮"首领管理②。但是,在叙州负责招抚事宜的都御史汪浩却认为:"诸酋虽授以官,终不能禁其劫掠。此皆枭雄,一可当百,乘机除之,则余孽皆庸劣不足虑也。"③当年九月,汪浩设计诱骗诸首领进见,一举残杀了二百七十余人。这次严重的屠杀事件,彻底激化明朝与"都掌蛮"的矛盾,成为战争爆发的导火线。

---

① 程敏政:《程氏贻范集》乙集卷十八《平大坝都掌夷记》。
② 《明宪宗实录》卷十五成化元年(1465年)三月戊午条,第336页。
③ 黄廷桂:《四川通志》卷十八《边防上》,清雍正十一年(1733年)刻本,上海图书馆收藏。

战争爆发之后,"都掌蛮"充分利用了熟悉地形的优势,在三年多的时间里,歼灭贵州、四川的多路明军,先后攻破戎县、珙县、长宁、江安、纳溪等九县,声势浩大。由于战争爆发于四川、贵州、云南三省交界处,地方势力一直相当强大,如果久拖不决,极易引发离心势力的连锁反应,危及明朝在西南三省的统治。有鉴于此,明廷终于下决心调动各路大军,严厉镇压。成化三年(1467年)六月,正式决定由程信、李瑾挂帅出征:"上用廷臣议,升公兵部尚书,提督军务,与襄城伯李瑾发川、广、云、贵番汉兵征之。"①

成化之战,明朝征调了北京、四川、云南、贵州、广西、湖南等地官军与少数民族士兵,总数在十八万至二十万人之间②,超过了英宗正统年间征伐云南麓川思氏的规模(十二万至十五万人③),成为明初统一以来,西南地区规模最大的一场战争。

(二)明军的战略意图与战役部署

由于"都掌蛮"对明朝在西南地区的统治构成了严重威胁,明朝统治者调集大军围剿,目的在于彻底征服"都掌蛮",一劳永逸地解决这一心腹之患。此一战略意图,在成化三年(1467年)七月十九日朝廷下发的《兵部尚书程信四川贵州提督军务敕书》中体现得淋漓尽致。由于此件对了解成化之战极为重要,虽原文较长,仍值得引用。

> 皇帝敕谕兵部尚书程信:
> 近因贵州镇守总兵等官奏称山都掌蛮贼结构九姓土獠,流劫乡屯,钉掳人财,十分猖獗,特命总兵官襄城伯李瑾统率在京汉达官军

---

① 程敏政:《程氏贻范集》乙集卷十七《太子少保程襄毅公神道碑》。
② 关于成化之战的规模,曾省吾称为"十八万",参见《重刻确庵曾先生西蜀平蛮全录》卷十,见《北京图书馆古籍珍本丛刊》第9册,北京:书目文献出版社,1998年,第173页;诸葛元声则称"统兵二十万众",参见《两朝平攘录》卷二,见《四库全书存目丛书》史部第54册,第709页。
③ 关于英宗正统年间麓川之役的规模,《明实录》作"十二万",见《明英宗实录》卷七十五正统六年(1441年)正月戊午条,第1468页;而正统十四年(1449年)詹英《陈言麓川状略》中作"十五万",参见刘文征:《滇志》卷二十二,见《续修四库全书》第682册,第229页。

往彼征剿,尔信提督军务。至日,即便督同四川、贵州总兵、参将、巡抚等官,调集彼处并云南官军土兵人等,及湖广土兵,直抵贼寇出没去处,相机设法,或彼此夹攻,或合势剿杀……凡一应军情,须与监督军务太监刘恒左、少监赵永并李瑾等,从长计议而行,不许偏执己见,乖方误事。仍严加禁约军官人等,所过之处,不许侵扰平人。尔为大臣,受兹简任,必输忠竭虑以图成功,务俾地方宁静,人民安妥,庶副委任之得,所有合行事宜,条例于后,尔其如敕奉行,故谕。

一、军中行事,贵在用人,其四川、贵州地方官吏军民舍余人等,若有知识贼人乡道并熟晓破贼方略,可以裨益军务者,悉听尔等公同询访举用,有功一体升赏。其有自能招集土人杀败蛮贼及克平一寨一巢者,尔等先行给与冠带,以荣其身。事宁之日,另行具奏,升授职事。

一、官军土兵人等,凡遇杀败贼众、攻破贼营,所得头畜财物等项,就听所获之人收用,不许管军头目侵夺。

一、遣将调兵,务在号令严明,其所调汉土官军人等并各官跟随亲信之人,及赍执旗牌官员,尔等务在严加禁约,不许生事骚扰,敢有违者,照依军法处置。

一、用兵之道,赏罚为先。官军土兵人等杀贼有奇功者,尔等公同于军前量给银牌银碗,奖劳激劝,仍将各人功次明白开报,以凭升赏。其有十分功绩显著、众所不及者,就于军前先行升授职事,明白具奏,以励其余。其杀贼军官人等若有临阵畏缩,失误军机,及妄杀平人,掩为己功者,自都指挥以下,悉听尔照依军法斩首示众,然后奏闻。

一、四川、贵州地方不宁,皆因彼处守土官员或贪图货利、或处置乖方所致。尔就询访前项官员,情轻者就彼拿问发落。若有激变因而致误地方大计者,明白奏闻区处。其三司委官管理粮储等项,敢有违误者,一体拿问。

一、军前该用骑征马疋,尔等公同斟酌数目,著落各该布政司支给官钱,措置收买,送赴军前应用。候班师之日,将前项马疋就发彼处官军骑操。

一、彼处舍余土民熟夷人等,有勇敢堪以杀贼者,悉听尔等设法招募,随军杀贼,给与口粮。有功之日,照例舍人升所镇抚,余丁升小旗,其余土民熟夷人等一体升赏。事平,放回宁家。

一、前项地方蛮贼,克平之后,必须计议处置久安长治方略,明白具奏定夺,然后班师处置。

一、凡有除寇安民良策,悉听尔等从长计议,便宜处置,具实奏闻。①

此一敕书提出,要通过"彼此夹攻""合势剿杀",彻底征服"都掌蛮",不达目的决不罢休。

为了实现这一意图,敕书中还提出了九条用兵方略,其内容可概括为:以加官晋爵等手段鼓励明军积极进攻,甚至"所得头畜财物等项,就听所获之人收用",公开鼓励官军大肆抢掠,而对作战消极、临阵畏缩者则严加惩处,直至就地正法;对其他各类地方势力,要通过恩威并施等手段,敦促他们共同围剿"都掌蛮";对激发民变的地方官吏要拿问发落。敕书对粮饷、马匹等军需物资也相当关注,要求积极筹措,认真落实。九月二十八日的敕书还要求程信事先就规划好军需,"除各仓见有并开中盐粮等项外,如果不敷,听尔等从长设法,预为区画,不许临期误事"②。程信在实地勘察地形后,认为"都掌地方山势险恶,必得土兵向导"③,上奏要求立即从四川所辖的东川、芒部、乌蒙、乌撒及湖广永顺、保靖等土司处调拨熟悉山地作战的土兵,军前马匹也不敷使用,必须立即从南京调发,这些要求都获得了朝廷的批准。

敕书中对前方的军事指挥权限作了明确的规定。与程信一同参与指挥

---

① 程敏政:《程氏贻范集》甲集卷六《兵部尚书程信四川贵州提督军务敕书》。
② 程敏政:《程氏贻范集》甲集卷六《总督粮储敕书》。
③ 《明宪宗实录》卷四十四成化三年(1467年)七月丙子条,第906页。

的有襄城伯李瑾、太监刘恒左等人,敕书中所称的"尔等",是包括程信、李瑾等在内的,是对诸人的共同授权;而单称"尔",则是单指程信,是对程信个人的单独授权。虽然敕书要求诸人在前方和衷共济,遇事协商,但同时明确授权程信:"自都指挥以下,悉听尔照依军法斩首示众,然后奏闻",即单独授予程信先斩后奏之权,说明他在此次战役中处于前方决策者的地位。①

(三)战役的经过、结局和影响

成化三年(1467年)七月,程信抵达前方,进行了周密的部署,决定先扫清外围诸寨,再合力进攻戎县大坝(今兴文县大坝镇)"都掌蛮"腹地:"部署大兵,分三道,自督之以入金鹅池,而遣川兵由戎县,贵兵由芒部,云南兵由普市入,各授以方略,刻期会大坝。"②

从七月至十二月,明军分路发动猛烈进攻,遭到了"都掌蛮"的顽强抵抗,"贼恃险拒敌,矢石交下如雨"③。但是,明军不但在数量上远多于对手,而且出动了装备火器的京城三大营的精锐,即所谓的"在京汉达官军并神枪、神砲等器"④,装备也远优于对手。因此,依靠数量和装备上的巨大优势,明军在程信的指挥下,逐步取得进展,"将士依公方略,用神铳劲弩攻贼,贼不能支,连破二十余寨"⑤。到年底,程信上奏称:"深入贼境,杀败贼众,斩获贼级一千五百九十五颗,生擒贼人三百四十九名,俘获贼属男妇并牛马猪羊铜鼓盔甲镖弩旗牌弓箭等物,及烧毁贼寨七百五十六处。其余未克贼寨并奔遁山箐贼众,仍督各路军马攻剿。"⑥基本完成了清扫外围的任务。

---

① 这份敕书在载入《明宪宗实录》时,删除了整个第一段,只载入了九条方略的八条,诸条的内容也作了大幅度删减,如第四条全文作"将士有功者先给赏劳,中有奇功出众者即授职事,具实奏闻,若临阵畏缩及妄杀冒功者,以军法治之",内容大为简化,并删除了授予程信先斩后奏之权的有关内容。参见《明宪宗实录》卷四十四成化三年(1467年)七月甲子条,第898页。
② 程敏政:《程氏贻范集》乙集卷十七《太子少保程襄毅公神道碑》。
③ 程敏政:《程氏贻范集》乙集卷十七《太子少保程襄毅公神道碑》。
④ 程敏政:《程氏贻范集》甲集卷六《班师敕书》。
⑤ 程敏政:《程氏贻范集》乙集卷十七《太子少保程襄毅公墓志》。
⑥ 程敏政:《程氏贻范集》甲集卷六《献捷奖谕敕书》。

成化四年(1468年)正月,各路明军会师大坝,发动总攻。程信亲临前线扎营,居中调度。经过四个月的激战,攻克大坝诸寨,取得胜利。据程信上奏称:

> 分各路军马,剿平山箐余贼。令南宁伯毛荣自青岗关进攻大坝,游击将军罗秉忠、参将吴经自落个利、十八寨进攻天蓬,都御史汪浩、参将宰用自绞车关进攻五村等寨及水磨、天井等洞,都督芮成会合吴经自六乡等寨进攻凌霄城。……正月二十日以来,各路官军奋勇杀败贼众。节据总兵、巡抚等官毛荣、芮成、陈宜、汪浩等开报,斩获首级三千一十七颗,生擒九百五十三名,铜鼓二十三面,并牛马猪羊盔甲镖弩牌刀等物,烧毁贼寨一千四百五十七处。①

战役结束之后,为了确保长治久安,程信上奏朝廷,将泸州卫移置于"都掌蛮"腹地的要害之处,以加强军事威慑;将大坝更名太平川,设立长官司,以加强控制;将原戎县"都掌蛮"部分地区分别划归永宁(今四川叙永县)和芒部(今云南镇雄县)管辖,以分裂割散地方势力②。这些措施悉数获得朝廷批准,逐一施行。

对成化之战的结局,历来评价不一。明宪宗在接获程信报捷奏章后,下谕嘉奖,"此皆尔等筹画之善,故所向克捷,功能若此"③,下令大赏有功将士。给程信加封的诰命,特别称赞他"建事刚明,宅心忠亮,年历滋久,绩用有成"④。但也有人认为此战得不偿失,"统兵二十万众,调三省兵,储饷亿万计"⑤,损耗巨大,而彻底征服"都掌蛮"的目标并没有实现,戎县九丝寨一带的"都掌蛮"生存了下来。万历年间,曾省吾最后征服了"都掌蛮",任瀚在鼓

---

① 程敏政:《程氏贻范集》甲集卷六《再捷奖谕敕书》。明实录所载战果数字与敕书基本相同,唯获铜鼓数作"六十三面",与敕书"二十三面"有异,当以敕书为准,见《明宪宗实录》卷五十三成化四年(1468年)四月癸巳条,第1067页。
② 程敏政:《程氏贻范集》乙集卷十七《平大坝都掌夷记》。
③ 程敏政:《程氏贻范集》甲集卷六《献捷奖谕敕书》。
④ 程敏政:《程氏贻范集》甲集卷六《兵部尚书兼大理寺卿程信授资政大夫并封妻林氏夫人诰命》。
⑤ 诸葛元声:《两朝平攘录》卷二,见《四库全书存目丛书》史部第54册,第709页。

吹曾省吾功绩时,讥讽成化之战"师老将疲,仅搏一捷,耗伤甚众,得不补亡"①。不过,曾省吾则认为此战重创了"都掌蛮","颇贻数十年之安"②。

今日来看,成化之战,明朝确实付出相当大的代价,军需消耗和人员损失都不少,普定卫指挥王锐、永宁卫指挥同知安琦、都匀卫指挥同知丁实等高级军官战死。程信原本患有风疾,"营大坝余两月,淫雨不时,瘴疠荐兴,旧疾益甚"③,在事平之后,曾四度上疏乞退。不过,此战尽管没有彻底征服"都掌蛮",但对其造成了极为沉重的打击。"都掌蛮"以铜鼓为重器,据万历年间被俘的首领供称:"上鼓易牛千头,次者七八百头,递有等差,藏至二三面者即得雄视一方,僭称王号。每出劫,击鼓望岭山,诸蛮顷刻云集,则椎牛数十头飨蛮,乃出劫。劫数胜,益以鼓为灵。……鼓若去,则蛮运终。"④足见铜鼓是"都掌蛮"权力和财富的象征。成化之战中,明军缴获了众多的铜鼓,从一个侧面反映出"都掌蛮"确实遭到了重创。其后虽仍不时发生小规模冲突,但相当长一段时间内没有再度发生大的冲突。直至万历元年(1573年),曾省吾率兵十四万围剿"都掌蛮",大规模战争才再度爆发,但这已是百年之后的事了。可见,成化之战"贻数十年之安",绝非虚语。

成化之战最重要的影响在于,它树立了明朝以大规模战争征服西南地方势力的典型。西南地区民族成分复杂,云贵高原、横断山区崎岖难行,因此,除成都盆地以外,历代中央政权对西南广大地区的控制力一直有限,唐宋羁縻州制、元明清土司制即明证。"改土归流"是加强中央控制、遏制地方势力的强有力措施,但由此激发的变乱亦不在少数。英宗正统年间,明军曾大举征讨麓川思氏,掀开了对西南地方势力大规模用兵的序幕。然而,麓川地处

---

① 任瀚:《叙州府志》卷十六《平蛮碑》,清光绪二十一年(1895年)刻本。
② 曾省吾:《重刻确庵曾先生西蜀平蛮全录》卷一《覈勘将官疏》,见《北京图书馆古籍珍本丛刊》第9册,第40页。
③ 程敏政:《篁墩文集》卷四十一《资德大夫正治上卿南京兵部尚书兼大理寺卿赠太子少保谥襄毅程公事状》。
④ 曾省吾:《重刻确庵曾先生西蜀平蛮全录》卷四《恭进俘获古器疏》,见《北京图书馆古籍珍本丛刊》第9册,第78页。

云南、缅甸之间，遥远难制，明军虽经苦战，并未真正控制住麓川，最后以金沙江为界，讲和收场。而"都掌蛮"的情况与麓川显然有别，当地处于云、贵、川三省交界处，属于内地，且自明初即"改土归流"，若不能有效控制，造成的威胁就比麓川要大得多，正如程信所称："蜀自永宁抵江门、戎县一带，为川贵云南三处水陆喉襟之会，普市、芒部等处为三处肘腋腹背之所，而都掌夷部蟠据其中，实为大患。"①因此明朝内部虽有剿抚之争，但主战派最终占据上风是必然的。明军在战役过程中，进行了惨烈的攻杀，其目的不仅在于征服"都掌蛮"，还在于杀一儆百，彻底震慑西南地方势力。后代史家称："明代播州、蔺州、水西、麓川，皆勤大军数十万，殚天下力而后铲平之。故云、贵、川、广恒视土司为治乱。"②然而，单从用兵规模上说，成化讨伐"都掌蛮"之战，超过了正统年间的麓川之战，直至万历二十八年（1600年），明军剿灭播州杨氏之战，方超过了成化之战在西南地区的用兵纪录。从这个意义上说，成化之战也是明军在西南地区"殚天下力而后铲平之"的重要战役之一。

三、再议明朝的剿抚之争

在处理西南民族地区的战和问题上，明朝内部确实一直存在剿抚之争。在成化之战中，四川眉山人、国子监学录黄明善曾三度上疏，坚决主张彻底剿灭"都掌蛮"，并多方为之谋划③。翰林院侍讲周洪谟则上疏主张"土流分治"，实行招抚。后人因此将两人视作剿、抚两派的代表人物，对双方在政策主张上的差异多有论述。这样的看法，当然有其依据，不过却有将事实简单化之嫌。

周洪谟确实是一直主张招抚"都掌蛮"，即使是在成化之战结束之后，仍然多次上疏主抚。但是，他的这一立场并没有妨碍他在成化之战中支持程

---

① 《明宪宗实录》卷五十一成化四年（1468年）二月癸卯条，第1038页。
② 赵尔巽：《清史稿》卷五百十二《土司传一》，北京：中华书局，1977年，第14204页。
③ 参见《明宪宗实录》卷十五成化元年（1465年）三月壬子条、卷三十二成化二年（1466年）七月甲午条、卷四十四成化三年（1467年）七月己巳条，第332页、644、902页。

信。据周洪谟自述:"洪谟约以平贼之后,当序厥功以告后世。"①当程信班师回京后,周洪谟履约写作了《平大坝都掌夷记》,称颂程信功勋卓著,超过古代名将:"夫蕞尔丑夷,古今为患。在宋征之者若寇瑊、田况、熊本、赵遹辈,皆有成绩。今公之功盖不在瑊辈之下,而保障之策,如太平川之置官,各寨之裂附邻郡,则过瑊辈远矣。"②从"蕞尔丑夷,古今为患"这样的语气中,也可见周洪谟对"都掌蛮"的鄙夷、敌视,与一般的汉族士大夫并没有多少区别。

同时,程信身为主帅,在战争过程中坚决执行了武力剿灭方针,惨烈的作战过程即是明证。然而,据正史记载,程信"征南蛮时,制许便宜从事。迄班师,未尝擅赏、戮一人。曰:'刑赏,人主大柄也,不得已而假之人。幸而事集,辄自专,非人臣所宜'"③。虽然此处所称"未尝擅赏、戮一人",指的是明军而非"都掌蛮",但从中亦可看出,程信绝非贪功好杀之辈。

可见,主剿者并非主观上嗜杀,而主抚者亦非绝对反对用兵。明朝内部的剿抚之争,是建立在共同维护明王朝根本统治的这一基础上的。无论是主剿还是主抚,双方都具有浓厚的汉族文化优越感,视"都掌蛮"等少数民族为夷蛮。所以,明朝的剿抚之争,从根本上说,只是在控制地方势力问题时,在方法与策略上有所差异罢了。至于周洪谟本人对"都掌蛮"始终坚持招抚为上,很大程度上是因为他出生于叙州府长宁县,家乡与戎县毗邻。他在临终前给明孝宗上"安中国定四夷十事",提出制夷之道七条,对云南、广西等地的地方势力皆主张强力围剿,唯独对戎县"都掌蛮"则"乞如祖宗成宪,设立土官为便"④。显然,周洪谟之所以坚持招抚为上,并非从根本上反对用兵,而是他的乡土观念在起作用,是因为不忍心见到家乡遭遇兵燹以至生灵涂炭罢了。因此,在研究明朝内部剿抚之争时,这些细微曲折的事实与心态,也是值得玩味的。

---

① 程敏政:《程氏贻范集》乙集卷十七《平大坝都掌夷记》。
② 程敏政:《程氏贻范集》乙集卷十七《平大坝都掌夷记》。
③ 张廷玉:《明史》卷一百七十二《程信传》,第3057页。
④ 《明孝宗实录》卷四十八弘治四年(1491年)二月庚午条,第976页。

黄之隽册文底稿与清高宗生母姓氏之争

关于清高宗乾隆皇帝的身世争议,从学术角度而言,真正值得重视的是其生母问题,当代清史学者对此已有相当深入的研究,冯尔康、唐文基、罗庆泗诸家的考辨成果令人瞩目①。郭成康对高宗生母姓氏的不同记载作了详尽分析,并对几种可能的情况进行了推导,这是迄今为止有关高宗生母问题研究最为深入的成果②。不过,相关研究近年来呈现出难以推进的态势,这是因为要挖掘出足以说明问题的新的直接证据并不容易。同时,对那些已经广为引用的史料解读得也还不够深入。笔者以为,保存在清代官员黄之隽文集中的熹妃册文底稿值得重视,此一未见称引的史料是解决熹妃姓氏问题的重要证据。通过各类文献的综合研究,可以看出熹妃姓氏变更中的种种细微曲折之处,更可从中窥见最高统治者的微妙心态。

一、清高宗生母姓氏问题的缘起

高宗生母熹妃姓氏问题的缘起,是各类清代官方档案文献中的尖锐矛盾所导致的。下面按文献形成的时间,作简要梳理。

目前所见提及高宗生母姓氏的文献,时间最早的是雍正元年(1723年)二月十四日的一道上谕,该件已影印公布,题为《谕命侧福金年氏封为贵妃等情》,全文如下:

> 奉上谕:"遵太后圣母谕旨,侧福金年氏封为贵妃,侧福金李氏

---

① 冯尔康曾详细分析了清世宗后妃和子女的状况,认为世俗流传的高宗为海宁陈氏之子的说法完全不足为信,肯定高宗生母是钮祜禄氏,雍正中期被封为熹贵妃(冯尔康:《雍正传》,北京:人民出版社,1985年,第533~539页)。唐文基和罗庆泗则挖掘了海宁陈氏族谱中的有关资料,认为高宗为海宁陈氏之子纯属无稽之谈,此说的流传是清季革命党排满宣传的产物(唐文基,罗庆泗:《乾隆传》,北京:人民出版社,1994年,第2~3页)。

② 郭成康:《乾隆帝生母及诞生地考——从最近公布的一则清宫档案说起》,载《清史研究》,2003年第4期。

封为齐妃,格格钱氏封为熹妃,格格宋氏封为裕嫔,格格耿氏封为懋嫔,该部知道。"①

依此,高宗生母熹妃为汉姓钱氏。

与此直接对立的是,在多份清代官方文献中,都肯定高宗生母为满姓钮祜禄氏。目前所见形成时间最早的一份文献是雍正十三年(1735年)十一月十六日的一道上谕,当时高宗继位不久,下令优待母家,该件也已影印公布,题为《谕特赐外祖凌柱佐领世相承袭》:

> 上谕:"外祖凌柱之先人世敦淳朴,克笃忠诚,积厚流光,惠及后裔,诞育我圣母皇太后,播懿德于宫闱,懋坤仪于邦国。今外祖凌柱尚在公众佐领,朕应推广皇太后之恩,特赐佐领,俾其子孙世相承袭。但伊等一支人丁不敷编集,凌柱之叔祖额亦都巴图鲁军功所得俘户甚众,故编为九佐领,此九佐领内滋生人丁颇多,可于此内酌编一佐领,共成十佐领。其新编之佐领即令凌柱之子管辖,将来子孙世袭罔替,其族中子弟有愿入新编佐领者,听之。"②

此谕提及额亦都是高宗外祖父凌柱的叔祖。额亦都(1562年—1621年),姓钮祜禄氏,是辅佐清太祖奠定开国基业的五大臣之一,后裔是清代显赫的名门望族。凌柱既然与额亦都同族,则高宗生母当然也是满姓钮祜禄氏。

乾隆年间的各类官修文献中,皆称熹妃为钮祜禄氏。纂成于乾隆六年(1741年)十二月的《世宗宪皇帝实录》,记雍正元年(1723年)二月十四日册封上谕为:

> 谕礼部:"奉皇太后懿旨,侧妃年氏封为贵妃,侧妃李氏封为齐

---

① 中国第一历史档案馆:《雍正朝汉文谕旨汇编》第1册,桂林:广西师范大学出版社,1999年,第36页。
② 中国第一历史档案馆:《雍正朝汉文谕旨汇编》第2册,桂林:广西师范大学出版社,1999年,第358页。

妃,格格钮祜鲁氏封为熹妃,格格宋氏封为懋嫔,格格耿氏封为裕嫔,尔部察例具奏。"①

《世宗宪皇帝实录》中的这条上谕,显然是依据上谕原件加以修改后载入的。其修改之处,如"遵太后圣母谕旨"改为"奉皇太后懿旨","侧福金"改为"侧妃",只是文字上的润色,并不影响原意,但"格格钱氏"改为"格格钮祜鲁氏"则是实质性修改,改变了原意。

据《世宗宪皇帝实录》所载,雍正元年(1723年)十二月二十二日举行了世宗后妃的册封典礼,熹妃的册文为:

> 朕惟赞宫庭而衍庆,端赖柔嘉;班位号以分荣,丕昭淑惠。珩璜有则,纶绰用宣。咨尔格格钮祜鲁氏,毓质名门,扬休令问。温恭懋著,凤效顺而无违;礼教克娴,益勤修而罔怠。曾仰承皇太后慈谕以册印封尔为熹妃,尔其祗膺巽命,迓景福以咸绥;翊辅坤仪,荷鸿庥于方永。钦哉。②

这里也说是"钮祜鲁氏"而非"钱氏"。这些修改,与高宗优待母家上谕中称外祖与额亦都同族是一致的,而与存世的雍正元年二月上谕原件则完全矛盾。乾隆年间及其后的各类官方文献中,提及熹妃姓氏之处都沿袭了修改之后的说法。不过,在民间则仍有熹妃汉姓的证据存在,保存在黄之隽文集中的熹妃册文底稿就是非常重要的资料。

二、黄之隽与熹妃册文底稿

黄之隽(1668年—1748年),字石牧,号唐堂,祖籍徽州府休宁县,其父于明末迁居松江府华亭县,遂占籍为华亭人。康熙五十九年(1720年)进士,授翰林院庶吉士。在世宗即位之初,黄之隽因文笔好,善撰诏谕,一度得到世宗

---

① 《清世宗实录》卷四,雍正元年(1723年)二月甲子条,北京:中华书局,1985年,第101页。
② 《清世宗实录》卷十四,雍正元年(1723年)十二月丙寅条,第253页。

的破格拔擢,他晚年在自编年谱中对当时情形记载如下:

> 康熙后壬寅岁十一月十三日,圣祖仁皇帝升遐,二十日世宗宪皇帝即位,大礼巨典,例由翰林院编校以上撰文,院长静海励文恭公询于青阳吴文简公曰:"记新庶常有一善四六文者。"吴曰:"华亭黄某乎?"公立传之隽,授数题,每奏多称旨,庶吉士撰文自此始。……雍正元年七月,奏呈中元祭圣祖文,大称旨。次日,召见养心殿,赐貂出,授职编修。……八月,充日讲官起居注,凡一月。……九月,特简提督福建学政,上尝言"黄之隽系朕特用,并不由人荐举"云。十月,祝万寿节,次日陛辞。①

黄之隽视学福建时尽心政事,雍正二年(1724年)七月,"蒙恩升右春坊右中允"②。但他不善逢迎,得罪了福建巡抚毛文铨,加上他对读书人比较同情,不乏法外施恩之处,也授人以柄。雍正四年(1726年)正月,毛文铨密参黄之隽:"学臣黄之隽,凡各属或因抗粮,或因人命,详请斥革,务必批行再审,卒不除名。"世宗朱批:"果如此,将黄之隽调回,亦可借此以警戒天下学臣。"③世宗即位后,以整顿吏治、清理钱粮为急务,对抗法士绅严厉打击,黄之隽被检举包庇不法生员,因而失去了世宗的信任。六月,黄之隽被调回京,从中允降为编修。次年四月,再次被参劾在福建任内违规优待廪生,八月受革职处分,离京回乡。

黄之隽回乡后优游二十年,与大学士陈元龙、两江总督尹继善等高官来往密切。乾隆元年(1736年)八月,受刑部尚书徐本推荐,赴京应试博学鸿词,果亲王允礼曾延其至府,欲招为门下文学之士,以年老婉拒,次年四月离京。黄之隽生平著述甚多,晚年自定全集《唐堂集》。乾隆十三年(1748年)正月,黄之隽去世,文集由门人刊行。

---

① 黄之隽:《唐堂集》冬录,见《四库全书存目丛书》集部第271册,第823~824页。
② 黄之隽:《唐堂集》冬录,见《四库全书存目丛书》集部第271册,第826页。
③ 《世宗宪皇帝朱批谕旨》卷十三下《毛文铨奏折》,见《文渊阁四库全书》第417册,第31页。

《唐堂集》第四卷为《制草》,保存了黄之隽在世宗继位之初所撰的各类册文、祭文、碑文共二十篇。其可信度,可以从如下两方面得到检验:

首先,黄之隽年谱中自述的经历是可信的。如他自称"八月,充日讲起居注,凡一月",《清世宗实录》则记载,雍正元年(1723年)八月十六日,"以礼部尚书兼管翰林院掌院学士事张廷玉、翰林院编修黄之隽,俱充日讲起居注官"①。《雍正朝起居注册》在雍正元年(1723年)九月十五日记载:"是日起居注官阿克敦、觉罗逢泰、吴家骐、黄之隽。"②《清世宗实录》与《雍正朝起居注册》中的记载都能证实黄之隽所言不虚。

其次,《制草》中的内容还可以从存世清代官修文献得到验证。如《制草》中的圣祖庙谥册文③,与乾隆年间敕修的《钦定皇朝文献通考》中所载圣祖庙谥册文④,一字不异。因全文较长,此处不录,读者可自行核对。

凡此,皆可证实黄之隽文集所载《制草》是可信的,其中的《熹妃册文》一篇,则与本文主题密切相关,全文如下:

> 朕惟赞宫庭而协庆,端赖温恭;班位号以分荣,丕昭淑慎。珩璜有则,纶綍宜加。咨尔钱氏,毓质名门,扬休令问。柔嘉懋著,凤效顺于中闱;礼教克娴,益勤修于内职。兹仰承皇太后慈谕以册印封尔为熹妃,尔其祗膺巽命,迓景福以咸绥;光辅坤仪,荷洪庥于方永。钦哉。⑤

将此文与前述《清世宗实录》所载熹妃册文对照,有多处出入:

"端赖温恭",《清世宗实录》作"端赖柔嘉";"丕昭淑慎",《清世宗实录》作"丕昭淑惠";"纶綍宜加",《清世宗实录》作"纶綍用宣";"咨尔钱氏",《清世

---

① 《清世宗实录》卷十,雍正元年(1723年)八月癸亥条,第186页。
② 《雍正朝起居注册》第1册,雍正元年(1723年)九月辛卯条,北京:中华书局,1993年,第100页。
③ 黄之隽:《唐堂集》卷四,见《四库全书存目丛书》集部第271册,第259~260页。
④ 《钦定皇朝文献通考》卷二百三十九,见《文渊阁四库全书》第395册,第515~517页。
⑤ 黄之隽:《唐堂集》卷四,见《四库全书存目丛书》集部第271册,第261页。

实录》作"咨尔格格钮祜鲁氏";"柔嘉懋著,夙效顺于中闱",《清迣宗实录》作"温恭懋著,夙效顺而无违";"益勤修于内职",《清迣宗实录》作"益勤修而罔代";"兹仰承皇太后慈谕",《清迣宗实录》作"曾仰承皇太后慈谕";"光辅坤仪",《清迣宗实录》作"翊辅坤仪"。

这些改动绝大部分是文字润色,不影响文意,但数量却比较多。显然,黄之隽在雍正元年(1723年)二月下谕册封熹妃后开始起草册文,但是当年十月他即离京赴福建上任,没有参加十二月的后妃册封典礼。在他离任之后,接任者对他的稿子作了多处润色,成为典礼上所颁的正式册文,并载入了《世宗宪皇帝实录》。因此,黄之隽文集中的《熹妃册文》应是他本人起草的底稿。

《熹妃册文》底稿与《世宗宪皇帝实录》册文最大的差异是,"咨尔钱氏"改成了"咨尔格格钮祜鲁氏",其改动手法与《世宗宪皇帝实录》所载册封熹妃上谕所作的姓氏修改如出一辙,这应当不是润色时所作的修改,而是修《世宗宪皇帝实录》时改的。《贵妃册文》中的修改,与上谕中的修改相结合,可以断定高宗生母熹妃的姓氏是经过更改的,她的本姓是汉姓钱氏,而不是满姓钮祜禄氏。

笔者曾在互联网上看过清史爱好者的一种说法,认为熹妃确实姓钮祜禄氏,钱氏是当时管理礼部的允祹写错造成的,他还为此遭受了处罚。此说值得深究。

允祹(1685年—1763年),圣祖第十二子,世宗之弟,康熙四十八年(1709年)受封为贝子。世宗即位后,康熙六十一年(1722年)十二月三日封允祹为郡王,管理礼部。① 但是,此后允祹不断遭到责罚,雍正元年(1723年)十二月十六日,因"不感激效力"②被降为贝子。雍正二年(1724年)六月初五日,群臣上宗人府奏议:"因误写妃姓,将允祹革去贝子,降为护国公。"世宗因此斥责允祹:"凡办理事务往往悖谬,卑污不堪,不能胜礼部之任,若仍留在礼部,

---

① 《清世宗实录》卷二,康熙六十一年(1722年)十二月甲寅条,第48页。
② 《清世宗实录》卷十四,雍正元年(1723年)十二月壬戌条,第250页。

其余大臣官员受伊妄为之累,屡获罪谴,允祹着革去礼部任。"①六月二十六日,据宗人府奏疏,降允祹为镇国公。②

这个事件,说明当时确有《贵妃册文》中误写妃姓的事发生,但却不能肯定这就是熹妃姓氏问题产生的原因。因为误写出现在册文中,并未提及诏书中的妃姓也有误。册文是颁发给妃子的,除妃子本人外旁人难以知晓,而诏书是要在册封典礼上宣读并诏告天下的,纵使其他人不知有误,皇帝本人是不可能不察觉的,但是并没有任何记载说明诏书中的妃姓也有误写。档案中也没有指明究竟是哪一位妃子的册文发生了误写,如何误写也难以得知。民国初年,黄鸿寿纂《清史纪事本末》,称允祹遭罚是"册封贵妃金册有舛错故"③,如此,则《贵妃册文》有误的是贵妃年氏,其说必有所本。依当时情势,雍正二年(1724年)初,年贵妃之兄年羹尧在青海取得大捷,世宗对他的宠信达到了高峰,因《贵妃册文》有误而责罚允祹的可能性确实存在。从常识判断,将"钮祜鲁"三字误写成"钱"一字,其可能性微乎其微。

事实上,允祹因误写妃姓而受罚,反而可以证实黄之隽册文底稿中钱氏是可信的。如果允祹误写妃姓确为钱氏,黄之隽起草底稿中的妃姓也是钱氏,当然也有脱不了的干系,允祹作为皇弟尚且受罚降级,而依世宗所言,他的行为会导致"其余大臣受伊妄为之累,屡获罪谴",黄之隽岂能逃脱惩罚?而实际上,黄之隽不仅未因此受到任何责罚,在允祹受罚的次月,还从编修(七品)升为中允(六品),他在雍正四年至五年间遭受处罚则是另有原因,并非因误写妃姓。这个事实,足以说明黄之隽起草的《贵妃册文》中妃姓没有错误,熹妃确为汉姓钱氏,满姓钮祜禄氏则是清廷基于某种需要而改出来的。

从熹妃册文底稿还可以发现黄之隽并不知道熹妃已经改姓,也不清楚自己当年笔下的熹妃就是高宗的生母、当朝的皇太后,否则岂敢不依之改正?而他在回乡后与若干达官显贵仍有密切联系,乾隆元年(1736年)还曾受荐

---

① 《雍正朝起居注册》第1册,雍正二年(1724年)六月丙午条,第253页。
② 《清世宗实录》卷二十一,雍正二年(1724年)六月丁酉条,第348页。
③ 黄鸿寿:《清史纪事本末》卷三十四,上海:上海书店,1986年,第180页。

进京并居住过一段时间,与王公贵族有过交往,何以会如此一无所知呢? 这与清代后妃册封制度中的姓氏问题是密切相关的。

三、清代后妃册封制度中的姓氏问题

在考察熹妃姓氏问题时,必须注意到清代后妃册封有其一贯体制,以下仅以世宗、高宗两朝为例,将后妃册封中与本文主题有关之处逐一列出。

(一)册封皇太后

据《清世宗实录》所载,康熙六十一年(1722年)十一月十四日,即圣祖去世、世宗继位后的第二天,世宗"虑皇太后高年,过于哀痛,每夜五鼓,必亲诣问安,乃回丧次"①。这说明,世宗生母德妃乌雅氏,在世宗即位后,立即确立了她的皇太后名分。

《雍正朝起居注册》在雍正元年(1723年)五月二十三日下记载:"丑时,仁寿皇太后崩于永和宫。"②其下用了很长篇幅回顾了仁寿皇太后的主要事迹,其中提到:"康熙六十一年十一月二十日,世宗登极,率诸臣在皇太后前行礼;二十一日,世宗谕礼部上皇太后尊号;十二月初四日,礼部拟定皇太后尊号为仁寿皇太后,并上奏相关典礼仪注,获世宗首肯;雍正元年正月二十八日,群臣上奏,俟圣祖梓宫安葬陵墓后,由钦天监选择吉期,举行典礼,恭上皇太后册宝,亦获世宗首肯。但是由于皇太后多次不允,加上身体一直很不好,因此,直至她去世,相关典礼也未及举行。"

高宗册封皇太后与世宗做法基本一致。据档案原件,在雍正十三年(1735年)八月二十三日,即世宗去世、高宗继位的当天,就立即确立了皇太后和皇后的名分。③

据实录记载,雍正十三年九月五日,高宗命礼部议上皇太后尊号;十月五日,礼部会同总理事务王大臣、内阁、翰林院上皇太后尊号为"崇庆皇太后";

---

① 《清世宗实录》卷一,康熙六十一年(1722年)十一月乙未条,第32页。
② 《雍正朝起居注册》第1册,雍正元年(1723年)五月辛丑条,第27页。
③ 中国第一历史档案馆:《雍正朝汉文谕旨汇编》第2册,第232页。

十二月十一日,高宗以上皇太后尊号,遣官告祭天地、太庙、社稷;十二月十二日,举行正式典礼。十二月十三日,以册封皇太后诏告天下,诏书中称颂皇太后:"佐我皇考重华之盛烈,启予国家奕叶之休嘉。诞育藐躬,备劳抚鞠。"①

从上述世宗、高宗两朝的记载来看,册封皇太后是国之重典,礼仪是极为隆重的,且需诏告天下。高宗还因此广泛推恩,遍及朝野,恩德所至,可谓妇孺皆知。但是,诏书中并没有提及皇太后是先朝的哪位妃子,更没有提到皇太后姓甚名谁。道理很简单,在强调"以孝治天下"的时代,直呼皇太后姓名属大不敬,而提及她原来的妃号,则无异于提醒世人皇太后只是先帝的侧室,即使是皇帝本人,这样做也有不孝之嫌。

(二)册封皇后和妃嫔

世宗确立皇后名分是在雍正元年(1723年)二月初四日②,比确立皇太后名分要晚得多,而决定其他妃嫔的名分是在二月十四日。世宗后妃的册封典礼是在雍正元年十二月二十二日举行的,次日颁诏天下:

> 朕惟乾施坤成,乃布和于四序;日明月俪,并临照于万方。故王者建邦,必正宫庭之位;圣人作则,首隆册命之文。所以理叙人伦,辅修内治也。朕丕缵鸿基,钦承大业,奉皇妣孝恭仁皇后谕旨,以嫡妃那拉氏诞秀高门,禀贞华胄,淑恭中度,懿范性成。孝敬尽于晨昏,承颜养志;柔嘉著于宫壸,惠下肃躬。令德克全,徽章允称,宜册立皇后。洎慈闱失恃,典礼久稽;而宗事聿严,正名斯亟。兹敬遵慈训,载考旧仪,祗告天地、太庙、社稷,于雍正元年十二月二十二日册立那拉氏为皇后。俾承光于轩耀,式正号于长秋。大礼既成,湛施应溥。于戏!祉贻璇室,宏昭式谷之原;福备椒庭,广锡敷恩之典。布告天下,咸使闻知。③

---

① 《清高宗实录》卷八,雍正十三年(1735年)十二月己卯条,第312页。
② 中国第一历史档案馆:《雍正朝汉文谕旨汇编》第1册,第28页。
③ 《清世宗实录》卷十四,雍正元年(1723年)十二月丁卯条,第252页。

高宗确立皇后名分是在继位当天,而册封典礼则在乾隆二年(1737年)十二月初四日,同时受封的还有贵妃高氏、娴妃那拉氏、纯嫔苏氏、嘉嫔金氏,次日亦诏告天下。①

从各类记载来看,册封皇后也是国之大典,同样要"布告天下,咸使闻知",但隆重程度远不及皇太后。另外,册封后妃时,包括皇后在内,都直书其姓,在布告天下的明诏中同样如此,这与皇太后是完全不一样的。

(三)册封皇太后和册封皇后、嫔妃体制的区别及思考

由此可见,册封皇太后不得注明其姓,非嫡母的生母成为皇太后时也不注明其原来的妃号,而册封皇后妃嫔则直书其姓,这是清代后妃册封制度决定的。此一姓氏记载上的显著差异,会导致这样一种状况:当皇帝的生母并非先朝皇后(即嫡母),她成为皇太后之后,普通臣民难于知道她究竟是先朝的哪一位妃子,甚至不清楚她的姓氏。黄之隽文集中的《熹妃册文》底稿保留了熹妃钱氏的记录,而没有改为钮祜禄氏,原因正在于此。这在其他民间文献中也有直接反映,《永宪录》即是一例。

《永宪录》的作者萧奭②自称是"江都草泽臣",属乡土知识分子,《永宪录》是他依据所见邸钞、朝报、诏谕等撰成的杂史稿本,成书于乾隆十七年(1752年)。书中记载了雍正元年(1723年)十二月世宗册封后妃的概况,整理者校点如下:

> 丁卯。午刻上御太和殿。遣使册立中宫那拉氏为皇后。诏告天下。恩赦有差。封年氏为贵妃。李氏为齐妃。钱氏为熹妃。宋氏为裕嫔。耿氏为懋嫔。
>
> 诏曰。朕惟乾施坤成。乃布和于四序。日明月丽。并临照于万方。□王者建邦。必正宫庭之位。圣人作则。首隆册命之文。

---

① 《清高宗实录》卷五十八,乾隆二年(1737年)十二月丁亥条,第939页。
② 萧奭,据原稿考证,当为萧奭龄,见李世瑜:《有关〈永宪录〉的几个问题》,载《中国历史大辞典通讯》,1983年第3期,转引自冯尔康:《清史史料学》,沈阳:沈阳出版社,2004年,第59页。笔者无缘得见《永宪录》原稿,仍依整理者作萧奭。

所以理叙人伦。辅修内治也。朕丕缵鸿基。厥成大业。前奉皇妣孝恭仁皇后谕旨。以嫡妃那拉氏诞秀高门。□□华胄。淑恭中度。懿范性成。孝敬尽于晨昏。承颜养志。柔嘉著于宫壸。惠下肃躬。令德克全。徽章允称。宜册立为皇后。洎慈闱□□。典礼久稽。而宗纪聿严。正名斯亟。兹□遵慈训。载考芳仪。祗告天地、宗朝、社稷。于雍正元年十二月十二日册立那拉氏为皇后。保承先于□□。式正号于长秋。大礼既成。湛□应溥。所有事宜开列于后云云。于戏。祉贻□室。宏昭式谷之原。福备椒庭。广锡敷恩之典。布告天下。咸使闻知。①

这段记载中的诏书内容,除去整理时无法辨认的以外,与实录所载只有个别字词的出入,说明它确实是依据当日颁发的诏书抄录的。其中明确记载"钱氏为熹妃",与雍正元年(1723年)谕旨原件和《熹妃册文》底稿完全一致,既可证明高宗生母本为汉姓,也说明当日诏告天下时,熹妃尚未改姓,否则萧奭无从得知她原本姓钱。

《永宪录》在记载世宗册封后妃概况后,称:"齐妃或云即今之崇庆皇太后。俟考。"② 按:册封之前,齐妃李氏在雍邸是侧福晋,地位高于格格钱氏;雍正元年所封后妃中,齐妃仅次于皇后和贵妃,居第三,地位也在熹妃之上。皇后那拉氏在雍正九年(1731年)九月去世,贵妃年氏在雍正三年(1725年)十一月去世,齐妃李氏在高宗即位时仍然健在。由于民间并不知道崇庆皇太后原来的妃号,也不知道她的姓氏,所以有人揣测皇太后就是当年的齐妃,这是不足为怪的。《永宪录》中此条的记载是当时民间不知底细情况下异说流传的真实反映,也说明萧奭本人对此并不清楚,对相关的传说也不能确定,称"或云""俟考",是郑重其事的表现,而非如某些野史作者所鼓吹的高宗生母姓李的证据。

---

① 萧奭:《永宪录》卷二下,朱南铣点校,北京:中华书局,1959年,第176页。
② 萧奭:《永宪录》卷二下,第178页。

四、熹妃改姓分析

关于高宗生母的姓氏问题,曾有学者提出这样一种可能,即钱氏与钮祜禄氏并非同一人,世宗在封钱氏为熹妃后,"出于种种考虑,决定以另一位格格满族人钮祜禄氏取代钱氏为弘历生母,胤禛倒未必从肉体上消灭了钱氏,但从此钱氏这个女人不仅从人间隐去了,而且连同她的姓氏一起也从历史上消失了"①。也有学者认为钮祜禄氏只是高宗的养母而已,生母则另有其人②。但深入分析后,高宗生母与崇庆皇太后为两人是不可能的。

首先,世宗不至于行此下策。世宗于雍正元年(1723年)八月十七日决定立储,秘书传位诏书置于乾清宫正大光明匾后③,高宗当时已被秘密定为皇储,而当年十二月册封典礼后颁布的诏书中熹妃还是钱氏,若钱氏与钮祜禄氏并非同一人,则钮祜禄氏取而代之当在此之后,即意味着改变了皇位继承人的母亲,这是非同小可之事,极易引发变乱。世宗熟读经史,一向以精明英察自诩,岂能出此下策而遗日后之患?

其次,高宗更不会接受这样强加的母亲。雍正元年时,高宗已经十三岁,且自幼聪明,不会不知道自己的母亲。如果世宗真的有易母之举,甚至使钱氏人间蒸发,则钮祜禄氏与高宗不啻为寇仇。世宗在世时,高宗或可勉为其难,继位后岂能无动于衷?但是,高宗在继位后立即确立了皇太后的名分,册封诏书中称颂"诞育藐躬,备劳抚鞠",明确以皇太后为自己的生母。高宗对皇太后备极孝养,史册中不胜枚举。可见,钮祜禄氏取代钱氏的说法是绝难成立的。

凡此,皆可证实钱氏与钮祜禄氏并非两人,而是同一人,她就是高宗的生母,而非养母。

---

① 郭成康:《乾隆帝生母及诞生地考——从最近公布的一则清宫档案说起》,载《清史研究》,2003年第4期。
② 于培杰:《乾隆身世之我见》,载《潍坊学院学报》,2008年第5期。
③ 《雍正朝起居注册》第1册,雍正元年(1723年)八月甲子条,第84页。

至于熹妃改姓的具体时间,由于缺乏直接证据,尚难确定,但是应该不会在高宗继位之后,因为当时她已经身为皇太后,尊贵无比,既没有改姓的必要,更没有任何人敢于要求她这么做,所以应当是世宗在世时所改,也只有世宗本人有权将自己的妃子改姓,而且确实存在着某种必要。

世宗将熹妃改姓,应该是总结了圣祖晚年储位之争的严重教训,为确保高宗继位而采取的措施。圣祖晚年夺嫡之争异常激烈,八子允禩德才兼备,广结人心,在朝中很有威望。康熙四十七年(1708年)九月,太子允礽第一次被废后,圣祖曾命诸臣保举新太子,群臣联名保举允禩,圣祖不允:"八阿哥未曾更事,近又罹罪,且其母家亦甚微贱,尔等其再思之。"①次年正月追查保举经过,痛斥群臣:"去年冬,朕躬违和,命尔等于诸阿哥中保奏可为储贰者,尔等何以独保允禩?允禩获罪于朕,身撄缧绁,且其母家微贱,岂可使为皇太子!"②允禩因此与储位擦肩而过,他的悲剧命运此时已经造就。圣祖拒绝立允禩为太子,一个重要理由是他生母出身微贱,日后还说过:"允禩系辛者库贱妇所生。"③辛者库是清代内廷中从事贱役苦差的奴仆或罪犯家属,允禩生母良妃卫氏是辛者库出身,则母家微贱可知。世宗能够继位,除极力钻营外,允禩的失败在客观上为他开辟了道路。可以说世宗是允禩失宠的直接受益者,其间得失成败的缘由不会不引起他的深入思考。

高宗生母熹妃钱氏出身肯定是相当寒微的,这从凌柱祖上的状况可以推定。编定于乾隆九年(1744年)的《钦定八旗满洲氏族通谱》,对凌柱家族的记载如下:

> 长白山地方钮祜禄氏
>
> 钮祜禄为满洲著姓,而居长白山者尤著。……阿灵阿巴颜生二子,长曰萨穆哈图,次曰都灵格。都灵格生额亦都巴图鲁,是为弘毅

---

① 《清圣祖实录》卷二百三十五,康熙四十七年(1708年)十一月丙戌条,北京:中华书局,1985年,第351页。
② 《清圣祖实录》卷二百三十六,康熙四十八年(1709年)正月癸巳条,第358页。
③ 《清圣祖实录》卷二百六十一,康熙五十三年(1714年)十一月甲子条,第572页。

公,其族最盛。

……

萨穆哈图

镶黄旗人,弘毅公额亦都巴图鲁之亲伯也。萨穆哈图生二子,长曰额宜腾,次曰吴讷赫。额宜腾生三子,长曰佛苏,次曰吴禄,三曰察穆达。吴禄生二子,长曰凌泰,次曰凌柱。①

从上述记载来看,凌柱虽与额亦都同宗,但他的祖父额宜腾与额亦都其实是堂兄弟,额亦都应该是凌柱的堂叔祖,高宗在优待母家上谕称额亦都为凌柱的"叔祖"并不准确,凌柱与额亦都后裔的血缘关系是相当疏远的。尤其值得注意的是,《八旗满洲氏族通谱》对额亦都本人及其直系后裔的功勋事迹、官爵职位记载得非常详细,却没有提及凌柱祖上有过任何职衔,也没有任何事迹可考,这说明凌柱祖上原本只是一般平民而已。在高宗继位以前未发现任何与凌柱有关的记载,他的四品典仪官的职衔极有可能是熹妃受封后才得到的,飞黄腾达则完全是高宗继位以后的事。凌柱属于钮祜禄氏,不可能是熹妃钱氏的亲生父亲,但即便得到熹妃承认的这个母家也只不过是一般百姓而已,则熹妃亲生母家必定更为寒微,甚至完全不可知。否则,如她真是所谓的"毓质名门",何必去认这样一户平民百姓做母家呢?

熹妃母家寒微,甚或不可知,她的儿子却成了皇位继承人,世宗对此不会无动于衷。世宗好交结方外之士,对生辰八字、气功炼丹一类方外之事兴趣很浓,同时又刚强自信,行事果决,常有异举。为了巩固高宗的皇储地位,确保其顺利继位,将熹妃改为某一"满洲著姓"就是顺理成章的了。而围绕熹妃改姓问题,可以看出清廷最高统治者是何等的煞费苦心:

首先,熹妃钱氏与凌柱家族必定早有联系,否则不会平白无故地认其为母家。有学者推测钱氏可能是因故没入凌柱家中,通过选秀或其他途径成了

---

① 《钦定八旗满洲氏族通谱》卷四,见《文渊阁四库全书》第 455 册,第 123～127 页。

雍邸侍女①，这种可能性不能排除。从高宗继位后对凌柱家族的极力优待来看，双方原来的关系应该还不错。

其次，通过以凌柱为母家，改姓钮祜禄氏，熹妃获得了"满洲著姓"，并与开国功臣额亦都有了血缘上的联结，如此一来，熹妃摆脱了"母家微贱"的包袱，高宗的皇储地位也就更加巩固。同时，凌柱家族平头百姓的地位反而有利于进行这样的改姓安排，因为地位显赫者为众瞩目，知其家中概况者大有人在，突然间多出一位当朝妃子的女儿，容易引发各类议论。凌柱原本默默无闻，从《八旗满洲氏族通谱》记载看，他的近亲也很少，了解其家实情者有限，认其为母家不会引人瞩目，有利于减少非议。

再次，世宗、高宗对熹妃改姓都尽量低调行事。熹妃改姓是出于世宗安排，但却做得非常隐秘，不但官方文献不曾提及，当时朝野上下大多不知此事。如此低调，一则此事毕竟不那么光明正大，难免引发非议；二则世宗秘密立储的本意在于避免他人预先得知储君人选，引发新的夺嫡之争，但是一旦公开为某一皇子的生母改姓，容易引发有关储君人选的揣测，秘密立储可能前功尽弃。世宗在熹妃改姓问题上的隐秘行事，可以说是与秘密立储直接相关的"秘密改姓"。高宗对生母改姓更是讳莫如深，在纂修世宗实录时，将"钱氏"一律改成"钮祜鲁氏"，而在诏告天下的各类诏旨中，则充分利用了清代皇太后册封制度的特点，让普通臣民不知道她是先朝哪位妃子，甚至不清楚她究竟姓什么。

高宗一朝厉行文字之禁，但尚未发现与高宗身世有关的因言获罪案件，而事实上，当时社会上关于高宗身世的各类异说确实存在，也很难说他完全不知道。在有关出生地的问题上，高宗曾作诗称自己出生在雍和宫，并在诗下加注强调"余实康熙辛卯生于是宫也"②，这显然是因为社会上有传言说他生于避暑山庄狮子园，但他却选择以诗文进行澄清，并没有下令进行追查。

---

① 郭成康：《乾隆帝生母及诞生地考——从最近公布的一则清宫档案说起》，载《清史研究》，2003年第4期。
② 《御制诗集》四集卷八十五，见《文渊阁四库全书》第1308册，第699页。

与大兴文字狱时的雷厉风行相比,高宗处理与自己身世有关的各类流言却尽量不张扬,其细微曲折之处殊堪玩味。

需要指出的是,本文依据目前所见的资料确立高宗生母改姓的结论,或许可以视为此一领域研究的进展,但仍然遗留尚未解决的重要问题:熹妃改姓究竟是在何时?这个问题目前没有确切答案。现有的档案原件中最早在何时将熹妃写作"钮祜鲁氏"的?这是解开高宗生母之谜的关键,实在是一个需要"下死力"解决的问题。在此,深盼学界同仁能够在资料挖掘中获得新的进展,以解后学之困惑。

参考文献

原始文献资料

司马迁:《史记》,北京:中华书局,1999年。

班固:《汉书》,北京:中华书局,2000年。

范晔:《后汉书》,北京:中华书局,2000年。

房玄龄:《晋书》,北京:中华书局,2000年。

李延寿:《北史》,北京:中华书局,2000年。

魏收:《魏书》,北京:中华书局,2000年。

刘昫:《旧唐书》,北京:中华书局,2000年。

脱脱:《宋史》,北京:中华书局,2000年。

宋濂:《元史》,北京:中华书局,2000年。

张廷玉:《明史》,北京:中华书局,2000年。

赵尔巽:《清史稿》,北京:中华书局,1977年。

司马光:《资治通鉴》,北京:中华书局,1956年。

《明太祖实录》,台北:"中央"研究院历史语言研究所,1962年。

《明太宗实录》,台北:"中央"研究院历史语言研究所,1962年。

《明宣宗实录》,台北:"中央"研究院历史语言研究所,1962年。

《明英宗实录》,台北:"中央"研究院历史语言研究所,1962年。

《明宪宗实录》,台北:"中央"研究院历史语言研究所,1962年。

《明孝宗实录》,台北:"中央"研究院历史语言研究所,1962年。
《明世宗实录》,台北:"中央"研究院历史语言研究所,1962年。
《明神宗实录》,台北:"中央"研究院历史语言研究所,1962年。
《大明律》,北京:法律出版社,1999年。
《清圣祖实录》,北京:中华书局,1985年。
《清世宗实录》,北京:中华书局,1985年。
《清高宗实录》,北京:中华书局,1985年。
《世宗宪皇帝朱批谕旨》,《文渊阁四库全书》第416~425册。
《雍正朝起居注册》,北京:中华书局,1993年。
《雍正朝汉文谕旨汇编》,桂林:广西师范大学出版社,1999年。
万斯同:《明史》,《续修四库全书》第324~3331册
谷应泰:《明史纪事本末》,北京:中华书局,1977年。
黄鸿寿:《清史纪事本末》,上海:上海书店,1986年。
何乔远:《名山藏》,《四库禁毁书丛刊》史部第48册。
刘振:《识大录》,《四库全书存目丛书》史部第35册。
查继佐:《罪惟录》,《续修四库全书》第323册。
李东阳:《明会典》,《文渊阁四库全书》第617~618册。
杜佑:《通典》,《文渊阁四库全书》史部第603~605册。
李吉甫:《元和郡县志》,北京:中华书局,1983年。
乐史:《太平寰宇记》,北京:中华书局,2007年。
罗愿:《新安志》,清康熙四十六年(1707)刻本。
彭泽:《徽州府志》,明弘治十五年(1502)刻本。
何东序:《徽州府志》,明万历三年(1575)增刻本。
赵吉士:《徽州府志》,清康熙三十八年(1694)刻本。
马步蟾:《徽州府志》,清道光七年(1827)刻本。
谢陛:《歙志》,明万历三十七年(1609)刻本。
刘大櫆:《歙县志》,清乾隆三十六年(1771)刻本。

许承尧:《歙县志》,1937年石印本。

李乔岱:《休宁县志》,明万历三十五年(1607)刻本。

廖腾煃:《休宁县志》,清康熙三十二年(1693)刻本。

何应松:《休宁县志》,清道光三年(1823)刻本。

蒋灿:《婺源县志》,清康熙三十三年(1694)刻本。

余士奇:《祁门县志》,明万历二十八年(1600)刻本。

周溶:《祁门县志》,清同治十二年(1873)刻本。

吴甸华:《黟县志》,清嘉庆十七年(1812)刻本。

较陈锡:《绩溪县志》,清乾隆二十一年(1756)刻本。

席存泰:《绩溪县志》,清嘉庆十五年(1810)刻本。

赵滂:《程朱阙里志》,清雍正三年(1725)刻本。

徐光文:《篁墩程朱阙里祠志》,清乾隆三十六年(1771)刻本。

吴吉祜:《丰南志》,《中国地方志集成》乡镇志专辑第17册。

许显祖:《孚潭志》,《中国地方志集成》乡镇志专辑第27册。

施璜:《紫阳书院志》,清雍正三年(1725)刻本。

施㵾:《还古书院志》,清乾隆七年(1742)刻本。

黄廷桂:《四川通志》,清雍正十一年(1733)刻本

任瀚:《叙州府志》,清光绪二十一年年(1895)刻本。

李默:《宁国府志》,明嘉靖十五(1535)年刻本。

栗祁:《湖州府志》,明万历四年(1571)刻本。

刘采邦:《长沙县志》,清同治十年(1871)刻本。

王兆鳌:《朝邑县志》,清康熙年五十一年(1712)刻本。

洪亮吉:《泾县志》,清嘉庆十一年(1806)刻本。

郑玄、贾公彦:《仪礼注疏》,《文渊阁四库全书》第102册。

李昉:《太平广记》,《文渊阁四库全书》第1043~1046册。

杨万里:《诚斋集》,明钞本。

方岳:《秋崖集》,《文渊阁四库全书》第1182册。

程珌:《洺水集》,明嘉靖三十五年(1556年)刻本。

唐桂芳:《白云集》,《文渊阁四库全书》第1226册。

郑玉:《师山文集》,《文渊阁四库全书》第1417册。

胡炳文:《云峰集》,《文渊阁四库全书》第1199册。

胡次焱:《梅岩文集》,《文渊阁四库全书》第1188册。

胡一桂:《双湖先生文集》,《续修四库全书》第1322册。

程敏政:《新安文献志》,明弘治十年(1497)刻本。

程敏政:《篁墩文集》,明正德二年(1507)刻本。

黄仲羲:《明文海》,北京:中华书局,1987年。

李维桢:《大泌山房集》,《四库全书存目丛书》集部第150~153册。

黄训:《黄潭先生读书一得》,《四库全书存目丛书》子部第103册。

陈有守:《徽郡诗》,《四库全书存目丛书》补编第22册。

王寅:《十岳山人诗集》,《四库全书存目丛书》集部第79册。

许谷诗:《省中稿》《二台稿》《归田稿》,《四库全书存目丛书》集部第104册。

方弘静:《素园存稿》,《四库全书存目丛书》集部第121册。

李默:《群玉楼稿》,《四库全书存目丛书》集部77册。

顾璘:《顾华玉集》,《文渊阁四库全书》第1263册。

黄省曾:《五岳山人集》,《四库全书存目丛书》集部第90册。

刘定之:《呆斋稿》,《四库全书存目丛书》集部第23册。

吕柟:《泾野先生文集》,《四库全书存目丛书》集部第60~61册。

吴子玉:《大鄣山人集》,《四库全书存目丛书》集部第141册。

湛若水:《湛甘泉先生文集》,《四库全书存目丛书》集部第56~57册。

赵贞吉:《赵文肃公集》,《四库全书存目丛书》集部第100册。

汪道昆:《太函集》,明万历十九年(1561)刻本,上海图书馆藏。

高拱:《高文襄公集》,《四库全书存目丛书》集部第108册。

黄景昉:《国史唯疑》,《续修四库全书》第432册。

王世贞:《弇州山人四部稿》,《文渊阁四库全书》第1279~1284册。

程曈:《新安学系录》,合肥:黄山书社,2006年。

吴士奇:《绿滋馆稿》,《四库全书存目丛书》集部第173册。

高攀龙《高子遗书》,《文渊阁四库全书》第1292册。

丘濬:《大学衍义补》,北京:京华出版社,1999年。

韩雍:《襄毅文集》,《文渊阁四库全书》第1245册。

沈榜:《宛署杂记》,北京:北京古籍出版社,1980年。

金幼孜:《金文靖集》,《文渊阁四库全书》第1240册。

吴宽:《家藏集》,《文渊阁四库全书》第1255册。

蒋一葵:《长安客话》,北京:北京古籍出版社,1982年。

汪循:《汪仁峰先生文集》,《四库全书存目丛书》集部第47册。

吴文奎:《荪堂集》,《四库全书存目丛书》集部第189册。

谢肇淛:《五杂组》,明万历四十四年(1616)刻本。

宋应星:《野议》,上海:上海人民出版社,1976年点校本。

陆深:《俨山集》,《文渊阁四库全书》第1268册。

金声:《金正希先生文集辑略》,《四库禁毁书丛刊》集部第50册。

潘之恒:《亘史钞》,《四库全书存目丛书》子部第193册。

娄坚:《学古绪言》,《文渊阁四库全书》第1295册。

沈德符:《万历野获编》,续修四库全书第1174册。

朱彝尊:《明诗综》,《文渊阁四库全书》第1459~1460册。

郑若曾:《筹海图编》,北京:中华书局,2007年。

采九德:《倭变事略》,明天启三年(1623)刻本。

胡渭仁:《忠敬堂汇录》,北京:线装书局,2003年。

雷礼:《国朝列卿纪》,《四库全书存目丛书》史部第92册。

胡桂奇:《胡公行实》,《四库全书存目丛书》史部83册。

茅坤:《茅鹿门先生文集》,《续修四库全书》第1345册。

徐学谟:《海隅集》,《四库全书存目丛书》集部第124册。

赵明诚:《金石录》,北京:中华书局,1987年影印宋本。

都穆:《金薤琳琅》,《文渊阁四库全书》第 683 册。

李东阳:《怀麓堂集卷》,《文渊阁四库全书》第 1250 册。

诸葛元声:《两朝平攘录》,《四库全书存目丛书》史部第 54 册。

曾省吾:《重刻确庵曾先生西蜀平蛮全录》,《北京图书馆古籍珍本丛刊》第 9 册。

冯梦龙:《醒世恒言》,辽宁古籍出版社,1995 年。

冯梦龙:《警世通言》,辽宁古籍出版社,1995 年。

罗斗、罗所蕴、罗大章:《漈川足征录》,清康熙三十八年(1699)抄本。

黄之隽:《𢈪堂集》,《四库全书存目丛书》集部第 271 册。

萧奭:《永宪录》,北京:中华书局,1959 年。

赵翼:《廿二史札记》,北京:中国书店,1987 年。

朱彝尊:《曝书亭集》,清康熙四十七年(1708)刻本。

赵吉士:《万青阁全集》,《四库全书存目丛书》集部第 220 册。

张潮:《虞初新志》,石家庄:河北人民出版社,1985 年校点本。

许承尧:《歙事闲谭》,合肥:黄山书社,2001 年。

陈栎:《新安大族志》,清康熙六年(1667)刻本。

戴廷明、程尚宽:《新安名族志》,朱万曙点校,合肥:黄山书社,2007 年。

曹嗣轩:《休宁名族志》,胡中生、王夔点校本,合肥:黄山书社,2007 年。

程孟:《新安程氏诸谱会通》,明景泰三年(1452)刻本。

程敏政:《新安程氏统宗谱世谱》,明成化十八年(1482)刻本。

程亨:《倍郭程氏敦本录》,明弘治五年(1492 年)刻本。

程昌:《祁门善和程氏谱》,明嘉靖二十四年(1541)刻本。

程惟时:《新安休宁古城程氏宗谱》,明隆庆四年(1570)刻本。

程本华:《长原程氏重修家谱》,明万历二年(1574)刻本。

程善述:《褒嘉里程氏衍庆世谱》,清康熙十一年(1672 年)刻本。

程豫:《新安大程村程氏支谱》,清乾隆五年(1740)刻本。

金弁:《新安休宁汪溪金氏族谱》,明嘉靖三十二年(1553)刻本。

金瑶:《珰溪金氏族谱》卷十八,明隆庆二年(1568)刻本。

金应宿:《珰溪金氏家谱补戚篇》,明万历十四年(1586)刻本。

金锦荣:《瓯山金氏眉公支谱》,清道光十二年(1832)刻本。

汪云龙:《新安汪氏族谱》,元后至元三年(1337)刻本。

汪奎:《重修汪氏家乘》,明正德三年(1508)刻本。

汪尚和:《休宁西门汪氏本宗谱》,明嘉靖六年(1527)刻本。

汪尚琳:《新安汪氏重修八公谱》,明嘉靖十四年(1535)刻本。

汪椿:《唐模上汪汪氏流芳集》,明嘉靖三十八年(1559)抄本。

汪士贤:《汪氏统宗谱纂要》,明万历八年(1580)刻本。

汪道昆:《岩镇汪氏家谱》,明万历二十七年(1599)刻本。

汪玑:《汪氏通宗世谱》,清乾隆五十二年(1787)刻本。

汪志琦:《新安歙西沙溪汪氏族谱》,清道光二十九年(1849)刻本。

汪宝树:《汪氏文献考》,清光绪二十五年(1899)木活字本。

胡祥木:《余川越国汪氏族谱》,民国五年(1916)木活字本。

黄以辉:《黄川黄氏族谱》,明成化二十二年(1486)稿本。

黄云苏:《新安黄氏会通谱》,明弘治十四年(1501)刻本。

黄铨:《新安休宁约山黄氏开国宗谱》,明嘉靖二十八年(1549)刻本。

黄一宾:《新安休邑由潭黄氏支谱》,明嘉靖三十四年(1552)稿本。

黄应榜:《新安左田黄氏孟宗谱》,明嘉靖三十七年(1558)刻本。

方信:《竦塘黄氏统宗谱》,明嘉靖四十一年(1562)刻本。

黄积瑜:《新安左田黄氏正宗谱》,明嘉靖四十三年(1564)刻本。

黄文明:《古林黄氏重修族谱》,明崇祯十六年(1643)刻本。

黄金甲:《左田黄氏著宗全书》,南明弘光元年(1644)刻本。

黄臣槐:《潭渡孝里黄氏族谱》,清雍正九年(1731)刻本。

黄世恕:《新安黄氏大宗谱》,清乾隆十七年(1752)刻本。

吴津:《休宁县市吴氏宗谱》,明嘉靖七年(1528)刻本。

吴元满:《新安歙西溪南吴氏世谱》,明万历三十年(1602)刻本。

吴元照:《新安歙西溪南吴氏世谱》,清嘉庆二十年(1815)抄本。

吴永滋:《北岸吴慎德堂族谱》,1921年木活字本。

罗震孙:《新安呈坎罗氏宗谱》明正德三年(1507)刻本

罗兴陞:《新安罗氏族谱》,清乾隆二十二年(1758)稿本复印件。

罗运傑:《罗氏考本支世系谱》,清咸丰九年(1859)抄本。

罗运杰:《呈坎前罗善三房总支簿》,1949年抄本。

胡宝琭:《胡氏统修家谱》,清乾隆二十七年(1762)刻本。

胡陆秀:《考川明经胡氏宗谱》,清道光九年(1829)木活字本。

胡士兰:《清华胡氏九公宗谱》,清道光二十七年(1847)木活字本。

胡大成:《清华东园胡氏勋贤总谱》,民国五年(1916)木活字本。

胡国华:《金川胡氏宗谱》,民国二十一年(1932)木活字本。

许可复:《续修新安歙北许村许氏东支谱》,明隆庆三年(1567)刻本。

许大定:《续修孚潭许氏族谱》,清康熙六十一年(1722)刻本。

许汪生:《涧洲许氏宗谱》,民国三年(1914)木活字本。

许家修:《歙县许村许敦本堂神主簿》,民国三十四年(1945)铅印本。

周之屏:《梁安城西周氏宗谱》,清光绪三十一年(1905)木活字本。

周德炽:《周邦头周氏族谱正宗》,民国十九年(1930)木活字本。

方怀德:《方氏族谱》,清康熙四十年(1701)刻本。

方兰芬:《关西方氏宗谱》,清道光二十一年(1841)木活字本。

江万象:《歙北岑阳江氏宗谱》,清康熙十七年(1678)刻本。

江维椿:《歙北江村济阳江氏族谱》,清乾隆四十三年(1778)刻本。

孙信杰:《新安孙氏重修宗谱》,明成化四年(1468)刻本。

毕济川:《新安毕氏会通谱》,明正德四年(1509)刻本。

葛文简:《绩溪积庆坊葛氏重修族谱》,明嘉靖四十四年(1565)刻本。

叶盛春:《沙堤叶氏家谱》,明万历七年(1579)刻本。

查绛:《泾川查氏族谱》,明万历二十六年(1598)刻本。

谢廷谅:《古歙谢氏统宗志》,明万历三十二年(1604)刻本。

范涞:《休宁范氏族谱》,明万历三十三年(1605)刻本。

曹嗣轩:《休宁曹氏统宗谱》,明万历四十年(1612)刻本。

俞敬吾:《重修俞氏统宗谱》,明天启元年(1621)刻本。

戴尧天:《休宁戴氏族谱》,明崇祯五年(1632)刻本。

项茂棋:《汝南项氏宗谱》,清康熙四十九年(1710)刻本。

詹华盛:《新安庐源詹氏宗谱》,清乾隆四十九年(1784)木活字本。

苏景元:《新安苏氏宗谱》,清乾隆元年刻本。

江旭奇:《萧江全谱》,清乾隆抄本。

洪业远:《桂林洪氏宗谱》,民国十二年(1923)木活字本。

工具书与史料汇编

纪昀:《四库全书总目提要》,清乾隆六十年(1795)刻本。

黄虞稷:《千顷堂书目》,上海:上海古籍出版社,2001年。

邵懿辰、邵章、邵友诚:《增订四库简明目录标注》,上海:上海古籍出版社,1979年。

傅增湘:《藏园群书经眼录》,北京:中华书局,1983年。

王鹤鸣:《中国家谱总目》,上海:上海古籍出版,2008年。

傅璇琮、杨牧之、陈力:《中国古籍总目》,北京:中华书局,2012年。

胡益民:《徽州文献综录》,合肥:安徽教育出版社,2014年。

谢国桢:《明代社会经济史料选编》,福州:福建人民出版社,1981年。

张海鹏、王廷元:《明清徽商资料选编》,合肥:安徽人民出版社,1985年。

安徽省博物馆:《明清徽州社会经济资料丛编》第一集,北京:中国社会科学出版社,1988年。

中国社科院历史研究所:《明清徽州社会经济资料丛编》第二集,北京:中国社会科学出版社,1990年。

中国社科院历史研究所:《徽州千年契约文书》,石家庄:花山文艺出版社,1993年。

研究论著

叶显恩:《明清徽州农村社会及佃仆制》,合肥:安徽人民出版社,1983年。

章有义:《明清徽州土地关系研究》,北京:中国社会科学出版社,1984年。

冯尔康:《雍正传》,北京:人民出版社,1985年。

刘淼:《徽州社会经济史研究译文集》,合肥:黄山书社,1987年。

栾成显:《明代黄册研究(增订本)》,北京:中国社会科学出版社,1998年。

杨伯峻:《春秋左传注》,北京:中华书局,1990版。

周绍泉、赵亚光:《窦山公家议校注》,合肥:黄山书社,1993年。

唐文基、罗庆泗:《乾隆传》,北京:人民出版社,1994年。

张海鹏、王廷元:《徽商研究》,合肥:安徽人民出版社,1995年。

王振忠:《明清徽商与淮扬社会变迁》,上海:生活·读书·新知三联书店,1996年。

常建华:《宗族志》,上海:上海人民出版社,1998年。

吴晗:《朱元璋传》,天津:百花文艺出版社,2000年。

钱杭:《血缘与地缘之间》,上海:上海社会科学院出版社,2001年。

卞利:《明清徽州社会研究》,合肥:安徽大学出版社,2004年。

赵华富:《徽州宗族研究》,合肥:安徽大学出版社,2004年。

屈川:《都掌蛮:一个消亡民族的历史与文化》,成都:四川人民出版社,2004年。

刘和惠、汪庆元:《徽州土地关系》,合肥:安徽人民出版社,2005年。

张健:《新安文献研究》,合肥:安徽人民出版社,2005年。

刘道胜:《徽州方志研究》,合肥:黄山书社,2010年。

汪崇筼:《明清徽商经营淮盐考略》,成都:巴蜀书社,2008年。

王振忠:《明清以来徽州村落社会史研究》,上海:上海人民出版社,2011年。

高寿仙:《北京人口史》,北京:中国人民大学出版社,2014年。

后　记

本书是我最近几年来徽州文献研究的成果，能够集成出版，需要感谢众多师友的鼎力支持。

首先，需要感谢导师王振忠教授。先生是我在博士后工作期间的导师，工作结束后仍得到他长期的关心、支持和帮助。没有先生的悉心指导，我的研究工作不可能取得目前的进展。没有先生的关心和支持，拙著也不可能加入这次丛书的出版。在此，谨对先生表示最深的感谢！

其次，在进行研究工作的过程中，我曾多次在黄山学院图书馆、上海市图书馆、安徽省图书馆、徽州文化博物馆等收藏单位进行资料查询，得到上述单位众多师友的帮助，在此表示衷心的感谢！需要特别提及的是，汪世清先生家属惠赠黄山学院图书馆的藏书，其中的古籍部分，对完成研究工作提供了重要的帮助，在此谨向汪世清先生家属深表感谢！

再次，感谢安徽大学徽学研究中心将本书纳入"徽学文库"丛书之中，并为本书的出版提供了资助；感谢黄山学院各位领导、老师对我工作的关心和支持；感谢安徽大学出版社各位领导和编辑为本书出版付出的辛勤工作；特别是责任编辑范文娟女士，对本书进行了认真编校，为最终完成出版作了大量的工作，在此深表感谢！

最后，要感谢我的家人对我研究工作的理解和支持。我的妻子陈玲女士为我完成了大量的文献录入工作，使研究工作能够及时完成。只是本书原本多为单篇论文，集成以后实难称为专著，质量上也有不尽如人意之处，这都是由于我本努力不够所致，希望在今后的工作中能够弥补。

冯剑辉
2020 年 5 月于黄山学院